Vom Röhren-Flipflop zum 10-nm-Chip

Nach dem Abitur an einem naturwissenschaftlichen Gymnasium in Saar-
brücken hat Wolf-Dieter Rase Geographie und Sportwissenschaft an der
Universität des Saarlandes studiert und das Studium als Diplom-Geograph
abgeschlossen. Danach folgte ein zweijähriges Aufbaustudium an der Simon
Fraser University in Vancouver-Burnaby, Kanada. Er promovierte an der Freien
Universität Berlin zum Dr. rer. nat. mit einer Dissertation zur Interpolation und
Darstellung kartographischer Oberflächen. Nach dem Berufsleben als Wissen-
schaftler in einem Forschungsinstitut der Bundesregierung ist er auch nach der
Pensionierung weiter an Digitalelektronik und Computergraphik interessiert
und programmiert kartographische Anwendungen als Hobby.

Wolf-Dieter Rase

Vom Röhren-Flipflop zum 10-nm-Chip

Eine persönliche Geschichte der Digitaltechnik und Computergraphik

Bibliografische Information der Deutschen Nationalbibliothek: Die Deutsche Nationalbibliothek verzeichnet diese Publikation in der Deutschen Nationalbibliografie; detaillierte bibliografische Daten sind im Internet über dnb.dnb.de abrufbar.

© 2018
Herstellung und Verlag: BoD – Books on Demand, Norderstedt.
ISBN: 9783746065199

Satz und Umschlaggestaltung: Wolf-Dieter Rase
E-Mail: wolf.rase@t-online.de

Die Titelseite zeigt ein Logikmodul mit einer Vakuumröhre aus der ersten Generation der Rechnertechnik (Zuse Z22). Daneben ist eine Platine mit diskreten Transistoren und Dioden der zweiten Generation (Electrologica X1) abgebildet. Die dritte Generation ist repräsentiert durch das Layout des Mikroprozessors Intel Core I7-8700K mit sechs Kernen.

Verweise auf Literatur und Hyperlinks

Die Verweise in den Kapiteln wurden in zwei verschiedenen Listen gesammelt. Publikationen finden sich im Verzeichnis mit der Literatur. Sie sind meistens daran zu erkennen, dass die Namen der Autoren mit Kapitälchen geschrieben sind, gefolgt vom Jahr der Veröffentlichung. Verweise auf Hyperlinks sind im Text mit dem Zeichen @ versehen. Im Hyperlink-Verzeichnis sind die Verweise mit den WWW-Adressen alphabetisch aufgelistet.

Abbildungen

Die überwiegende Zahl der Abbildungen sind eigene Fotografien oder Graphiken. Für die anderen Abbildungen wurden nach Möglichkeit gemeinfreie Bilder verwendet. Bei älteren Geräten und/oder Firmen, die heute nicht mehr existieren, war es manchmal nicht möglich, den Urheber oder Rechteinhaber ausfindig zu machen. Ich bitte um Entschuldigung, wenn mir in dieser Hinsicht Fehler unterlaufen sein sollten.

Dank

Ich danke unserer Tocher Susanne Wanasek für die Durchsicht des Textes auf Fehler in Rechtschreibung und Zeichensetzung

Übersicht

Inhalt

Ein Ferienjob bei IBM

Lochkartentechnik und Programmieren

Eigentlich wollte ich Lehrer für Sport, Biologie und Erdkunde werden, aber eine Menge alter Akten und der Rechner IBM 1401 haben es verhindert. Ende Juli 1964 fuhr ich zum Campus meiner Universität etwas außerhalb von Saarbrücken. Ich hoffte, auf dem Anschlagbrett des Studentenwerks ein Angebot für einen Job in der vorlesungsfreien Zeit zu finden. Meine Eltern erwarteten von mir, dass ich diese Zeit für eine bezahlte Tätigkeit nutzte, um ein wenig zum Familieneinkommen beizutragen. Vielleicht konnte ich auch durch den Ferienjob etwas Geld für mein Hobby, die Musik, abzweigen, für eine neues Instrument oder einen Verstärker zum Beispiel.

Am Mitteilungsbrett des Studentenwerks hing ein Zettel mit dem Briefkopf der Firma Internationale Büro-Maschinen, kurz IBM. Die Niederlassung in Saarbrücken suchte Studenten für eine zeitlich beschränkte Beschäftigung. Was das genau war, war nicht ausführlich beschrieben. Als zusätzlicher Anreiz für die Arbeitskräfte wurde eine Einführung in die Lochkartentechnik und ein Programmierkurs für den Rechner IBM 1401 angeboten. Als ehemaliger Schüler eines naturwissenschaftlichen Gymnasiums mit Interesse an der Elektronik hatte ich schon von Digitalrechnern gelesen, auch für welche Zwecke sie eingesetzt wurden. Zusammen mit dem Programmierkurs war das Angebot von IBM deshalb wesentlich attraktiver als die schwere körperliche Arbeit, die mich als Handlanger auf einer Baustelle erwartet hätte wie einige Jahre zuvor. Ich fuhr umgehend zur IBM-Niederlassung am Neumarkt in Saarbrücken. Ich wurde sofort eingestellt und fing zwei Tage später an, bei IBM zu arbeiten.

Ich konnte zu diesem Zeitpunkt nicht ahnen, wie dieser Ferienjob, an den ich rein zufällig geraten war, meinem Lebensweg eine neue Biegung verpasst hatte. Die Arbeit mit Computern und das Programmieren haben mich nicht wieder losgelassen. Ich war dann etwa drei Jahre für IBM als studentischer Programmierer tätig. Gegen Ende dieser Zeit gab mir mein Manager einen guten Rat, für den ich ihm heute noch dankbar bin: „Schließen Sie auf jeden Fall ihr Studium ab. Dann kommen Sie wieder zu mir, und wir reden über Ihren weiteren beruflichen Werdegang, vielleicht bei IBM". Dazu ist es dann nicht gekommen, weil sich andere Wege für mich öffneten.

Bis heute faszinieren mich Computer und ihre Programmierung. Als die Computer kleiner, schneller und billiger wurden, war es möglich, einen persönlichen Arbeitsplatzrechner für zuhause zu erwerben. Ich betreibe heute die Erstellung von Computerprogrammen als Hobby. Die Programme sollen vorwiegend Probleme lösen, die mit Geo-Informationssystemen und rechnerunterstützter Kartographie zusammenhängen. Ein Motiv ist der Ehrgeiz des Ingenieurs, noch bessere Lösungen für ein Problem zu finden. Eine weiterer Grund ist die wissenschaftliche Neugier für neue Methoden zur Visualisierung von räumlichen Zusammenhängen.

Wie für jede andere Liebhaberei fallen Kosten an, die man als Pensionär nicht einmal steuermindernd geltend machen kann. Wenn ich aber sehe, wie teuer zum Beispiel Lokomotiven und Steuerungselektronik für moderne Modelleisenbahnen sind, bin ich sicher, dass meine Lieblingsbeschäftigung im Vergleich zu anderen Hobbys nicht übermäßig kostspielig ist.

Unterschiedliche Länge der Innovationszyklen

Bei der Diskussion von historischen Abfolgen in der Informationstechnik muss man immer im Gedächtnis behalten, dass die Innovationszyklen unterschiedlich lang sind und sich überlappen können.

- **Hardware**: Es dauert ein bis zwei Jahre, bis eine neue Prozessor-Generation mit höherer Geschwindigkeit und geringerem Stromverbrauch auf den Markt kommt. Die Einführung einer grundlegend neuen Rechnerarchitektur dauert länger, ganz abgesehen von der Einführung einer revolutionären Technik, vergleichbar mit dem Übergang von Vakuumröhren über diskrete Transistoren zu integrierten Schaltkreisen.
- **Software**: Fünf bis zehn Jahre vergehen, bis die Fortschritte, die durch die verbesserte Hardware möglich wurden, in die Betriebssoftware, optimierte Algorithmen und Anwendungen umgesetzt sind.
- **Personal**: Man schätzt, dass die Fortbildung und Erneuerung des Personals als Voraussetzung für die fachkundige Nutzung neuer Hardware und Software zehn bis zwanzig Jahre dauern kann.

Aufgrund der unterschiedlichen zeitlichen Dauer der Zyklen lassen sich die Verzögerungen in der Realisierung von Innovationen erklären. Bis integrierte Lösungen in den Standard-Paketen zur Verfügung stehen, muss man sich mit Brücken für den Übergang zwischen spezialisierten Programmen zufrieden geben, etwa für die Konvertierung von Dateiformaten und Steuerungsanweisungen.

Der zwanghafte Programmierer

Das Programmieren von Computern hat ohne Zweifel Suchtpotential. Im englischen Sprachraum wird dieses Phänomen durch den Begriff „compulsory programmer" ausgedrückt, annähernd übersetzt mit "zwanghafter Programmierer". Die Geisteshaltung gleicht Viren, die man nach der ersten Infektion sein Leben lang mit sich herumträgt. Dieser Zustand ist aber nicht mit dem Verlangen eines Süchtigen zu vergleichen, der Gier nach dem angenehmen Gefühl, das eine Zigarette, Alkohol, Drogen oder

Glücksspiel mit sich bringen. Es ist eher eine Art sportliche Herausforderung. Für ein Problem wird die optimale Lösung gesucht, etwa durch Auswahl, Anpassung oder Neuentwicklung eines geeigneten Algorithmus, die Auswahl der passenden Datenstruktur und die Minimierung der Zugriffe auf externe Speichergeräte.

Das Optimum liegt meist im guten Zusammenwirken aller Faktoren. Wie so oft im Leben kann man das beste Ergebnis nur durch Ausprobieren finden. Das kostet Zeit und erhöht damit die Kosten für die Applikation, die sich nicht immer amortisieren lassen. Wenn diese Einschränkung nicht besteht, hat jeder gute Programmierer den Ehrgeiz, dem Optimum so nahe wie möglich zu kommen, unter Berücksichtigung der nicht veränderbaren Restriktionen. Wenn das Problem gelöst ist, hat man ein gutes Gefühl oder spürt sogar eine Art Euphorie. Dieses Verlangen nach Perfektion kann zur Sucht werden, die aber in der Regel durch die Kosten eingehegt wird.

Ein anderer Aspekt unterscheidet den zwanghaften Programmierer von einem Süchtigen in der üblichen Bedeutung: Mit der Programmierung von Computern kann man Geld verdienen. Auch sehr viel Geld, wenn man es richtig anpackt und Glück hat. Bill Gates wird in diesem Zusammenhang oft genannt, der es vom Studenten ohne Abschluss zum Multimilliardär gebracht hat. Auch die Entwickler von Facebook, Google und WhatsApp gehören zu diesem Kreis, weiterhin die Personen, deren Namen eng mit dem Aufstieg der Firmen Amazon, Ebay oder Paypal verbunden sind.

Es wird häufig vergessen, dass der geschäftliche Erfolg oft weniger in der Qualität der technischen Lösung an sich liegt, sondern im Erkennen der Relevanz und Zukunftsfähigkeit des Produkts oder der Marke, wie im Fall von Apple. Die Kompetenz der Gründer und Firmeninhaber für das Management und die Motivation der Mitarbeiter spielt sicher eine sehr wichige Rolle, um die ursprüngliche Idee zum wirtschaftlichen Erfolg zu führen.

Meine Geschichte der Digitalelektronik und Computergraphik

Seit dem Beginn meiner Programmiertätigkeit sind über fünfzig Jahre vergangen. In dieser Zeit habe ich mit vielen verschiedenen Computern gearbeitet oder bin mit ihnen in Berührung gekommen. Die Reihe reicht von Röhrenrechnern bis zu Computern mit höchstintegrierten Multiprozessor-Chips. Wie die Hardware hat sich die unterstützende Software weiterentwickelt, zum Beispiel die Betriebssysteme, Programmiersprachen und Anwendungsprogramme. Für Betrieb und Nutzung der Computer haben sich im Laufe der Zeit durch die Fortschritte in der Hardware und Software viele Änderungen ergeben.

Meine eigene Erfahrung mit Computern und elektronischer Datenverarbeitung ist ein Spiegel der allgemeinen Entwicklung in der Informationstechnik. Das betrifft die Schaltungstechnik, die Rechnerarchitekturen, Betriebssysteme, Compiler und die wechselnden Paradigmen in der Softwaretechnik. Ich hielt es für eine gute Idee, einmal meine ganz persönliche Geschichte der Computertechnik aufzuschreiben. Das war auch ein nicht ganz zufälliges Hineinwachsen in die Anwendung von Informationstechnik in den raumbezogenen Wissenschaften. Dazu gehörte auch die Programmierung von Software für die frühen Vorläufer von Geo-Informationssystemen und die rechnergestützte Herstellung von thematischen Karten.

Die Beschreibung der manchmal trockenen technischen Einzelheiten wird durch Geschichten aufgelockert, die einen direkten Bezug zu meinen persönlichen Erfahrungen mit Computern und Programmierung haben. Deshalb wurde in vielen Fällen die Ich-Form benutzt, die in wissenschaftlichen Texten so weit wie möglich vermieden wird. Ich hoffe, dass diese Abweichung von der Konvention mehr Authentizität vermittelt. Bei dem einen oder anderen Leser, der schon längere Zeit mit Computern arbeitet, werden vielleicht Erinnerungen beim Lesen des Textes wach, gute wie vielleicht auch weniger gute. Die Angaben zur Anzahl der produzierten Rechner sind ein Hinweis auf die Entwicklung der Informationstechnik generell und die Verbreitung der beschriebenen Rechner und Rechnerfamilien in ihrer Zeit.

Mit den im folgenden Text erwähnten Computern und Geräten habe ich meistens selbst gearbeitet oder bin mit ihnen wenigstens näher in Berührung gekommen. Sie sind nur ein Ausschnitt aus dem umfangreichen Spektrum der digitalen Rechentechnik. Deshalb fehlen auch die Namen von Personen und Firmen, die eine wichtige Rolle in der Computertechnik seit den sechziger Jahren und früher gespielt haben. Das waren zum Beispiel Gene Amdahl, Seymour Cray oder Heinz Nixdorf mit ihren Firmen gleichen Namens. Die Hersteller Control Data Corporation (CDC), Scientific Data Systems (SDS) oder Sperry Rand (Univac) produzierten Computer, die in Anwendungsgebieten mit hohem Bedarf an Rechenleistung eingesetzt wurden. Weitere Firmen, zum Beispiel Bull, ICL, Honywell, Fujitsu oder Hitachi waren nicht unbedeutende Hersteller von Rechenanlagen für die betriebliche Datenverarbeitung und wissenschaftliches Rechnen.

Die Hersteller von Peripheriegeräten waren wesentlich zahlreicher als die hier erwähnten Firmen. Manchmal haben die größeren Computerfirmen Peripheriegeräte vom Original-Hersteller bezogen, wenn der zu erwartende Absatz sehr gering war und sich eine eigene Fertigung nicht lohnte. Den Mehrpreis für das veränderte Firmenschild konnte man sich als Kunde sparen, wenn man das baugleiche Gerät direkt vom Hersteller kaufte. Neben der Verantwortung für den ordnungsgemäßen Anschluss bestand aber das Risiko, im Fall einer Störung oder eines Ausfalls keine Reparatur oder keinen Ersatz in angemessener Zeit zu erhalten.

Manchmal wurde auch überteuertes Zubehör verkauft. Ich erinnere mich an ein sogenanntes „Null-Modem", das zwei Rechner über eine serielle Leitung verbinden sollte. Aus Neugier über die darin enthaltene Elektronik schraubte ich das Gehäuse auf. Zu meiner Überraschung waren lediglich vier Steckkontakte über Kreuz mit Drähten verbunden, keine Spur von Elektronik. Der Materialwert betrug mit Sicherheit weniger als 50 DM, weit unter dem Kaufpreis von circa 700 DM.

In diesem Text werden nur Peripheriegeräte genannt, mit denen ich selbst gearbeitet habe. Einige Geräte gehörten zur Standard-Ausstattung der Computersysteme, sie müssen nicht besonders beschrieben werden. Andere Geräte waren entweder unbedeutend oder wurden nur für Experimente ohne weitere Auswirkungen auf die Anwendung eingesetzt.

Kartographische Visualisierung

Eng verbunden mit der Nutzung von Computern in den Regionalwissenschaften und Geo-Informationssystemen ist die rechnergestützte Visualisierung der räumlichen Variablen und Strukturen. Für die Umsetzung der analogen geometrischen Grundlagen in digitale Form, den interaktiven Entwurf von Karten und die Präsentation auf Papier und anderen Medien sind graphische Geräte notwendig. Seit einigen Jahren werden die traditionellen Karten, in der Regel zweidimensionale Graphiken auf Papier und anderen Medien in Aufsichtsprojektion, durch echte 3D-Darstellungen ergänzt, zum Beispiel Stereogramme oder reale 3D-Modelle. Für deren Realisierung sind neue elektronische Geräte entwickelt worden.

Bei der Computergraphik habe ich mich auf die Gebiete beschränkt, die in meinem Studium, für den Erwerb der akademischen Qualifikationen und die Graphik-Anwendungen in der beruflichen Tätigkeit eine Rolle gespielt haben. Das Geo-Informationssystem der BfLR und des Nachfolgers BBR und die dafür verwendeten Software-Werkzeuge werden in der angemessenen Kürze beschrieben.

Die Phasen meiner persönlichen Geschichte des Computers, so auch die Kapitel in diesem Text, sind nicht immer streng chronologisch geordnet und zeitlich voneinander abgegrenzt. Das gilt sowohl für meine akademische Ausbildung und der professionellen Tätigkeit als auch für die Entwicklung der Digitaltechnik und Mikroelektronik allgemein. Die Phasen überlappten sich hin und wieder und verliefen zum Teil parallel.

Weitere Quellen zur Geschichte der Rechnertechnik

Die frühen Entwicklungen bis in die fünfziger Jahre des letzten Jahrhunderts beschreibt GOLDSTINE (1972). In seiner Autobiographie behandelt KONRAD ZUSE (2010) schwerpunktmäßig die von ihm und seinen Mitarbeitern entwickelten Rechner und die Entstehungsgeschichte seiner Firma. Die historische Übersicht von O'REAGAN (2008) zur Technik der Rechenmaschinen reicht von den Babyloniern bis ins 21. Jahrhundert. Ähnlich umfassend ist das Buch von MATIS (2002). Die Beschreibung der Rechenmaschinen reicht von den ersten Rechenbrettern bis zum World Wide Web, mit abschließenden Gedanken über die gesellschaftlichen Auswirkungen der Informationstechnik.

Das Buch von CERUZZI (2016) ist eine kurze Geschichte des Computers seit den Anfängen in den dreißiger Jahren bis zu den neuesten Entwicklungen in Hardware, Software und der weltweiten Kommunikation. Der Text ist gut lesbar, geht aber wegen der Kürze nicht allzu sehr in die Tiefe. Der Titel des Buchs von LEITENBERGER (2014) ist etwas irreführend. Der Begriff PC wird sehr weit gefasst und beschränkt sich keineswegs auf den *Personal Computer* von IBM aus dem Jahr 1981 und der Zeit danach.

Entwicklung der Rechnertechnik

2

Binärzahlen und Boolesche Algebra

Der Titel des Buches bezieht sich auf die grundlegenden Schaltelemente, die im Laufe der Jahre zur Realisierung von digitalen Schaltungen für Computer eingesetzt wurden. Die folgenden technischen Erklärungen sollen die Entwicklung der Schaltungstechnik von digitalen Rechenanlagen im Zusammenhang erläutern. Bei der Beschreibung der realen Computersysteme in den folgenden Kapiteln geht vielleicht der Zusammenhang verloren.

Grundsätzlich basieren digitale Schaltungen auf dem binären Zahlensystem. Eine binäre Zahl kann nur zwei Zustände einnehmen: 0 oder 1, falsch oder wahr, *false* oder *true*. Die binären Zahlen werden mit der *Booleschen Algebra* verknüpft (@ Boolesche Algebra). Der Name geht auf George Boole und sein Logikkalkül von 1847 zurück. Mehrere Mathematiker entwickelten die Idee weiter zu den Regeln, die heute für die Verbindung von binären Zahlen mit den logischen Operatoren *und*, *oder* und *nicht* angewendet werden. Dazu kommen die mengentheoretischen Verknüpfungen *Durchschnitt*, *Vereinigung* und *Komplement*.

In einer elektronischen Schaltung werden die binären Zahlenwerte durch Spannungs-Niveaus repräsentiert. Dem Zahlenwert 0 entspricht meistens eine Spannung von 0 Volt (keine Spannung). Der Wert 1 ist zum Beispiel durch eine Spannung von 5 Volt repräsentiert. Die tatsächlich verwendete Spannungshöhe ist eine Sache der Vereinbarung. In hochintegrierten Mikroprozessoren werden geringere Spannungen als 5 Volt verwendet, die nach Bedarf auch dynamisch nach unten und oben verändert werden können. Damit sollen Überhitzungsprobleme vermieden werden, insbesondere bei wechselnder Last.

Die gesamte Logik eines Computer setzt sich aus wenigen grundsätzlichen Schaltungen zusammen. Die Grundschaltung kombiniert eingehende binäre Signale zu einem neuen Ausgangssignal. Die Boolesche Algebra ist die Grundlage für die Verknüpfung der binären Signalzustände. Das neue Signal wird in der nachfolgenden Schaltungsstufe weiterverarbeitet, zusammen mit anderen Signalen. Hauptelement jeder Grundschaltung ist ein elektronischer Schalter, der die Veränderung der Spannung von 0 nach 1 und umgekehrt vornimmt.

Der Übergang vom Niveau für 0 nach dem Niveau für 1 und umgekehrt muss schnell erfolgen. Das ist im streng genommen nicht realisierbar, weil An- und Abstieg auch bei hoher Schaltgeschwindigkeit eine Mindestzeit erfordern. Aufgrund der parasitären Kapazitäten und Induktivitäten in den Übertragungsleitungen weist das

Rechtecksignal häufig ein Unter- und Überschwingen auf. Die Abweichung von der idealen Rechteckform muss durch zusätzliche Baulemente so gut wie möglich kompensiert werden, etwa durch Dioden, Widerstände oder Kondensatoren. Ein Schalter für die Änderung des Spannungsniveaus lässt mit unterschiedlichen Bauteilen realisieren.

1. Generation: Vakuumröhren

Ein digitaler Schalter kann rein mechanisch funktionieren, wie im ersten Rechner von Konrad Zuse, der Z1. In der Telefontechnik verwendete man elektromagnetische Relais, die auch in den frühen Computern eingesetzt wurden. Der Durchbruch in der Schaltgeschwindigkeit kam mit der Verwendung von Vakuumröhren als Schalter. Vakuumröhren werden seit dem frühen 20. Jahrhundert zur Verstärkung von hoch- und niederfrequenten Signalen eingesetzt, etwa in Rundfunk- und Fernsehempfängern und -sendern.

In einem röhrenförmigen Glasgehäuse, das nahezu luftleer ist, setzt ein glühender Heizfaden, die Kathode, Elektronen frei. Im Vakuum fließt ein Strom von Elektronen, verursacht durch den Spannungsunterschied zwischen Kathode und Anode. Bringt man zwischen Kathode und Anode weitere Elektroden (Gitter) an, lässt sich durch die Gitterspannung die Intensität des Elektronenstroms und damit die Verstärkung regeln. Die Heiz- und Steuerspannungen werden über Kontaktstifte zugeführt, die in einem Sockel mit Federklemmen gesteckt sind. Vakuumröhren arbeiten als elektronische Schalter, wenn durch eine entsprechende Spannung am Gitter der Elektronenstrom vollständig unterbunden oder durchgelassen wird.

Der größte Nachteil von Logikschaltungen mit Röhren ist die Hitzeentwicklung durch die hohe Temperatur der beheizten Kathode. Eine Vakuumröhre hat eine relativ kurze Lebensdauer aufgrund des Metallverlusts am Heizfaden. Der große Raumbedarf der Module ist bedingt durch die Hitzeentwicklung, damit die Luft zum Kühlen die Röhren gut erreichen kann. Das linke Bild auf der Titelseite zeigt ein Logik-Modul mit einer Röhre und Zusatz-Bauteilen für den Rechner Zuse Z22.

Vakuumröhren werden heute noch in hochpreisigen HiFi-Anlagen und Musik-Verstärkern verwendet, weil sie besser klingen sollen als Transistorverstärker. Auch Hochfrequenz-Sender mit sehr hoher Leistung sind mit entsprechend groß dimensionierten Röhren ausgestattet, die nur mit Kühlaggregaten und ausreichender Wärmeabfuhr betrieben werden können.

Rechenanlagen mit Vakuumröhren bezeichnet man als Computer der ersten Generation. Diese Rechner waren im Vergleich zu ihren Vorgängern, die noch mit elektromechanischen Schaltern (zum Beispiel Telefonrelais) arbeiteten, sehr schnell. Das Programm, der Arbeitsplan für die Rechenvorgänge, war im Hauptspeicher abgelegt, zusammen mit den häufig benutzten Variablen. Zu dieser Generation der Computertechnik gehörten unter anderen die Rechner Zuse Z22, IBM 650 und IBM 701 bis 709.

2. Generation: Transistoren

Ein Transistor ist ein elektronisches Halbleiter-Bauelement zum Verstärken niedriger elektrischer Spannungen und Ströme. Transistoren sind aus Halbleitern wie Germanium oder Silizium aufgebaut, denen durch Dotierung mit Fremdatomen bestimmte elektrische Eigenschaften verliehen wurden. Der Begriff *Transistor* ist eine Kurzform von *transfer resistor*, also einem durch eine elektrische Spannung oder einen elektrischen Strom steuerbaren elektrischen Widerstand. Eine Reihe von Transistortypen für verschiedene Anwendungen sind in Gebrauch, etwa Bipolar-Transistor, Sperrschicht-Feldeffekttransistor, Metall-Oxid-Feldeffekttransistor und weiteren Spezialformen, zum Beispiel der lichtempfindliche Fototransistor (@Transistor). In Schaltdiagrammen sind die Typen durch unterschiedliche Symbole repräsentiert. Der geringe Raum- und Energiebedarf und die zunehmenden Transitfrequenzen führten dazu, dass die Vakuumröhren allmählich durch Transistoren ersetzt wurden.

Wie die Vakuumröhren können Transistoren nicht nur für das Verstärken analoger Signale und die Regelung von Spannungen und Strömen, sondern auch als digitale Schalter verwendet werden. Die ersten Digital-Schaltkreise enthielten diskrete Transistoren, die zusammen mit den notwendigen Bauteilen zur Signalformung – Dioden, Widerstände und Kondensatoren – auf einer Platine aufgelötet waren. Die Platinen bestanden aus isolierendem Material mit Leiterbahnen aus dünnem Kupfer, mit Lochösen zum Einstecken und Festlöten der Bauteile. Bei zweiseitigen Platinen kamen Durchkontaktierungen zum Verbinden von Ober- und Unterseite hinzu. Die Platinen konnten in Serie gefertigt werden, aber die Montage der Bauteile war meistens noch Handarbeit. Da die Transistoren weniger Hitze abgaben, war der Aufwand für die Klimatisierung eines Transistorrechners niedriger als für einen Röhrenrechner. Die zweite Generation der Digitaltechnik war entstanden.

Die Designer der Logikschaltungen für die Computer versuchten die Anzahl der Grundschaltungen auf wenige Typen zu reduzieren. Ein häufig genutztes Logikelement ist das NAND-Gatter, das mit anderen NAND-Gattern und weiteren Logikschaltungen kombiniert werden kann. NAND-Gatter lassen sich mit unterschiedlichen elektronischen Bauteilen realisieren, zum Beispiel als DTL (Dioden-Transistor-Logik), TTL (Transistor-Transistor-Logik), NMOS (negative metal oxide semiconductor) oder PMOS (positive metal oxide semiconductor).

Das Bild rechts oben auf der Titelseite zeigt eine Logik-Platine mit zwei NAND-Gattern, so jedenfalls meine Erinnerung. Die Transistoren im schwarzen Gehäuse sind Standard-Bauteile, wie sie auch von Elektronikbastlern für NF-Verstärker verwendet wurden, so wie die Dioden im gläsernen Gehäuse. Das Modul war ein Bestandteil des Rechners Electrologica X1.

3. Generation: Integrierte Schaltungen

Man kann immer wieder lesen, dass der Sputnik-Schock, als die Sowjetunion 1957 den ersten künstlichen Satelliten in den Orbit brachte, der Auslöser für die verstärkten Anstrengungen der USA in der Digitalelektronik gewesen sei. Das ist nur zum Teil richtig. Damals war die Raumfahrt ein Teil der militärischen Entwicklungen im kalten Krieg. Für die Interkontinental-Raketen wurden schon früher sehr kleine und zuverlässige Computer benötigt. Insbesondere musste die Anzahl der Lötstellen und Kabelverbindungen radikal verringert werden, um mögliche Störungen unter widrigen Bedingungen zu minimieren, etwa die hohe Beschleunigung, die Temperaturdifferenzen und die Strahlenbelastung im Weltraum.

Die gerade entwickelten integrierten Schaltkreise boten dazu die Möglichkeit, den Raumbedarf der Platinen mit Einzeltransistoren erheblich zu verringern. Ein integrierter Schaltkreis (*integrated circuit*, IC) ist eine auf einem dünnen, einige Millimeter großen Plättchen aus Halbleiter-Material aufgebrachte elektronische Schaltung. Sie wird manchmal auch als Festkörperschaltkreis oder monolithischer Schaltkreis (*solid-state circuit*, *monolithic integrated circuit*) bezeichnet. Das Halbleiter-Plättchen ist meist zum Schutz und zur sicheren Montage in einem größeren Gehäuse mit einem standardisierten Format eingegossen. Ein IC enthält typischerweise eine Kombination von zahlreichen miteinander elektrisch verbundenen elektronischen Halbleiter-Bauelementen wie Transistoren, Dioden und anderen aktiven und passiven Komponenten. Die genormten Abmessungen der ICs ermöglichten die maschinelle Bestückung der Platinen, ein wichtiger Faktor für weitere Kostensenkungen in der Fertigung.

Die Fertigung der integrierten Schaltungen läuft fast vollkommen automatisiert ab, mit nur minimaler menschlicher Intervention. Die Kostensenkung für die Produktion der ICs machte die daraus aufgebauten Computer zunehmend preiswerter. Mit den Fortschritten in der Produktionstechnik wurden die Schaltelemente immer kleiner und die Schaltkreise dichter gepackt, bis komplette Prozessoren oder ganze Computer auf einen Chip passten. Die Verbindungsleitungen auf den Chips sind heute nur noch 14 Nanometer breit, mit fallender Tendenz in der Verdichtung für die weiter folgenden Stufen. Ein Nanometer (nm) ist der milliardste Teil eines Meters.

Die Strukturbreite ist aber nicht der alleinige Anhaltspunkt für die Packungsdichte und die Anzahl der Transistoren auf einem Chip. Von den bekannten Herstellern werden Dichten von 51 bis 100 Millionen Transistoren/mm² angegeben. Der letztere Wert entspricht ungefähr 30 Milliarden Transistoren auf der Fläche eines Fingernagels (BANCHY & LEBSACK 2017). Mikroprozessor-Chips mit Leitungsbreiten von 10 nm sind für 2018 angekündigt. Für ICs mit regelmäßigen Strukturen, etwa Speicherbausteine, werden bald Breiten von 5 nm realisiert sein. Für die Verkleinerung der Schaltelemente auf der Chipfläche gibt es physikalische Grenzen, die aber erst in einigen Jahren erreicht sein werden. Der nächste Schritt zur Verkleinerung von Transistoren ist wahrscheinlich der geführte selbstorganisierende Aufbau von Schaltkreisen (*directed self-assembly*, DSA). Es wird noch einige Zeit dauern, bis das Konzept in die Praxis verwendbar ist (SAVAGE 2017).

Die fortschreitende Verkleinerung der Bauelemente hat zu einer Erhöhung der Rechengeschwindigkeit und der Anzahl der Prozessoren auf einem Chip geführt, verbunden mit der Verminderung des Stromverbrauchs und der Hitzeentwicklung. Die Geschwindigkeit des internen Arbeitsspeichers erhöhte sich mit der Verkleinerung der Baulemente, ebenso die Geschwindigkeit und Kapazität der externen Langzeit-Speicher auf Halbleiter-Basis. Das Verhältnis von Rechenleistung zu Kosten wird sich auch in Zukunft weiter verbessern. Die wirtschaftlichen Vorteile sind die Voraussetzung für die Nutzung der Informationstechnik in neuen rechenintensiven Anwendungsfeldern.

Das Bild rechts unten auf der Titelseite zeigt das Layout des Prozessorchips Intel Core I7-8700, der 2017 in den Handel kam. Dieser Chip enthält sechs Prozessoren mit Hyperthreading, so dass insgesamt zwölf Befehlsstränge fast simultan abgearbeitet werden können.

4. Generation: Quantencomputer?

Etwa ab 1965 erreichte die dritte Generation der Computertechnik mit integrierten Schaltkreisen den Markt. Die Schaltkreise und Rechner wurden zwar immer schneller und kleiner, arbeiteten aber mit den gleichen technischen Konzepten der Halbleiter-Technik. Anstatt einer plötzlichen Umwälzung durch neue Schaltelemente wie bei den vorherigen Generationen hat sich die Technik der 3. Generation evolutionär weiterentwickelt. Einige Neuerungen in der Halbleiterphysik, die anfangs vielversprechend erschienen, haben sich als nicht realisierbar, unpraktisch oder unwirtschaftlich erwiesen. Sie haben die Hürde zur praktischen Anwendung nicht (oder noch nicht?) überwunden. Dazu gehören etwa der Josphson-Kontakt, der Memristor oder die Kohlenstoff-Nanoröhre.

Der *Quantencomputer* wird regelmäßig als der nächste revolutionäre Schritt in der Rechnertechnik angekündigt, also die Generation nach den integrierten Schaltkreisen (GIL 2017). Der Quantencomputer ist gegenwärtig ein überwiegend theoretisches Konzept. Im Unterschied zum herkömmlichen Digitalrechner arbeitet er nicht auf der Basis der klassischen Physik, sondern nutzt quantenmechanische Eigenschaften. Die Zahlen 0 und 1 werden durch unterschiedliche Zustände von Quanten-Bits (*Qubits*) kodiert.

Für Nicht-Physiker, die mit der Quantenmechanik nicht vertraut sind, ist die Wissenschaft um die Qubits ziemlich rätselhaft. Die Verarbeitung der Qubits erfolgt nach quantenmechanischen Prinzipien. Begriffe wie Zweizustands-Quantensystem, Superposition, Quantenverschränkung, Quantenpunkte und noch einige mehr sind sehr weit von unserer schulischen Ausbildung und allgemeinen Erfahrungswelt entfernt. Eine kurze Einführung zu Qubits und Quantencomputern findet man bei RAUNER (2018).

Es wird weiter an praktikablen Lösungen für Quantenchips geforscht (CHOI 2017). Der Aufwand für das Festhalten, Auslesen und die Verknüpfung von Qubits ist ziemlich hoch. Die Stichworte in diesem Zusammenhang sind Laserkühlung, Ionenfallen und Supraleitung mit sehr tiefen Temperaturen bis hinunter zu 20 MilliKelvin (STILLER 2017). Es gibt mehrere Vorschläge, wie ein Quantencomputer realisiert werden könnte. In kleinem Maßstab wurden einige dieser Konzepte im Labor erprobt und Quanten-Chips mit wenigen Qubits gebaut (MANDAU 2018). Sie sind für Experimente geeignet, aber noch nicht für den Bau eines ausreichend leistungsfähigen Computers für die routinemäßige Anwendung.

Der praktische Nutzen und die Wirtschaftlichkeit des Quanten-Konzepts sind gegenwärtig noch nicht abzusehen. Auf jeden Fall wird es noch einige Jahre dauern, bis Quanten-Computer das experimentelle Stadium verlassen haben und vielleicht mit den Hochleistungsrechnern in Halbleiter-Technik konkurrieren werden (@ Quantencomputer). Die Firma D-Wave liefert seit 2015 einen Quanten-Computer mit 2.000 QuBits. Die Experten sind sich nicht einig, ob dieser Rechner wirklich ein Quanten-Computer im Sinne der Definition ist oder eher ein konzeptionelles Modell zur Verdeutlichung des Prinzips.

Theoretische Studien lassen vermuten, dass mit Quanten-Computern bestimmte Probleme der Informatik um Größenordnungen schneller gelöst werden können als mit Halbleiter-basierten Rechern. Das sind zum Beispiel der Zugriff auf sehr große Datenbanken und die Produktzerlegung großer Zahlen. Dies würde das mathematische Problem leichter lösbar machen, das die Grundlage für die Sicherheit von bestimmten kryptographischen Verfahren ist. Diese speziellen Fälle machen aber nur einen verschwindend geringen Anteil der IT-Anwendungen aus, die heute genutzt werden. Es scheint im Augenblick unwahrscheinlich, dass Quantencomputer die Rechner der 3. Generation in naher Zukunft ersetzen werden.

Bergmannsakten im Alten Mann

3

Viel Papier und Kohlenstaub

Anfang der sechziger Jahre wurden in einem stillgelegten Stollen der Saarbergwerke – einem „Alten Mann" in der Sprache der Bergleute – Personalakten aus der Vorkriegszeit gefunden, die man im Krieg dort eingelagert und dann vergessen hatte. Die wieder aufgetauchten Akten müssen auf möglicherweise unbekannte Informationen überprüft werden. Ein Bergmann könnte aufgrund der dort vermerkten Lohnzahlungen und Tätigkeitsbezeichnungen Anspruch auf eine höhere Rente haben.

Die Saarknappschaft, der Versicherungsträger für die Bergleute, nahm den Fund zum Anlass, die gesamte Rentenberechnung und -verwaltung auf Elektronische Datenverarbeitung umzustellen. Die Fundstücke aus dem Stollen, etwa 120 000 Aktenordner, mussten ausgepackt und sortiert werden. Den Auftrag für die Aufbereitung der Akten, die Übernahme der relevanten Informationen auf Datenträger, die Prüfung der Ansprüche und die Berechnung der Renten erhielt die Niederlassung Saarbrücken der Internationalen Büromaschinen-Gesellschaft (IBM).

Die IBM-Niederlassung suchte dringend Arbeitskräfte für die vorbereitenden Arbeiten für die Übertragung der rentenwirksamen Inhalte auf Datenträger. Anfang August 1964 fand ich den Anschlag am Schwarzen Brett des Studentenwerks mit dem Angebot, in diesem Projekt mitzuarbeiten. Der Stundensatz war höher als auf der Baustelle, dem traditionellen Arbeitsplatz für Studenten in den Semesterferien. Bald war ich damit beschäftigt, die Informationen aus den Altakten probeweise in Strichkode-Formulare umzusetzen, die dann von einem der ersten elektronischen Belegleser auf Magnetband übertragen werden sollten. Wie sich herausstellte, war die Fehlerrate noch zu hoch. Es blieb bei der bewährten Lochkarte als Erfassungsmedium für die Knappschafts-Daten.

Als zusätzlichen Anreiz für die studentischen Hilfskräfte bot IBM eine Einführung in die Lochkartentechnik und einen Programmierkurs für den Rechner IBM 1401 an. Mitarbeiter von IBM präsentierten eine Stunde täglich die wesentlichen Fakten zu Lochkarten und die dafür verwendeten Geräte, etwa Locher, Sortier- und Tabelliermaschinen. Im Programmierkurs lernten wir, Arbeitsabläufe für den Rechner IBM 1401 zu programmieren. Die meisten der Hilfskräfte interessierten sich kaum für Lochkartentechnik und Programmieren, sie wollten lediglich Geld verdienen. Nur wenige nahmen am Programmierkurs bis zum Schluss teil. Einige der Finalisten wurden eingeladen, in ein richtiges Programmierprojekt zu wechseln. Das war attraktiver als in Akten mit Kohlenstaub zu wühlen, und ich nahm das Angebot an.

Wir Studenten wurden übrigens angehalten, die Abkürzung IBM nicht „ei-bi-em" auszusprechen, sondern mit einem „i" am Anfang. Man wollte damit betonen, dass IBM ein deutsches Unternehmen sei, mit Niederlassungen und Produktionsstätten in Deutschland und entsprechend vielen Arbeitnehmern. Ich habe erst einige Jahre später den Grund verstanden: Die deutsche Wissenschaftsbürokratie vergab Mittel für Rechnerbeschaffungen und Projektförderung vorzugsweise an deutsche Hersteller, obwohl deren Rechner in Technik und Leistung erheblich der amerikanischen Konkurrenz hinterherhinkten. Die Leidtragenden dieser Politik waren zahlreiche Wissenschaftler an Universitäten und Forschungseinrichtungen, die mit weniger leistungsfähigen und zuverlässigen Rechenanlagen, Betriebssystemen und Programmiersprachen vorlieb nehmen mussten.

IBM 1401

Die Firma IBM hatte die Computerentwicklungen fast verschlafen. Das Geschäft mit der Lochkartentechnik, das die Firma monopolistisch beherrschte, warf so gute Gewinne ab, dass die Firmenleitung keinen Anlass sah, viel Geld in die Entwicklung von kleineren Computern zu investieren. Aber eines Tages waren die klassischen Tabelliermaschinen mit ihrem hohen Anteil an mechanischen Bauteilen zu teuer in der Herstellung geworden, wie auch die mechanischen Sortierer oder Lese-Stanzer für Lochkarten. So beschloss die Firma IBM Ende der fünfziger Jahre die Entwicklung eines kleinen Rechners mit der Bezeichnung IBM 1401, der die Lochkartenmaschinen ersetzen sollte. Der Computer war ein System der zweiten Generation, also aus Schaltungen mit Einzeltransistoren aufgebaut.

Hardware

Die Basis-Konfiguration der IBM 1401 bestand aus einem oder zwei Rechnerschränken. Darin waren die Elektronikmodule und die Netzteile herausklappbar montiert, um die Fehlersuche und Wartung zu erleichtern (Abb. 3-1). Die primären Peripheriegeräte waren eine kombinierte Lese- und Stanzeinheit für Lochkarten und ein Zeilendrucker mit der damals beeindruckenden Leistung von 600 Zeilen/Minute mit 132 Zeichen pro Zeile. Die Lese-Station besaß fünf Ablagefächer, die vom Programm angesteuert werden konnten, um Lochkarten je nach ihrer Kennung, wenn gewünscht, getrennt abzulegen. Die Stanz-Station konnte sowohl Lochkarten lesen als auch stanzen, wenn auch mit geringerer Geschwindigkeit als die Lese-Station. Der Arbeitsspeicher hatte in der Grundausstattung eine Kapazität von 4 000 Zeichen. Mit einer Erweiterungseinheit, etwas größer als eine Waschmaschine, wurde die maximale Speicherkapazität von 16 000 Zeichen erreicht.

Nicht alle Instruktionen der IBM 1401 waren in der Grundkonfiguration serienmäßig vorhanden. Funktionen, die heute selbstverständlich sind, mussten zusätzlich ge-

Abbildung 3-1: Die Zentraleinheit des Rechners IBM 1401 kombiniertem Lochkarten-Leser/Stanzer und Zeilendrucker (im Anschnitt links) , Magnetband-Einheiten (rechts) und mit Speicherweiterung (hinten links)

kauft werden, etwa Befehle für die Multiplikation und Division oder der Unterprogramm-Sprung mit automatischer Rückkehr-Adresse. Der Programmierer musste also genau wissen, welche Befehle im Zielrechner vorhanden waren. Fehlte ein im Programm benutzter Befehl, wurde das Programm abgebrochen und eine Warnlampe leuchtete auf.

Der Rechner hatte keine Befehle für das Rechnen mit Gleitkomma-Zahlen. Dieser Datentyp war für die typischen Anwendungen auf der IBM 1401 nicht notwendig. Ein Taktschritt der zentralen Recheneinheit dauerte 11,6 Mikrosekunden. Für die Division von zwei Integer-Dezimalzahlen waren je nach Stellenanzahl bis zu 120 Taktschritte erforderlich, was ungefähr 1,4 Millisekunden entspricht.

Magnetkern-Speicher

Der Arbeitsspeicher der IBM 1401 war ein Magnetkern-Speicher oder kurz Kernspeicher. An den Kreuzungspunkten eines rechteckigen Gitters aus lackisoliertem Kupferdraht waren kleine Ringkerne aus Ferrit aufgefädelt, deshalb der Name *Kernspeicher* für diese Technik (@Kernspeicher). Der Zustand der Magnetisierung legte fest, ob der Magnetkern eine binäre Null oder Eins repräsentierte. Sehr vereinfacht beschrieben, wurde der Magnetkern durch eine Spannung auf dem jeweiligen Zeilen- und Spaltendraht ausgewählt und magnetisiert. Der binäre Wert wurde mit dem Lesedraht (hellrot) ausgelesen, der diagonal zum Gitter durch die Magnetringe geführt war (Abb. 3-2).

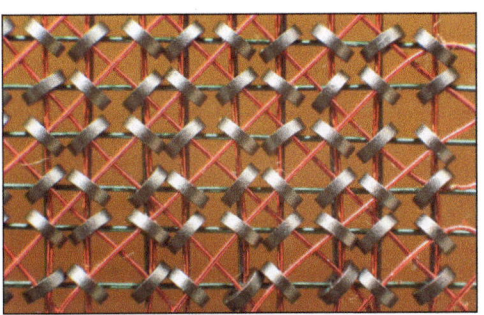

Das Auffädeln der Kerne auf die Drähte der Matrix und das Durchfädeln des Lesedrahts konnten nur teilweise von einer Maschine durchgeführt werden. Die

Abbildung 3-2: Magnetkern-Speichermatrix (Ausschnitt)

Montage erforderte zusätzliche manuelle Arbeitsschritte und viele Kontrollen. Kernspeicher war dadurch ziemlich kostspielig, ein Grund, warum viele Computer weniger Arbeitsspeicher enthielten als mögliche Maximum. Bei den ersten Magnetkern-Speichern hatten die Kerne noch einen Durchmesser von ca. 5 mm. Im Laufe der Zeit verringerten sich die Abmessungen bis auf 3 mm. Mit der Entwicklung von Halbleiter-Speichern, die weit preiswerter zu fertigen waren und weit geringeren Raum- und Energiebedarf hatten, ging die Zeit des Kernspeichers zu Ende.

Rechner-Architektur

Die kleinste adressierbare Speichereinheit der IBM 1401 war ein Zeichen mit 7 Bit Länge. Eine Dezimalzahl wird mit vier Bit kodiert (BCD, *binary coded decimal*). Zwei weitere Bits wurden für die Kodierung von Alpha- und Sonderzeichen benötigt, allerdings nur Großbuchstaben wie bei einer Lochkarte, insgesamt 64 Zeichen. Das siebte Bit diente als *Wortmarke,* die die Einerstelle eines Feldes anzeigte. Mit der Wortmarke war es möglich, beliebig lange Dezimalzahlen aus aufeinander folgenden Dezimalziffern zu definieren. Ein Feld konnte auch ein Programmbefehl sein, denn die Befehle der IBM 1401 hatten unterschiedliche Längen.

Bei der Planung des Programmablaufs musste man darauf achten, dass das Ergebnisfeld ausreichend lang war. Bei einer Addition sollte das Ergebnisfeld mindestens ein Stelle größer sein als das größere der beiden Herkunftsfelder, um einen eventuellen Übertrag in der höchsten Stelle zu speichern. Bei einer Multiplikation muss das Ergebnisfeld so lang sein, dass das Produkt aus den Zahlen der beiden Herkunftsfelder hineinpasst. Für die typischen Anwendungen in Buchhaltung und Rechnungswesen genügte die rein dezimale Arithmetik. Bei der Umwandlung in binäre Zahlendarstellung für Rechenvorgänge und zurück zur Dezimaldarstellung können Rundungsfehler auftreten, die nicht immer der gewohnten kaufmännischen Rechenweise entsprechen. Gleitkomma-Operationen bei kleineren wissenschaftlichen Anwendungen wurden mit Unterprogrammen emuliert, was die Ausführung solcher Programme sehr langsam machte.

Mit sechs Bits war die Adressierung der Speicherstellen bis zum Maximum von 16 000 Zeichen möglich. Aufgrund der relativ geringen Speicherkapazität des Rechners versuchte man als Programmierer, die Anzahl der Stellen für eine Dezimalzahl so klein wie möglich zu halten. Diese Notwendigkeit zur sparsamen Verwendung von Speicherplatz hatte noch Auswirkungen bis zum Jahrtausendwechsel. Für die Speicherung eines Datums wurden nur die letzten beiden Stellen der Jahreszahl genutzt. Beim Übergang ins 21. Jahrhundert führte das zu Konflikten, weil jetzt vier Stellen für die Jahreszahl notwendig waren. Niemand hatte es für möglich gehalten, dass Programme – vor allem in der Programmiersprache Cobol – und gespeicherte Informationen vierzig Jahre überdauern könnten.

Die IBM 1401 war eine sogenannte Drei-Operanden-Maschine. Bei einer Addition wurde die Summe von zwei Feldern in ein drittes Feld geschrieben. Der Inhalt der Herkunftsfelder blieb erhalten. Die IBM 1401 hatte kein spezielles Rechenregister oder einen Akkumulator für die Ausführung des Rechenvorgangs wie andere Rechner-Architekturen, die mit Zahlen konstanter Bitzahl (Worten) arbeiten. Für die Programmierung von Schleifen konnten Indexregister genutzt werden. Mit einem Befehl, der zusätzlich gekauft werden musste, war die Speicherung der Rückkehradresse vor einem Sprung in ein Unterprogramm möglich. Beim Verlassen des Unterprogramms wurde das rufende Programm an der nächsten Adresse nach dem Sprung fortgesetzt, ohne dass weiterer Programmieraufwand erforderlich war.

Peripheriegeräte

An den Rechner konnten Magnetband-Laufwerke angeschlossen werden. Mit vier Laufwerken ließen sich größere Datenmengen verhältnismäßig schnell durch fortschreitendes Mischen in eine Sortierfolge bringen. Die mechanischen Sortiergeräte für Lochkarten, langsam und personalaufwendig, wurden damit obsolet. Mit der Zeit wurden weitere Zusatzgeräte für die IBM 1401 realisisiert, etwa Geräte für strichkodierte Formulare und das Lesen von Dokumenten mit OCR-Schrift. Auch Zeichengeräte konnten über spezielle Elektronik an die IBM 1401 angeschlossen werden, etwa der Trommelplotter der Firma Calcomp.

Software-Ausstattung

Die Rechenanlage wurde wie vorher die Lochkarten-Geräte meistens an die Kunden vermietet, in selteneren Fällen auch verkauft. Die Anwendungsprogramme entstanden in der Regel beim Kunden nach dessen individuellen Bedürfnissen. Standard-Software für typische Geschäftsvorgänge wie Bestellungen, Auslieferung, Buchhaltung, Lohn- und Gehaltsabrechnung, Produktionsunterstützung, Statistik und andere Anwendungen in Handel und Fertigung gab es noch nicht. Die Kunden konnten entweder die Dienstleistungen von IBM für die Programmierung der Anwendungen in Anspruch zu nehmen oder die Programmierung durch eigene Mitarbeiter durchführen. Bei vielen Firmen war es üblich, sich die wichtigsten Programme von IBM bereitstellen zu lassen und nach und nach mit Eigenprogrammierung die Grundausstattung der Geschäftssoftware zu erweitern.

IBM schickte auch Studenten wie mich zu ihren Kunden, um Programmieraufgaben zu erledigen. Mit solchen Ferienjobs habe ich einige Jahre gutes Geld bei IBM verdient, zuerst in der IBM-Niederlassung in Saarbrücken, im Jahr darauf in der Niederlassung Wiesbaden, bei der Firma Erdal in Mainz, und ein Jahr später beim Nähmaschinen-Hersteller Pfaff in Kaiserslautern, der heute nicht mehr existiert. Die Firmen nutzten alle das System IBM 1401 für die Datenverarbeitung in Verwaltung und Produktion.

Programmierung und Programmtest

Die Programme für die IBM 1401 wurden in einem symbolischen Kode aufgeschrieben und von einem speziellen Programm, dem Übersetzer, in die internen Maschinenbefehle und Adressen umgewandelt. Der Begriff *Assembler* war noch nicht erfunden, der kam erst mit dem System IBM /360. Die mnemonische Kodierung der Maschinenbefehle war eine große Erleichterung für die Programmierer, denn die internen Befehle des Rechners waren ziemlich kryptisch. Die tatsächlichen Adressen der Speicherstellen konnte man sich schlecht merken oder man machte Fehler bei ihrer direkten Adressierung als Zahlen.

Zuerst wurde für die Kodierung ein festes Format mit Spalteneinteilung benutzt, das *Symbolische Programmiersystem*, kurz SPS. Auf SPS folgte die Kodiersprache *Autocoder*, für die kein festes Format vorgeschrieben war. Autocoder enthielt einige zusätzliche Funktionen, wie die Möglichkeit zum Einfügen von Makros für größere Programme mit sich wiederholenden Befehlsfolgen. Die symbolischen Befehle und Adressen wurde in den Maschinenkode übersetzt und das Objekt-Programm auf Lochkarten ausgestanzt.

Später gab es einen Compiler für eine der ersten Versionen von Fortran (*Formula Translator*). Für einfache Berechnungen war Fortran eine Erleichterung, da die Rechenvorgänge nahe an der mathematischen Formelsprache definiert werden konnten. Für größere Rechenarbeiten setzte die Architektur und Geschwindigkeit des Rechners IBM 1401 aber technische Grenzen, die auch mit Tricks nicht überwunden werden konnten.

Das „Betriebssystem" der IBM 1401 bestand lediglich aus der Taste *Laden* am Lochkartenleser. Wenn man sie betätigte, wurden die ersten beiden Lochkarten eingelesen, die das Speichern des Anwendungsprogramms auf den folgenden Lochkarten in den Arbeitsspeicher veranlassten. Wenn dieser Vorgang beendet war, begann der Ablauf des Programms. Für Rechner mit Magnetband-Einheiten gab es die Programmbibliothek namens IOCS (*input/output control system*), mit der die Kennsätze der Magnetbänder in einem standardisierten Format geschrieben und gelesen werden konnten.

Eine erste Hilfe für die Fehlersuche in den Programmen war ein Schalter, mit dem man den Prozessor auf Einzelschritt stellen konnte. Der Binärkode des Speicherplatzes wurde dann mit Lämpchen angezeigt und konnte durch Eingabe über Kippschalter verändert werden. Ein Tastschalter diente dazu, den Arbeitsspeicher schrittweise in Zeilen von je hundert Zeichen auf dem Zeilendrucker auszudrucken. Die Fehlersuche konnte dann am Schreibtisch stattfinden, denn Maschinenzeit war teuer. In Anlehnung an die bekannte Samstagabend-Sendung „Jede Sekunde einen Schilling" des österreichischen Fernsehens wurden die Kosten nach dem Merksatz

"Jede Sekunde einen Hering" überschlagen. Nach den damals geltenden Preisen für Meeresfische kam man annähernd auf die Kosten, die externen Nutzern der IBM 1401 in Rechnung gestellt wurden.

Ein großer Fortschritt für den Programmierer war der *Debugger*, unter dessen Kontrolle das zu testende Programm ablief. Der Debugger druckte neben den ausgeführten Befehlen und Adressen die aktuellen Inhalte der Operanden aus. Das ergab zwar manchmal längere Listen, aber man kam damit Programmfehlern schneller auf die Spur als mit Einzelschritt-Schaltung oder dem einfachen Ausdruck der Speicherstellen. Der Debugger war ein Geheimtipp unter 1401-Programmierern. Wer einmal erfahren hatte, wie schnell man damit Programmfehlern auf die Spur kam, hat sich schnell eine Kopie angefertigt. Ein komfortabler Debugger ist heute Bestandteil fast aller Entwicklungsumgebungen, aus gutem Grund.

Erweiterungen der 1401-Familie

Die unerwartet hohen Verkaufszahlen der ersten Maschinen und der damit erzielte Gewinn bewogen die Firma IBM, weitere Computer mit der annähernd gleichen Technik und Architektur auf den Markt zu bringen.

IBM 1440 mit Magnetplatten

Mein Gruppenleiter während des Ferienjobs bei IBM in der Niederlassung Wiesbaden war ein EDV-Experte, der im Jahr vorher bei den Olympischen Winterspielen in Innsbruck zum Team von IBM gehört hatte. In seinem Zweitberuf war er geprüfter Berg- und Hochtourenführer und deshalb zusammen mit seinen Computerkenntnissen bestens für diese Aufgabe qualifiziert. Bei den Spielen von Innsbruck wurden zum ersten Mal Computer im größeren Maßstab für die schnelle Übermittlung von Informationen, für die Versorgung der Medien mit Ergebnislisten und für die Steuerung der Anzeigetafeln eingesetzt. Für die Realisierung dieser Aufgaben waren unter anderem Geräte für die schnelle Speicherung und den wahlfreien Zugriff auf die Daten notwendig. Magnetbänder waren für diese Anforderungen zu langsam. Deshalb wurde auf die kurz vorher zur Anwendungsreife gebrachten Magnetplatten mit beweglichen Schreib- und Leseköpfen zurückgegriffen.

Das grundsätzliche Arbeitsprinzip der Magnetplatten (Abkürzung HDD für *hard disk drive*) hat sich bis heute nicht verändert. Ein Stapel von Einzelplatten rotiert mit hoher Geschwindigkeit in einem Gehäuse. Auf jeder Seite einer Platte ist eine permanent magnetisierbare Schicht aufgebracht. Ein beweglicher Kamm mit Schreib- und Leseköpfen fährt in den Raum zwischen den einzelnen Platten des Stapels ein. Entlang radialer Spuren bringen die Schreibköpfe ein Muster von Magnetpunkten an. Mit den Leseköpfen werden diese Muster wieder ausgelesen und in binären Kode zurückverwandelt. Der Direktzugriff auf die gespeicherten Daten ist wahlfrei, der wichtigste Vorteil gegenüber einem Magnetband. Die Zeitverzögerung auf Grund der Rotation des Stapels und der Positionierung der Köpfe auf die gewünschte Spur ist vorhanden, liegt aber immer noch im akzeptablen Bereich.

Durch eine Reihe von technischen Verbesserungen – zum Beispiel Erhöhung der Umdrehungsgeschwindigkeit des Plattenstapels, schnellere Bewegung des Schreib/Lese-Kamms durch Gewichtsverringerung, höhere Aufzeichnungsdichte, Reduzierung der Spurbreite, neue magnetische Materialien und Aufzeichnungstechniken, Füllung des Gehäuses mit Helium anstatt Luft – ist im Laufe der Jahre die Kapazität der Magnetplatten um Größenordnungen gestiegen. Heute sind 3½-Zoll-Festplatten mit 8 TeraByte Kapazität erhältlich, vielleicht bald HDDs mit 20 TeraByte (Labs 2018). In der Entwicklung befinden sich Magnetplatten, die mit Hilfe von Mikrowellen die Schreibdichte in der Magnetschicht noch weiter erhöhen. Für das Jahr 2019 werden Laufwerke mit 40 TeraByte erwartet (di Marcoberardino 2018).

Olympischer Rechenbetrieb

Die Magnetplatten waren an den Rechner IBM 1440 angeschlossen, eine für den Betrieb von Magnetplatten optimierte Version der 1401. Um die Ausfallsicherheit während der Winterspiele zu gewährleisten, standen in der zweckentfremdeten Sporthalle der Universität Innsbruck zwei Rechner IBM 1440 nebeneinander, mit gemeinsamen Anschlüssen an redundante Magnetplatten. Im Fall einer Störung konnte der Betrieb manuell mit einer sehr kurzen Verzögerung vom einem auf den anderen Rechner umgeschaltet werden. Der Parallelbetrieb von zwei oder mehr eng gekoppelten Rechnern mit automatischer Ausfallsicherung (*failover*) waren noch nicht möglich.

Die Rechner IBM 1440 mit Magnetplatten wurden generell bei Anwendungen eingesetzt, für die sehr kurze Speicher- und Antwortzeiten notwendig waren, etwa für Auskunftssysteme mit kurzen Antwortzeiten oder Buchungssysteme in verhältnismäßig hochpreisigen Anwendungsbereichen, etwa bei Luftfahrt-Unternehmen. Was heute für den normalen Computernutzer selbstverständlich ist – zum Beispiel Suchmaschinen, online-Bestellungen, E-Mail, World Wide Web – wurde erst möglich durch die Verbesserung der wahlfreien Speicherung und des Zugriffs auf die Datenbasis, wie sie mit der IBM 1440 realisiert worden war.

Datenfernverarbeitung

Eine weitere Neuerung, die bei den Olympischen Spielen von Innsbruck 1964 zum ersten Mal im größeren Maßstab zur Anwendung kam, war die Datenfernverarbeitung, *teleprocessing* im Marketing-Jargon von IBM. Die Peripheriegeräte in der Sporthalle waren wie üblich direkt an die beiden Rechner angeschlossen. An allen Wettkampfstätten kommunizierten Schreibmaschinen, Drucker und die Zeitnahme-Geräte über Telefonleitungen mit dem Rechenzentrum. Einige Stellen im Arbeitsspeicher jedes Rechners konnten direkt auf den Anzeigetafeln im Stadion angezeigt werden. Wenn das gerade laufende Programm eine Information in diese Speicherstellen schrieb, wurde der Inhalt sofort sichtbar, ohne dass die Zeichen nochmals per Hand eingegeben werden mussten.

Die Reporter und Journalisten erhielten meistens innerhalb einer halben Stunde die Ergebnislisten der Wettkämpfe. Früher hatte man für deren Druck zwei Tage benötigt. Auch vom Verlauf eines Wettbewerbs fern vom Stadion, etwa Alpin-Ski, Langlauf oder Biathlon, gelangten noch während des Rennens Informationen zum Zwischenstand an die Zuschauer im Stadion und an die Medien.

IBM stellte dem Veranstalter die gesamte EDV-Infrastruktur – Hardware, Software und Personal – kostenlos zur Verfügung. Es war zu erwarten, dass die auf jedem Fernsehgerät gut sichtbare Werbung mit den drei Großbuchstaben die nicht unbedeutenden Kosten wieder hereinbringen würde. Die Bedeutung für die zukünftige Informationstechnik und die Nutzung war noch nicht abzusehen. Der mit *teleprocessing* erbrachte „proof of concept" bei den Spielen von Innsbruck hat mit dazu beigetragen, dass die EDV-Industrie die Technik und Verfahren nach und nach verbesserte, bis zu dem Stand, den wir heute gewohnt sind.

IBM 1410, 1460

Der maximale Arbeitsspeicher von 16 000 Zeichen war eine ernste Limitierung der IBM 1401. Beim Modell IBM 1410 wurde deshalb der Adressraum auf 80 000 Speicherstellen vergrößert. Dazu war es notwendig, die bisher drei Stellen für die Adressen der Speicherstellen auf fünf Stellen zu erweitern. Damit wurden größere Programme mit mehr Speicherplatz möglich. Aufgrund des erweiterten Adressraums waren jetzt Algorithmen mit größerem Speicherbedarf einsetzbar, die indirekt den Durchsatz beschleunigten.

Wegen der Erweiterung der Adressenfelder war es nicht möglich, Programme, die für die IBM 1401 übersetzt worden waren, direkt auszuführen. Die Quellenprogramme mussten neu in den Maschinenkode übersetzt werden. Durch Umlegen eines Schalters an der Bedienungskonsole wurde der 1401-Mode aktiviert, mit dem die alten Programme für die IBM 1401 unverändert ausgeführt wurden. Natürlich waren die Beschränkungen des kleineren Computers weiter in Kraft. Dieser Trick für den leichteren Übergang auf das nächste Modell oder sogar die nächste Generation wurde später auch bei anderen Computerfamilien übernommen, etwa mit dem 1401-Mode beim Rechner IBM /360-30 oder dem PDP-11-Mode beim Computer DEC VAX 11/780.

In der Endphase der Lebenszeit der 1400-Familie kam noch der Rechner IBM 1460 auf den Markt, der etwa doppelt so schnell war wie das ursprüngliche Modell der IBM 1401. IBM hatte anfangs einen weltweiten Bedarf von ca. 3 000 Rechnern der Familie 1401 geschätzt. Am Ende der Produktionszeit waren etwa 15 000 Stück ausgeliefert worden.

Damals war IBM der größte Computerhersteller der Welt, mit einem Umsatz größer als der Umsatz der anderen Hersteller zusammen, was das Computergeschäft anbetraf. Die Erkennungsfarbe von IBM war Blau, deshalb sprach man von „Big Blue and the seven dwarfs". Einige der Zwerge von damals – Burroughs, Control Data, Digital Equipment, General Electric, Honeywell, RCA, Univac – existieren heute nicht mehr oder haben sich aus dem Computergeschäft zurückgezogen. Neue Firmen sind dazugekommen und einige davon in Umsatz und Gewinn an IBM vorbeigezogen, etwa Microsoft.

Vor einigen Jahren habe ich den Rechner IBM 1401 wiedergesehen, in der Computerabteilung des Deutschen Museums in München. Er war nicht mehr vollständig und nicht mehr lauffähig. Ich hätte gern noch einmal gehört, wie der Zeilendrucker den Marine-Marsch *Anchors away* von Philip Sousa ratterte oder die Recheneinheit Weihnachtslieder dudelte. Geschickte Programmierer hatten herausgefunden, wie man die Störfrequenzen des Prozessors im Mittelwellen-Bereich in Töne umsetzen konnte. Durch ein Programm mit der richtigen Reihenfolge der Operationen und den korrekten Zeitintervallen konnte man die programmierten Störungen als Weihnachtslieder mit einem Mittelwellen-Empfänger hörbar machen.

Der wissenschaftliche Rechner IBM 1620

In dieser Zeit wurde noch zwischen Rechnern für betriebliche und wissenschaftliche Anwendungen unterschieden. Das Gegenstück zur IBM 1401 war der Computer IBM 1620. Der Rechner war in der gleichen Schaltungstechnik aufgebaut, hatte aber einen anderen Befehlssatz mit einem maximal möglichen Arbeitsspeicher von 100 000 Stellen. Zahlenfelder bestanden aus aufeinander folgenden Stellen, die wie bei der 1401 durch eine Wortmarke in der Einerstelle begrenzt wurden. Befehle und Register für Gleitkomma-Rechnungen konnten als Option dazugekauft werden. Ein Computer IBM 1620 wurde bei der ersten Hochrechnung der Wahlergebnisse der Bundestagswahl 1965 für das Deutsche Fernsehen eingesetzt. Insgesamt wurden von der IBM 1620 ca. 2 000 Systeme gebaut (@IBM 1620).

IBM 1130

Insgesamt arbeitete ich dreimal in den Sommerferien als studentischer Programmierer bei IBM, zuletzt 1966. Aufgrund meiner guten Erfahrungen schlug ich meiner Freundin vor, sich für das Studentenprogramm von IBM zu bewerben. Sie wurde angenommen und erhielt eine dreiwöchige Einführung in die Programmierung und Bedienung des wissenschaftlichen Rechners IBM 1130. Anschließend hat sie die Kenntnisse in einem Projekt bei einem Kunden von IBM angewendet.

Meine Hoffnung, dass meine Freundin – wir sind jetzt seit fast fünfzig Jahren verheiratet – durch ihre Tätigkeit bei IBM mehr Verständnis für meine Computer-

Abbildung 3-3: Steuerpult des Rechners IBM 1130 mit Tastatur, Schreibwerk und Anzeige-Einheit

Affinität aufbringen würde, hat sich im Großen und Ganzen erfüllt. Sie war aber gegen das Programmiervirus immun und hat seit ihrer Tätigkeit bei IBM nie wieder ein Computer-Programm geschrieben. Wie viele Millionen anderer IT-Anwender benutzt sie heute ganz selbstverständlich ihren Arbeitsplatz-Rechner für E-Mails, Recherchen und Bestellungen im Internet, auch die Speicherung und Verwaltung ihres Fotoarchivs und das Erstellen von Fotobüchern.

Der Computer IBM 1130, ausgeliefert seit 1965, war zu dieser Zeit der preiswerteste Rechner von IBM. Er war als Nachfolger des Computers IBM 1620 geplant. Wie beim wissenschaftlichen Rechner IBM 1620 waren die Haupt-Zielgruppen Bildungseinrichtungen und Ingenieurbüros, die sich eine größere Rechenanlage nicht leisten konnten. Die IBM 1130 war aus integrierten Schaltungen aufgebaut, was in einem kleineren Raumbedarf und einem geringeren Preis als beim Computer IBM 1620 resultierte. Das System sollte auch als intelligente Steuerelektronik für ein Graphik-Sichtgerät und als Eingabestation für eine räumlich entfernte Großrechenanlage dienen (Abb. 3-3).

Für die Adressierung wurden 15 Bits genutzt, was eine maximale Speicherkapazität von 32 768 Wörter mit 16 Bits oder 65 536 Bytes ergab. Der Arbeitsspeicher war ein Magnetkern-Speicher. Die Befehle hatten drei Adressmodi, direkt, indirekt und indiziert. An den Rechner konnten Wechselplatten-Speicher, Magnetbandgeräte, Lochkartenleser, Zeilendrucker und ein Zeichengerät (Trommelplotter von Calcomp) angeschlossen werden.

Es wurden mehrere Modelle der IBM 1130 mit unterschiedlichen Taktfrequenzen und Arbeitsspeicher-Kapazitäten angeboten. Die Grundausstattung kostete 32 000 bis 41 000 US$, mit einer Wechselplatte. Von dem Rechner wurden bis 1972 ungefähr 10 000 Stück produziert (@IBM 1130).

Betriebsnahe Software

Das Betriebssystem des Computers IBM 1130 war das *Disk Monitor System* (DM2). Dafür war ein Rechner mit mindestens 4 KByte Arbeitsspeicher und einem Festplattenspeicher notwendig. Während der Ausführung eines Programms verblieb nur ein sehr kleiner Supervisor mit ungefähr einem Kilobyte im Arbeitsspeicher. War der Rechenlauf beendet, wurde die anderen Teile des Betriebssystems wieder in den Arbeitsspeicher geladen und der nächste Lauf gestartet. Der weit überwiegende Anteil der Anwendungen wurde in der Sprache Fortran programmiert. Der Fortran-Compiler der IBM 1130 konnte auf einem Rechner mit nur 4 096 Worten Arbeitsspeicher ausgeführt werden. Das übersetzte Programm durfte größer sein, um auf Modellen der IBM 1130 mit mehr Arbeitsspeicher genutzt zu werden. Der Compiler war in der Regel auf der Festplatte gespeichert, konnte aber auch von Lochstreifen oder Lochkarten eingelesen werden.

Andere Programmiersprachen, die mit der IBM 1130 genutzt werden konnten, waren APL, BASIC, Cobol, FORTH und PL/I (Interpreter). Die Eastern Michigan University entwickelte einen Compiler für Fortran IV als Alternative zum Compiler von IBM, der nur eine Untermenge des Sprachumfangs von Fortran IV verarbeiten konnte. Die Oklahoma State University stellte einen Compiler für Algol 68 bereit, der in Fortran programmiert war. Eher eine Kuriosität war ein Algol-Compiler aus französischer Quelle, mit Programmbefehlen in Französisch, mit „Debut...Fin;" anstatt „Begin...End;".

Die Unterprogramm-Bibliotheken für das System IBM 1130 enthielten vorwiegend Funktionen für technisch-wissenschaftliche Anwendungen. Für kleinere Betriebe gab es eine Bibliothek für kommerzielle Anwendungen und die Planung von Projekten. Für die Verwendung als Eingabestation für einen entfernten Großrechner war ein Programm verfügbar, ebenfalls ein System für den computerunterstützten Schriftsatz.

Der erste Arbeitsplatz-Rechner von IBM?

Wenn man so will, war der Rechner 1130 der erste Arbeitsplatz-Computer von IBM. Anstatt des „closed shop"-Betriebs, also die Operateure an der Großrechenanlage hinter Glasscheiben und die Anwender davor, arbeiteten die Nutzer der IBM 1130 im „open shop"-Betrieb. Sie waren für die Programmierung, den Ablauf und die Organisation des Rechenbetriebs selbst verantwortlich. Sie mussten nicht mit anderen Anwendern um die Ressourcen konkurrieren, wenigstens solange sie am Rechner arbeiteten. Heute ist das für die Nutzer von Arbeitsplatz-Rechnern die übliche Arbeitsweise.

Die IBM 1130 war noch ein gutes Stück größer als heutige Arbeitsplatz-Rechner, aber immerhin kleiner als die großen Schränke des Systems IBM /360 im Rechenzentrum. Die IBM 1130 konnte arbeitsplatznah in einem Büro stehen. Wenn nicht zu viele Peripheriegeräte angeschlossen waren, brauchte man für den Betrieb auch keine zusätzliche Klimatisierung. Der wesentliche Fortschritt der heute benutzten Arbeitsplatz-Computer im Vergleich zur IBM 1130 ist, neben der Verringerung der Geräte-Dimensionen, die Vernetzung der Rechner innerhalb des Betriebes und nach außen ins World Wide Web, mit allen Vor- und Nachteilen.

Datenverarbeitung an der Universität

4

Programmieren in Algol 60

Nach der Infizierung mit dem Programmier-Virus wollte ich unbedingt mehr über Theorie und Praxis der Elektronischen Datenverarbeitung erfahren. Die Suche im Vorlesungsverzeichnis der Universität war in dieser Hinsicht nicht sehr ergiebig. Das Fach Informatik gab es 1964 noch nicht, zumindest nicht an meiner Universität. Durch Zufall hörte ich von Mitstudenten, die Mathematik und Sport fürs Lehramt studierten, dass in der Einführungsübung für das Gebiet Analysis auch Programmieren in der Sprache Algol behandelt wurde. Nach dem Abitur und der Wahl der Fächerkombination Sport, Biologie und Geographie war ich sicher, mit dem Fach Mathematik bis an mein Lebensende nichts mehr zu tun zu haben. Die Abneigung hatte unterschiedliche Gründe, darunter auch meine Faulheit. Ich überwand in diesem Fall meine Vorbehalte und ging jede zweite Woche zum Programmierkurs. Damals konnte man ohne Probleme an Lehrveranstaltungen in Fächern teilnehmen, für die man nicht eingeschrieben war.

Der Unterricht im Programmieren lief in einer Form ab, die man sich heute nicht mehr vorstellen kann. Ein Assistent der Abteilung Angewandte Mathematik behandelte in jeder zweiten Woche die wesentlichen Elemente der Sprache Algol 60, etwa die Umsetzung von mathematischen Formeln, Datenstrukturen, Schleifen, bedingte Verzweigungen, Unterprogramm-Sprünge und die sehr rudimentären Möglichkeiten für die Ein- und Ausgabe. Die Studenten bekamen eine kleine Programmieraufgabe für die nächste Programmierstunde, die sie mit bisher behandelten Sprachelementen lösen konnten. Ob die Mathematikstudenten ihre Lösung abgeben mussten und der Dozent sie auch durchsah, weiß ich nicht mehr. Das Programmieren war eine reine Trockenübung ohne Programmtest an einem realen Computer.

Erst in der letzten Woche des Semesters stellte das Rechenzentrum eine Stunde Rechenzeit insgesamt für alle Teilnehmer der Übung zur Verfügung. Der Computer, an dem die Tests stattfanden, war ein betagter Rechner Zuse Z22, ein Computer der ersten Generation mit Vakuumröhren. Übersetzen und Ausführen des Programms an dem echten Computer war keine Pflicht, deshalb kamen nur die wahren Programmier-Verrückten. Wir wollten herausfinden, wie man ein Programm übersetzt und testet, um später vielleicht den Computer selbst ohne Hilfe benutzen zu können. Wenn bei dieser Gelegenheit die Übersetzung des Programms aufgrund eines Synthaxfehlers abgebrochen wurde oder das Programm in einem Fehler endete, hatte man keine Chance, den Versuch zu wiederholen. Die Anzahl der Teilnehmer war zwar nicht sehr hoch, die Bedienung des Rechners dauerte aber so lange, dass die Stunde Rechenzeit nur für einen Versuch pro Teilnehmer reichte. Von einem Test des Programms konnte also keine Rede sein, zumindest nach heutigen Maßstäben.

Rechner Zuse Z22

Unter der Ägide von Konrad Zuse wurde in der gleichnamigen Firma der Rechner Z22 entwickelt. Die interne Logik war aus etwa 600 Modulen mit Vakuumröhren aufgebaut. Die beiden Einsteckteile in Abbildung 4-1 sind wahrscheinlich ein Flipflop und ein NAND-Gatter. Programm und Daten wurden auf einem Magnettrommel-Speicher mit einer Kapazität von 8 192 Worten mit je 38 bit gespeichert. Der Rechner hatte 14 Register zu je 38 bit mit „schnellem" Kernspeicher als Speichermedium. Die Taktfrequenz der Z22 betrug 3 kHz. Das entsprach der Geschwindigkeit des Trommelspeichers für Schreib- und Lesefunktionen.

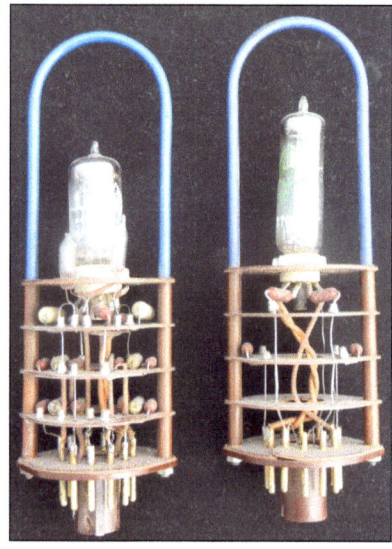

Als Geräte für 5-Kanal-Lochstreifen konnten ein Fernschreiber mit Leser und Stanzer, ein schneller elektro-optischer Leser und ein Schnell-Stanzer angeschlossen werden (Abb. 4-2). Am Bedienpult waren Glimmlampen für die Anzeige und Kippschalter für die Eingabe der Bits eines Speicherworts vorhanden. Der Rechner wurde mit 380-V-Drehstrom versorgt, der aber sehr stabil und störungsfrei sein musste. Deshalb gehörte zu jedem Z22-Rechner ein eigener Generator, um den Computer galvanisch vom Netz zu trennen und dadurch Überspannungen und Störspitzen fernzuhalten. Wenn der Generator überbrückt und der Rechner direkt an das Netz angeschlossen wurde, konnte schon das Betätigen eines Lichtschalters im Gebäude den Rechner aus dem Takt bringen. Damit war der aktuelle Rechenlauf beendet.

Abbildung 4-1: Zwei Basis-Schaltelemente der Z22 mit Vakuumröhren.

Da die Vakuumröhren ziemlich viel Hitze entwickelten, war in jedem Rechnerschrank eine Kühlvorrichtung eingebaut, die an eine Wasserzuleitung und einen -abfluss angeschlossen sein musste. Aufgrund der hohen Temperatur der Kathode und der hohen Anodenspannung waren die Vakuumröhren relativ kurzlebig. Der Rechner Z22 in der Universität wurde jeden Tag etwa drei Stunden darauf überprüft, welche Röhren kurz vor dem Ausfall waren. Bei einem begründeten Verdacht wurde das Modul oder die Röhre vorsorglich ausgetauscht, damit der anschließende Rechenbetrieb einigermaßen störungsfrei ablaufen konnte.

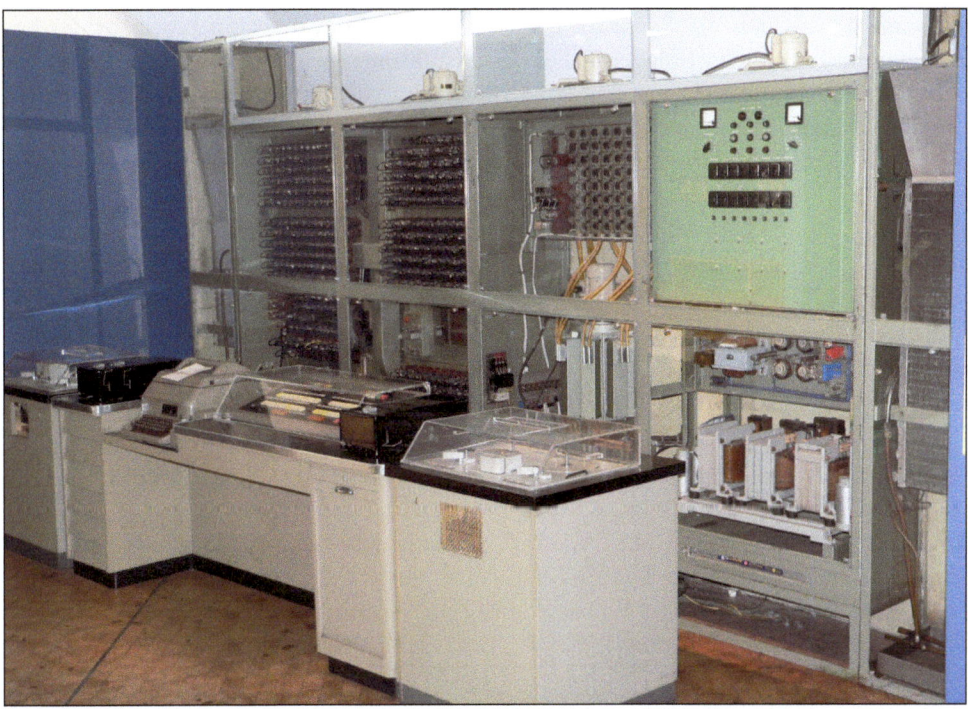

Abbildung 4-2: Rechner Zuse Z22. Im zweiten Schrank von rechts ist der Magnettrommel-Speicher mit Ansteuerungs-Elektronik zu erkennen. Neben und auf dem Bedienpult im Vordergrund sind mehrere Peripheriegeräte aufgestellt (Technik-Museum Berlin).

Der Hersteller Zuse lieferte so gut wie keine Software für den Betrieb des Rechners Z22, das größte Manko im Vergleich mit Röhrenrechnern amerikanischer Provenienz aus dieser Zeit. Die Firma verließ sich weitgehend auf die Software-Kompetenz der Universitäten, bei denen die ersten Computer des Typs Z22 aufgestellt wurden. Ein Übersetzer für das Programmieren im Maschinenkode kam von der Universität Freiburg, nach der Herkunft Freiburger Code genannt. Die Universität Mainz steuerte einen Compiler für eine Untermenge von Algol 60 bei, nach den Algol-Spezifikationen der ALCOR-Gruppe. Der Compiler musste sehr klein sein, um in den Trommelspeicher der Z22 zu passen. Deshalb konnte nur ein Teil des Sprachumfangs des Standards Algol 60 implementiert werden.

Lehrveranstaltungen für Informationstechnik

Um den dringenden Bedarf für die Vermittlung von Computerwissen abzudecken, wurden vom Mathematischen Institut Lehraufträge an Experten von außerhalb der

Universität vergeben. Im Semester nach dem Algol-Kurs hielt ein Professor der benachbarten Fachhochschule eine Lehrveranstaltung zur Elektronischen Datenverarbeitung. Damit sollten interessierten Studenten die Anfangsgründe der Computertechnik und des Programmierens vermittelt werden. Ich nahm an der Vorlesung teil, denn das Programmiervirus hatte mich nicht losgelassen. Inhalt der Lehrveranstaltung waren die Grundprinzipien der Technik und des Aufbaus von Computern, die Funktion der Komponenten, die verfügbaren Peripheriegeräte und ihre Vor- und Nachteile, auch ein wenig Programmieren in der Sprache Algol 60. Die Vorlesung wurde ab und zu ins Uni-Rechenzentrum verlegt, um die theoretischen Ausführungen an der dort vorhandenen Rechenanlage EL X1 zu demonstrieren. Dadurch sollten die Teilnehmer Gelegenheit bekommen, eigene Algol-Programme zu übersetzen und auszutesten, um den Betrieb und die Schwierigkeiten bei der Handhabung der Rechenanlage kennenzulernen.

Im Fach Betriebswirtschaft wurde eine Übung zur Anwendung der Lochkartentechnik für betriebliche Anwendungen angeboten. Die technischen Grundlagen kannte ich aus meinem Ferienjob bei IBM, wahrscheinlich besser als die meisten anderen Studenten im Kurs. Die Klausur am Ende des Semesters war deshalb ziemlich einfach. Nur bei einer Frage musste ich passen, nach der Anwendung der Lochkartentechnik für die Grenznutzen-Berechnung. BWL war nicht mein Fach, deshalb wusste ich nicht, was ein Grenznutzen ist und erst recht nicht, wie er berechnet wird.

Um dem wachsenden Bedarf zu genügen, berief die wirtschaftswissenschaftliche Fakultät 1966 einen Professor, der sich schwerpunktmäßig um Elektronische Datenverarbeitung, Computertechnik und die Anwendung der EDV in der betrieblichen Praxis kümmern sollte. Professor Poensgen hatte einige Jahre an der Harvard University in Boston gearbeitet und gelehrt. In seinen Vorlesungen wurden die aktuellen technischen Entwicklungen der Digital- und Softwaretechnik präsentiert. Fallstudien der Harvard Business School dienten unter anderem als Material in Übungen und Seminaren. Ich nahm an den meisten dieser Lehrveranstaltungen teil, obwohl meine Kenntnisse in der Betriebswirtschaft eher marginal bis nicht existent waren. Dafür kannte ich mich in der Computertechnik aus und konnte programmieren, was ich den anderen Studenten voraus hatte. Als es auf das Ende des Studiums zuging, fragte ich Professor Poensgen, ob er mich im Nebenfach für das Geographie-Diplom prüfen könnte. Er stimmte zu und nahm die mündliche Prüfung im Fachgebiet Computer und EDV ab.

Ungefähr ein Jahr zuvor war ich Mitglied in der *Association for Computing Machinery* geworden. Die ACM ist der weltweit wichtigste Verband, der sich vorwiegend mit den wissenschaftlichen Grundlagen der Informationstechnik befasst. Die mir fachlich näher stehenden ACM-Publikationen sind mir bis heute eine wichtige Informationsquelle geblieben, ebenso wie die online-Bibliothek der ACM.

Computer Electrologica X1

Die Universität hatte einige Jahre vorher ein Computersystem der niederländischen Firma Electrologica mit dem Modellnamen X1 erworben. Das Design der EL X1 basierte auf der Dissertation des Computer-Pioniers Edsger W. Dijkstra (DIJKSTRA 1959). Dijkstra hat später viele wegweisende Aufsätze zur Entwicklung der höheren Programmiersprachen, zu Algorithmen und der Informatik allgemein geschrieben. Insbesondere für seine Beiträge zu den Programmiersprachen wurde er 1972 von der Association for Computing Machinery mit dem *A. M. Turing Award* geehrt. Diese Auszeichnung gilt als der Nobelpreis für die Computerwissenschaften.

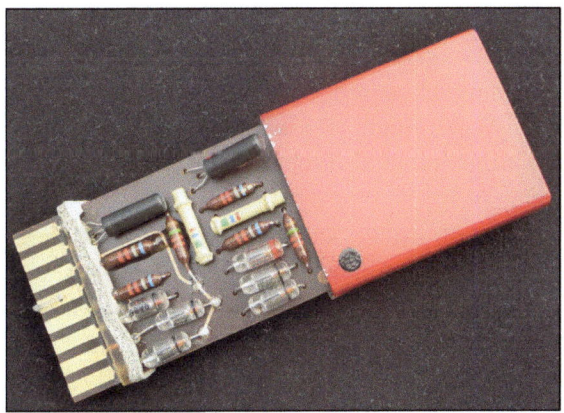

Abbildung 4-3: Logik-Modul der EL X1, wahrscheinlich zwei NAND-Gatter. Die diskreten Transistoren (schwarz) und die Germaniumdioden (Glas) sind gut zu erkennen. Der rote Metallbecher war die Hülle der Platine.

Hardware

Die Basis-Baueinheiten der EL X1 waren doppelseitige Platinen in Metallbechern, etwa halb so groß wie eine Zigarettenschachtel (Abb. 4-3). Auf der Platine waren digitale Schaltkreise aus diskreten Transistoren, Germaniumdioden und passiven Bauteilen aufgebaut. Die Module wurden in Rückwand-Platinen (*backplanes*) eingesteckt, deren Kontakte auf der Rückseite der Backplanes durch viele Drähte in Wickeltechnik verbunden waren. Die Farbe der Metallbecher repräsentierte den Typ des Schaltelements. Farbe und Position der Module waren in den technischen Unterlagen für die Rückwand-Platinen vermerkt, um Fehlersuche und Wartung zu erleichtern.

Jedes Speicherelement (Wort) war 27 bit lang. Der Grund für diese ungewöhnliche Wortlänge geht aus den verfügbaren Unterlagen nicht hervor. Maximal konnten mit den 15 Adressbits 32 768 Wörter adressiert werden. Der Arbeitsspeicher war aus Kernspeicher-Modulen aufgebaut.

Der Rechner X1 enthielt eine technische Neuerung, den *Interrupt*, also Unterbrechung. Während einer Ein- oder Ausgabe, die relativ langsam ablief, konnte das Programm weiter fortfahren. War die Ein- oder Ausgabe abgeschlossen, schickte das Gerät ein Signal an die Zentraleinheit. Durch die parallele Ausführung wurden die Rechengeschwindigkeit und der Durchsatz erhöht.

Die Multiplikation zweier Integer-Zahlen von 27 Bit Länge dauerte etwa 500 Mikrosekunden. Der Rechner konnte um die 10 000 Befehle pro Sekunde abarbeiten. Das veranlasste einen Berichterstatter aus dieser Zeit zu der Frage, „ob die hohe Operationsgeschwindigkeit jemals ausgenutzt werden kann". Dem Berichterstatter war eines der fundamentalen Gesetze der Datenverarbeitung nicht geläufig: Es gibt keine leeren Computer. Jede Verbesserung der Leistungsfähigkeit eines Computers – durch höhere Taktfrequenz, Größe des Arbeitsspeichers, Geschwindigkeit in der Ein- und Ausgabe – führt dazu, dass zum Beispiel mehr Funktionen in das Betriebssystem integriert werden und die Bedienung einfacher und bequemer wird.

Die zusätzlichen Optionen fressen einen Teil der neu gewonnenen Ressourcen bald wieder auf. Aufgrund der erhöhten Leistung werden aber auch neue Anwendungen erschlossen, die bisher bezüglich Rechengeschwindigkeit, Speicherbedarf oder geringer Externspeicher-Kapazität nicht möglich waren. Die Weiterentwicklung von Computern ist immer ein Hase- und Igel-Spiel: Kaum ist eine höhere Leistungsstufe erreicht, ist der Zuwachs bald wieder aufgebraucht, durch zusätzliche Funktionen und neue Anwendungsfelder.

Compiler, Quellenprogramme und Daten für die EL X1 waren auf 5-Kanal-Lochstreifen gespeichert, die über einen schnellen optischen Leser eingelesen wurden. In der Anfangszeit war nur eine elektrische Schreibmaschine für die Ausgabe vorhanden, die 10 Zeichen pro Sekunde drucken konnte. Für die externe Speicherung wurde ein Lochstreifenstanzer benutzt. Im Laufe der Zeit kam dann noch ein Lochkartenleser und ein Magnetbandgerät dazu.

Die langsame Schreibmaschine wurde später durch einen Zeilendrucker ergänzt. Eine Anekdote zum Zeilendrucker: Ein Professor für Angewandte Mathematik war pro forma der Leiter des Universitäts-Rechenzentrums. Er interessierte sich nur randlich für Computer und Programmierung. Er hatte auch wenig Verständnis für die Bedürfnisse der EDV-Anwender außerhalb des Faches Mathematik. Als der technische Leiter des Rechenzentrums auf Betreiben der EDV-Anwender die Beschaffung eines Zeilendruckers vorschlug, bekam er von seinem Chef die Antwort: „300 Zeilen pro Minute mit 132 Zeichen pro Zeile? Wer soll denn das alles lesen?".

Am zentralen Bedienpult der EL X1 (Abb. 4-4) waren Lämpchen zum Anzeigen des Betriebszustandes, der aktuellen Adresse des Speicherworts und dessen Inhalt angebracht. Über Kippschalter konnten die Bits der Adresse und des adressierten Wortes gesetzt werden. Mit den Tastschaltern (schwarze Knöpfe) wurden Bedienungsvorgänge aufgerufen. Die Schalter dienten auch für das Starten und Anhalten von Rechenläufen.

Ungefähr 30 Rechner des Modells EL X1 wurden verkauft, die Mehrzahl in den Niederlanden und in Deutschland.

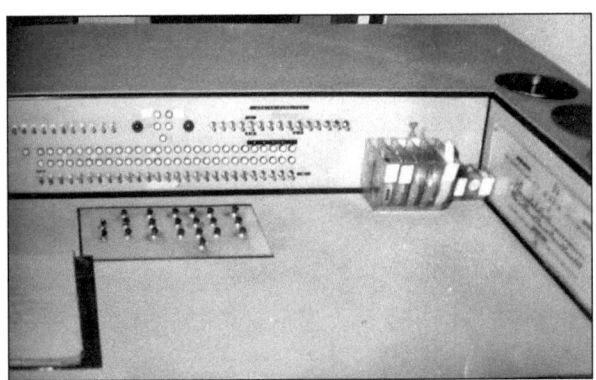

Abbildung 4-4: Bedienpult der EL X1 (Ausschnitt), mit Loch-streifen-Rollen

Programmierung

Die EL X1 hatte ein fest ver-drahtetes Betriebssystem, das einen Übersetzer vom sym-bolischen Programmierkode in die Maschinensprache ent-hielt. Als höhere Program-miersprache wurde Algol 60 verwendet. Das Einlesen des Compilers von einer Lochstrei-fenrolle mit einem elektro-optischen Leser dauerte einige Zeit. Wenn der Quellentext syntaktisch richtig war, wur-de der Objektkode auf einem Lochstreifen gespeichert. War der Lochstreifen fertig ausgestanzt, konnte das Pro-gramm eingelesen und gestartet werden. Hatte man einen Fehler gemacht, fing alles wieder von vorne an. Wenn man nicht aufpasste, verheddterte sich der Lochstreifen mit dem Compiler oder dem Programm beim Einlesen oder Aufwickeln und riss even-tuell auch ab. Man lernte deshalb schnell, einen abgerissenen Lochstreifen zu flicken, mit einem vorfabrizierten Zwischenstück oder einem Klebestreifen. In hoffnungslosen Fällen stand eine Ersatzrolle mit dem Compiler im Schrank neben dem Computer.

Rechenbetrieb im Uni-Rechenzentrum

Der Rechenbetrieb im Universitäts-Rechenzentrum lief als „open shop". Jeder Nutzer bekam eine feste Zeit zugeteilt, während der er am Computer arbeiten konnte. War die Zeit um, musste man den Platz für den nächsten Anwender auf der Reservie-rungsliste räumen, ob man nun fertig war oder nicht. Die Priorität bei der Vergabe von Rechenzeit entsprach der universitären Hierarchie, mit den Professoren ganz oben und den Studenten und Hilfskräften ganz unten. Den Studenten blieb meistens nichts anderes übrig, als in den Randstunden, nachts oder an den Wochenenden ihre EDV-Arbeiten durchzuführen.

Jeder Anwender war sein eigener Programmierer, Datentypist, Operateur und not-gedrungen manchmal auch Computertechniker. Wenn man nachts oder am Wochen-ende an der EL X1 arbeitete, war kein Techniker vor Ort. Kleinere Probleme, etwa am Lochstreifenleser, konnte man mit den vorhandenen Werkzeugen selbst lösen, nach Einweisung durch die Mitarbeiter des Rechenzentrums. Die Rechenanlage war dennoch kein früher Vorfahre der Arbeitsplatz-Computer. Der Raumbedarf der Blech-schränke hätte eine Aufstellung am Arbeitsplatz nicht zugelassen. Der Rechner entwickelte auch soviel Abwärme, dass eine ausreichend dimensionierte Klimaanlage notwendig war.

2D-Graphik

Im Rechenzentrum der Universität gab es, wie üblich in dieser Zeit, keine Möglichkeit zur graphischen Ausgabe, weder ein Sichtgerät noch ein rechnergesteuertes Zeichengerät. In der Ecke eines Nebenraums stand ein Gerät, das einen Punkt auf einer Zeichenfläche in der Größe eines DIN-A4-Blatts anfahren konnte. An dieser Stelle druckte ein Stempel programmgesteuert eine Marke auf das Papier. Der Grad der Verstaubung ließ darauf schließen, dass das Gerät schon lange nicht mehr benutzt worden war. Für welchen Zweck das Gerät einmal beschafft worden war, ließ nicht mehr herausfinden.

Die xy-Koordinaten und der Stempelbefehl wurden über einen 5-Kanal-Lochstreifen an das Gerät übermittelt. Nach einigem Suchen tauchte eine Beschreibung der Steuerkodes auf. Mit einem Algol-Programm stellte ich auf der EL X1 einen Steuer-Lochstreifen her, um das Gerät zu testen. Wie sich herausstellte, war es nicht sehr zuverlässig und für meine Zwecke nicht brauchbar.

Für die Erfassung und Prüfung der Gemeindegrenzen im Saarland, die ich für die Karten in meiner Diplomarbeit brauchte, habe ich dann den Schnelldrucker der EL X1 für die graphische Darstellung der Grenzlinien eingesetzt. Das war zwar nur ein kümmerlicher Ersatz für eine „richtiges" computergesteuertes Zeichengerät, aber immerhin besser als nichts.

Datenverarbeitung für die Kristallographie

Im Collegium Musicum der Universität hatte ich einen Physikstudenten kennengelernt, der im Chor sang und bei den Festen des Collegiums zur fröhlichen Stimmung mit Unterhaltungsmusik am Klavier beitrug. Er hatte wie ich als Werkstudent bei IBM gearbeitet und das wissenschaftliche Gegenstück zum System IBM 1401 programmiert, den schon erwähnten Rechner IBM 1620. Während einer mehrwöchigen Konzertreise nach Spanien und Portugal sind wir öfter über unsere Arbeit bei IBM, die Programmierung und die Anwendung der Elektronischen Datenverarbeitung ins Gespräch gekommen.

Bertram Klar hatte gerade seine Diplomarbeit am Lehrstuhl für Kristallographie des Mineralogischen Instituts der Universität begonnen. Bei der Kristallstruktur-Analyse wird ein Kristall mit Röntgenstrahlen beleuchtet. Das regelmäßige Gitter des Kristalls aus Atomen oder Molekülen interagiert mit den Röntgenstrahlen. Durch Beugung und Interferenz entstehen an bestimmten Orten um den Kristall Röntgen-Reflexe, deren Intensität zur Bestimmung der Struktur und der Abmessungen des Kristallgitters herangezogen werden.

Eine Möglichkeit zur Analyse der Kristallstruktur ist die Auswertung von Mustern, die die Röntgen-Reflexe auf fotografischem Film hinterlassen. Wenn einige Eigenschaften des Kristalls bekannt sind, etwa die Strukturklasse oder die ungefähren Dimensionen des Gitters, lassen sich aus den Mustern Schlüsse auf die Eigenschaften des Kristalls ableiten. Die Intensität kann auch mit Sensoren gemessen werden, die an den bekannten Reflexpunkten positioniert sind. Aus den Intensitätswerten können Eigenschaften des Kristalls näher bestimmt oder verfeinert werden, etwa die Strukturklasse oder die Gitterdimensionen.

Das Einkristall-Diffraktometer

Bertram Klar sollte im Rahmen seiner Diplomarbeit ein neues Gerät für die kristallographische Strukturanalyse in Betrieb nehmen und testen, ein halbautomatisches Einkristall-Diffraktometer der Firma Siemens. Bei dem halbautomatischen Diffraktometer musste man den Ort des Sensors nicht mehr von Hand einzeln einstellen und den Messvorgang einleiten, sondern der Ablauf konnte automatisiert werden. Der Sensor für die Messung wurde auf einer virtuellen Kugeloberfläche um den Kristall positioniert. Die Position des Sensors und damit die Fahrbewegungen wurden von Befehlen auf einem Lochstreifen gesteuert, ebenso der Messvorgang. Für jede Messreihe musste der Lochstreifen neu erstellt werden.

Die gemessenen Intensitätswerte und die Sensor-Position wurden auf einem Lochstreifen gespeichert, der vom Auswerteprogramm gelesen und analysiert wurde. Bertram Klar suchte einen Programmierer, der ihm bei den Programmen zur Erstellung der Steuer-Lochstreifen für das Diffraktometer behilflich sein sollte. Er empfahl mich seinem Professor, der mich als studentische Hilfskraft einstellte.

Wir haben dann zusammen das Programm entwickelt, das die Steuer-Lochstreifen für die Messungen auf dem Diffraktometer herstellte. Programmiert wurde in der Sprache Algol 60 für den Rechner EL X1. Aufbau, Test und Programmierung des Diffraktometers und die Messungen waren Thema der Diplomarbeit von Bertram Klar. Für mich war diese Zeit eine gute Gelegenheit, meine Kenntnisse der Programmierung in einer höheren Programmiersprache zu vertiefen und die ersten Einblicke in die wissenschaftliche Datenverarbeitung zu gewinnen.

Kristallstruktur-Analyse mit Neutronenstrahlen

Nach der Diplomarbeit nutzte Bertram Klar seine Erfahrungen mit dem Diffraktometer zur Realisierung eines Geräts für die Kristallstruktur-Analyse mit einem Neutronenstrahl. Die Wellenlänge der Neutronenstrahlung ermöglicht die Erweiterung der Strukturanalyse über die physikalischen Grenzen hinaus, die durch die Wellenlänge der Röntgenstrahlen gesetzt sind. Das Gerät wurde scherzhaft „Igel" genannt, wegen seiner Kugelform und den aus der Stahlkugel nach außen ragenden Anschlüssen für die Sensoren. Die Konfiguration wurde Anfang der siebziger Jahre in einem Forschungsinstitut nahe Paris aufgebaut und justiert.

Die vielen Sensoren wurden innerhalb der Kugel mit Schrittmotoren an einem vorausberechneten Ort positioniert und dort die Intensität der Reflexe gemessen. Die Sensoren durften sich dabei nicht zu nahe kommen oder gar kollidieren. Für das Anfahren einiger Positionen waren bestimmte Abfolgen in den Fahrbewegungen penibel einzuhalten. Bei einem Besuch in diesem Labor konnte ich mir das Gerätesystem ansehen und die ersten Tests verfolgen, die noch ohne Neutronenstrahlung stattfanden.

Die Kontrolle der Stellmotoren samt Einhaltung der Restriktionen und die Messvorgänge waren nur unter Computer-Kontrolle möglich. Die je zwei Schrittmotoren pro Sensor wurden von einem Minicomputer DEC PDP-11 gesteuert. Zusammen mit einigen Zusatzgeräten, darunter einem Vielkanal-Analysator, war der Rechner für die Ablaufsteuerung und die Auswahl, Grobauswertung und Speicherung der Messwerte zuständig. Die Geräte-Konfiguration wurde nach dem Aufbau und den ersten Tests in das deutsch-französische Forschungsinstitut *Max von Laue-Paul Langevin* in Grenoble transportiert. Die Konzipierung und der Bau des Geräts und die damit durchgeführten Strukturanalysen an der Neutronenquelle des Instituts waren das Thema der Dissertation von Bertram Klar, die mit der Höchstnote bewertet wurde.

Das Deutsche Rechenzentrum in Darmstadt

5

Neue Anwendungsgebiete erfordern mehr Rechenleistung

In den sechziger Jahren des vorigen Jahrhunderts übernahmen nach und nach elektronische Rechner die Aufgaben, die bisher mit Handrechnung oder manuell bedienten Vier-Spezies-Rechnern durchgeführt wurden. Das betraf sowohl die Verarbeitung von Informationen in Betrieben und Fabriken als auch die Analyse von Messergebnissen aus Experimenten. Wegen der traditionellen Verbindung der Mathematik mit den Naturwissenschaften, insbesondere der Physik, kamen dort Computer relativ früh im Einsatz. Später stießen weitere naturwissenschaftliche Disziplinen hinzu, etwa die theoretische Chemie mit umfangreichen Simulationsmodellen oder die Biologie.

In der Medizin und den Sozialwissenschaften wurden zunehmend Computer für statistische Analysen genutzt, meist für größere Datenmengen, etwa Testreihen oder Ergebnisse von Volkszählungen und anderen Erhebungen. Numerische Simulationen wurden eingesetzt, um Thesen und Modelle zu überprüfen, insbesondere in Fällen, bei denen ein reales Experiment aus ethischen oder finanziellen Gründen nicht durchführbar war. Für statistische Analysen und Simulationsmodelle waren hohe Rechengeschwindigkeit, ausreichend großer interner und externer Speicherplatz und schnelle Ein- und Ausgabegeräte erforderlich.

In den Sozialwissenschaften wurde die fortschreitende „Mathematisierung" mehr oder weniger misstrauisch beäugt. Als ich mit einem Vorschlag für eine Diplomarbeit bei einem Professor vorsprach, bekam ich die Antwort „Wo ein Wurzelzeichen steht, hört für mich die Geographie auf". Wie ich später erfahren habe, war die scheinbar ablehnende Haltung wahrscheinlich eine Ausrede. Damit wollte der Professor verhindern, dass sein bevorstehender Wechsel an eine andere Universität vorzeitig publik wurde. In einem anderen Fall setzte ein Geograph seine Untersuchungen zur morphometrischen Analyse von Oberflächenformen nicht fort. Er hatte den Eindruck, dass der Einsatz von Mathematik und Datenverarbeitung seiner akademischen Karriere abträglich war.

Die meisten Universitäten und kleineren Forschungseinrichtungen waren in den sechziger Jahren aus verschiedenen Gründen nicht in der Lage, den Bedarf an Rechenkapazität für alle Arten von Anwendungen bereitzustellen. Die Universitäten versuchten deshalb, die nicht unerheblichen Mittel für den Erwerb oder die Miete der Rechenanlagen über Sondermittel von staatlichen oder halbstaatlichen Stellen zu beschaffen. Eine Quelle war zum Beispiel das Bundesministerium für wissenschaftliche Forschung, eine andere die Deutsche Forschungsgemeinschaft. Die unterschiedlichen

Wege der Finanzierung resultierten in einem sehr heterogenen Bild der installierten Rechenanlagen. Von Einheitlichkeit der Datenträger, der Programmiersprachen und Betriebssystemen konnte keine Rede sein. Ein gegenseitiger Lastausgleich zwischen den Universitäts-Rechenzentren war nicht immer möglich, weil schon die Datenträger für den Austausch inkompatibel waren.

Numerische Röntgen-Strukturanalyse

Für die Analyse der Messdaten aus den Experimenten am Lehrstuhl für Kristallographie, nicht nur des Einkristall-Diffraktometers, wurden Programme genutzt, die einen großem Bedarf an Rechenleistung hatten. Der Professor für Kristallographie hatte einige Zeit als Gastforscher am MIT (Massachussetts Institute of Technology) nahe Boston zugebracht. Dort hatte er die Software für die numerische Analyse der Daten aus der Röntgen-Strukturanalyse kennengelernt und angewendet.

Einer der Assistenten forschte einige Jahre später ebenfalls am MIT und brachte die neuesten Versionen der Programme für die Kristallstruktur-Analyse mit. Die Programme waren in der Sprache Fortran geschrieben, die auf der EL X1 im Rechenzentrum der Universität nicht zur Verfügung stand. Eine Reprogrammierung in der Sprache Algol 60 war aus wirtschaftlichen Gründen nicht sinnvoll. Die Anforderungen an die Rechengeschwindigkeit und Speicherkapazität waren außerdem viel zu hoch für den Computer EL X1.

Deshalb waren die Mitarbeiter am Lehrstuhl für Kristallographie darauf angewiesen, die Großrechenlage IBM 7090/94 im Deutschen Rechenzentrum (DRZ) in Darmstadt für die Auswertung der Messergebnisse ihrer Experimente zu nutzen. Ab und zu bekam ich eine kleinere Programmieraufgabe für die Anlage IBM 7094 zugeteilt. Fortran hatte ich mir selbst aus den Handbüchern und aus Beispielen beigebracht. Meistens beschränkte sich mein Aufenthalt im DRZ auf einen oder zwei Tage, meistens als Mitfahrer von Kollegen aus dem Institut.

Die Aufgaben des Deutschen Rechenzentrums

Anwendern in Anwendungsgebieten mit hohen Anforderungen an Rechenzeit und Durchsatz – wie in der Kristallographie – standen in den meisten Fällen keine ausreichend leistungsfähigen Computer im Rechenzentrum ihrer Universität zur Verfügung. Nach den Planungen der Deutschen Forschungsgemeinschaft (DFG) sollte eine größere Zahl lokaler und regionaler Rechenzentren mit kleinen und mittleren Rechenanlagen an den Hochschulen geschaffen werden.

Für die Abwicklung sehr umfangreicher Rechenarbeiten wurde ein überregionales Großrechenzentrum für die gesamte Bundesrepublik eingerichtet. Das Deutsche Rechenzentrum in Darmstadt (DRZ) war das erste wissenschaftliche Rechenzentrum in Deutschland, das unabhängig von einer Universität war. Der Großrechner stand allen Hochschulen und hochschulfreien Forschungseinrichtungen zur Bearbeitung wissenschaftlicher Probleme mit großem Bedarf an Rechenleistung zur Verfügung. Die Nutzung war nicht kostenfrei, weil die laufenden Ausgaben finanziert werden mussten.

Unter einem Großrechner verstand man eine Anlage, die deutlich leistungsfähiger war als die Mehrzahl der damals verfügbaren Rechner an den Universitäten. Eine solche Anlage war auch physisch ziemlich groß, und ihr Betrieb erforderte entsprechend viel Raum und qualifiziertes Personal.

Das Deutsche Rechenzentrum hatte im Wesentlichen die folgenden Aufgaben:

- Großrechner-Dienstleistung: Die Lösung wissenschaftlicher Probleme aus allen Disziplinen, Hochschulen und Forschungseinrichtungen in Deutschland mit Hilfe seiner Hochleistungs-Datenverarbeitungssysteme.

- Forschung: Die Mitarbeiter des DRZ betrieben eigene Forschung und Entwicklung auf dem Gebiet der Computerwissenschaften und -anwendungen. Sie berieten Wissenschaftler anderer Institute bei der Lösung ihrer Probleme und entwickelten neue Methoden und Verfahren. Dazu wurden Algorithmen und Programme entwickelt und den Anwendern zur Verfügung gestellt. In einer Veröffentlichungs-Reihe wurden Ergebnisse aus unterschiedlichen Anwendungsgebieten der Datenverarbeitung publiziert.

- Ausbildung: In ein- oder zweiwöchigen Kursen wurden interessierte Anwender in den aktuellen Software-Werkzeugen aus- und weitergebildet, etwa in den Programmiersprachen Fortran, Algol 60, Cobol, LISP oder FORMAC. Ein großer Teil der Teilnehmer waren Mitglieder des wissenschaftlichen Mittelbaus und fortgeschrittene Studenten an den Hochschulen.

Bei einem der gelegentlichen Besuche im DRZ traf ich durch Zufall einen Geographen, den ich einige Jahre vorher im Collegium Musicum der Universität kennengelernt hatte. Thomas Peucker hatte gerade in Heidelberg seine Promotion in Wirtschaftsgeographie abgeschlossen und wollte mit einem Kurs in der Programmiersprache Fortran seine Chancen auf dem Arbeitsmarkt verbessern. Wir tauschten uns über die Anwendung der Datenverarbeitung in den Regionalwissenschaften aus. Dieses Treffen war die Initialzündung für mein Aufbaustudium in Kanada und eine langjährige Zusammenarbeit mit Thomas. Das war wieder einer der Zufälle, die meinem beruflichen Weg eine neue Wendung gaben.

Noch ein Zufall: Am gleichen Programmierkurs nahm auch der Geograph Karl Ganser teil. Er holte mich einige Jahre später als Mitarbeiter ans Institut für Landeskunde nach Bonn-Bad Godesberg, nachdem er dort Direktor geworden war. Als Chef hat er nicht mehr programmiert, seine Grundkenntnisse in der Informationstechnik waren aber sehr hilfreich beim Aufbau der Datenverarbeitung in diesem Forschungsinstitut.

IBM 7090/7094

Die Rechenanlage IBM 7090 im Deutschen Rechenzentrum war ein Computer der zweiten Generation, aufgebaut aus Platinen, auf denen die Logikelemente mit diskreten Halbleiter-Schaltern (Transistoren, Dioden) realisiert waren. Der Magnetkern-Arbeitsspeicher bestand aus maximal 32 768 Wörtern mit je 36 Bit. Der Grundtakt der Zentraleinheit war 2,18 μs lang. Die Zentraleinheit leistete ungefähr 100 000 Gleitkomma-Operationen pro Sekunde und war damit etwa sechsmal schneller als das Vorgänger-Modell IBM 709 in Röhrentechnik.

Abbildung 5-1: Steuerpult der IBM 7094 II. An der zusätzlichen Anzeige über der Hauptkonsole ist zu erkennen, dass es sich um das Modell 7094 II handelt.

1962 kam das Nachfolgemodell IBM 7094, zwei Jahre später dessen Nachfolger 7094 II auf den Markt (Abb. 5-1). Das Modell 7094 II war ungefähr doppelt so schnell wie der Vorgänger, besaß sechs Indexregister anstatt drei, die Möglichkeit für doppelt lange Gleitkommazahlen und noch andere zusätzliche Befehle. Ein Alpha-Zeichen war sechs Bit lang, ein Wort enthielt sechs Zeichen. Einige Befehle arbeiteten überlappt. Das war eine frühe Version der Pipeline-Technik, wie sie in allen modernen Mikroprozessoren üblich ist. Ungefähr 50 000 Einzeltransistoren waren in den Modulen der Zentraleinheit verbaut.

Die erste Großrechenanlage IBM 7090 wurde dem DRZ von der Firma IBM kostenlos zur Verfügung gestellt. Die IBM 7090 hatte seinerzeit einen Listenpreis von etwa 15 Millionen DM. Sie wurde 1966 auf das Modell IBM 7094 hochgerüstet, später auf das Modell 7094 II, was nochmals einigen Leistungsgewinn brachte, der dringend notwendig war.

An den Großrechner im DRZ waren 13 Magnetband-Einheiten angeschlossen. Zwei Rechner IBM 1401 lasen die Lochkarten mit Programmen und Daten ein und speicherten sie auf Magnetbändern. Die Bänder wurden von der IBM 7094 eingelesen und die Ausgabe-Daten wieder auf Band geschrieben. Die Rechner IBM 1401 druckten die Druckausgabe auf dem Zeilendrucker und stanzten Lochkarten aus. Später war an eine der IBM 1401 ein xy-Zeichengerät (Trommelplotter) von Calcomp angeschlossen, auf dem Strichzeichnungen mit Kugelschreiber oder Tuschestiften ausgegeben werden konnten.

Die Anwender konnten bei großen Datenmengen für sie reservierte Magnetbänder nutzen. Sie mussten vor Beginn des Rechenlaufs aus dem Magazin geholt und in eine Bandheit eingelegt wurden. Das verzögerte den Start des Rechenlaufs etwas, was aber bei den langen Wartezeiten nicht wesentlich ins Gewicht fiel.

Software

Die Rechenanlage IBM 7090/94 konnte mit zwei verschiedenen Betriebssystemen gefahren werden. IBSYS war ein System mit mehreren Compilern für Fortran, Cobol, MAP (die symbolische Maschinensprache) und Dienstprogrammen, etwa für Sortieren und Mischen. Die Alternative war FMS (Fortran Monitor System). FMS war für die Nutzung von Fortran und FAP (Fortran Assembly Program) optimiert. FMS brauchte weniger Ressourcen und war schneller und effizienter als IBSYS. Die Fortran-Compiler waren zuerst für die Syntax von Fortran II und später für Fortran IV eingerichtet. Der letztere Dialekt wurde dann die Grundlage für den ISO-Standard Fortran 66. Ein Konvertierungsprogramm half bei der Umstellung der Quellenprogramme von Fortran II auf Fortran IV.

Rechenbetrieb im Deutschen Rechenzentrum

Die Anlage IBM 7094 lief ausschließlich im Stapelbetrieb. Die Anwender schoben ihre Lochkartenstapel auf einer Rutsche in den Rechnerraum. Die Lochkarten wurden auf Magnetband kopiert, das Band in eine der Magnetband-Einheiten der 7094 eingelegt und der Rechenlauf gestartet. Die Anwender mussten die voraussichtliche Laufzeit schätzen und auf den Steuerungs-Lochkarten für den Rechenlauf angeben. Alle Läufe bis zu drei Minuten Dauer hatten die höchste Priorität. In die nächste Prioritätsstufe mit etwas längerer Wartezeit kamen alle Rechenläufe unter zehn Minuten. Alle Rechenläufe mit mehr als zehn Minuten geschätzter Dauer hatten die niedrigste Priorität. Diese Jobs wurden vorwiegend in den Randstunden, nachts oder am Wochenende abgewickelt.

War die für die jeweilige Warteschlange vorgesehene maximale Rechenzeit abgelaufen, wurde der Job abgebrochen. Die Anwender konnten wieder von vorn anfangen, wenn sie sich in der Dauer verschätzt hatten. Das war doppelt ärgerlich, weil man sich erstens wieder am Ende der Warteschlange anstellen musste. Zweitens wurden für die Nutzung der Großrechenanlage Gebühren erhoben, die beim Abbruch des Rechenlaufs ohne Gegenwert verloren gingen.

Ein Assistent am Lehrstuhl für Kristallographie hatte durch Ausprobieren herausgefunden, an welcher Stelle im Speicherbereich des Betriebssystems die maximale Rechenzeit für den aktuellen Job gespeichert war. Am Anfang seines Programms ersetzte er den Wert durch eine höhere Zahl, denn der Speicherbereich für das Betriebssystem war nicht gegen Überschreiben durch das Anwendungsprogramm geschützt. Der Lauf kam dann in den Genuss einer längeren Rechenzeit, obwohl er sich der 3-min-Warteschlange befand. Es dauerte nicht lange, bis den Operateuren aufgefallen war, dass die Laufzeiten eines bestimmten Anwenders meistens länger waren, als es das Zeitlimit der Warteschlange eigentlich erlaubte.

Es war dann kein Problem für die Spezialisten des DRZ, den Trick mit der Verlängerung der Rechenzeit zu durchschauen. Daraufhin gab es natürlich ziemlichen Ärger, einschließlich der Androhung des Ausschlusses vom Rechenbetrieb. Das wäre eine ziemliche Katastrophe für die Forschungsprojekte des Lehrstuhls für Kristallographie gewesen. Wir wurden deshalb von unserem Professor dringend ermahnt, solche unzulässigen Manipulationen in Zukunft zu unterlassen.

Einen ähnlichen Fall habe ich dann später an der University of British Columbia während meines Aufbaustudiums in Vancouver miterlebt. Die Studenten des Faches *Computer Science* konnten den Universitätsrechner kostenfrei nutzen, hatten aber nur eine bestimmte Stundenzahl zur Verfügung. Ein pfiffiger Student hatte herausgefunden, dass die Datei mit den Nutzerdaten so gut wie nicht geschützt war. Nachdem er sein Rechenzeit-Konto entsprechend erhöht hatte, flog die Sache auf. Nur durch Fürsprache von Informatik-Professoren, die das Vergehen als Nachweis besonderer Fähigkeiten werteten, entging er dem Verweis aus dem Fachbereich.

Erhöhte Nachfrage nach Rechenleistung

Die Nachfrage nach Hochleistungs-Rechenkapazität war so hoch, dass die Großrechenanlage des DRZ im Drei-Schicht-Betrieb arbeitete, manchmal an sechs Tagen in der Woche. Für einige Monate war die Rechenanlage IBM /360-50 der Universität Münster in Darmstadt aufgestellt, bis die baulichen Voraussetzungen in Münster erfüllt waren. Das schuf ein wenig Entlastung, aber nur für einen kurzen Zeitraum. Auch andere Universitäten und Forschungseinrichtungen stellten dem DRZ Rechenzeit auf ihren nicht völlig ausgelasteten Computern zur Verfügung.

Dazu muss man wissen, dass für uns heute selbstverständliche Kommunikationstechniken damals noch nicht existierten. Es gab noch kein World Wide Web, keine E-Mail, kein DSL. Daten und Programme wurden physisch auf Lochkarten und Magnetbändern zwischen DRZ und dem jeweiligen Aushilfs-Rechenzentrum ausgetauscht, was die Abwicklung nicht gerade beschleunigte. Nur kleinere Programme und Datensätze wurden per Fernschreiber (Telex) verschickt, damals die einzige Möglichkeit zur Datenübertragung über Kommunikationsleitungen.

Um dem weiter steigenden Bedarf zu genügen, beantragte die Leitung des DRZ die Beschaffung eines Nachfolgers für die überlastete IBM 7094 II, einen Großrechner IBM /360-75, damals eine der leistungsfähigsten Rechenanlagen weltweit. Das Bundeswissenschaftsministerium und andere Geldgeber lehnten den Antrag ab. Ein Grund war vielleicht, dass der Hauptsponsor IBM die Anlage nicht wie zu Beginn die IBM 7094 II kostenfrei oder mit erheblichem Rabatt liefern wollte oder konnte. Anstatt der erprobten und zuverlässigen Rechenanlage IBM /360 wurde 1969 der Prototyp des neu entwickelten Rechners AEG Telefunken TR440 im DRZ installiert. Bis zur offiziellen Inbetriebnahme 1970 wurden auf diesem Rechner die Hardware, das Betriebssystem und die Compiler ausgetestet. Die Möglichkeit zur kostenfreie Nutzung des Rechners ermöglichte mir die Fertigstellung meiner Diplomarbeit. Dazu mehr im nächsten Kapitel.

Das Ende einer Erfolgsstory

Ab der Mitte der sechziger Jahre hatte sich die Elektronische Datenverarbeitung auf viele neue Anwendungsfelder ausgedehnt. Die Universitäten und Forschungsinstitute mussten selbst leistungsfähige Rechenanlagen bereitstellen, um dem ständig wachsenden Bedarf an Computerkapazität für Forschung und Lehre zu genügen. Dazu kamen die zusätzlichen Anforderungen, die sich mit dem Aufbau des eigenständigen Fachs Informatik ergaben. Die Studenten brauchten ausreichend zusätzliche Rechnerkapazität, um programmieren zu lernen und IT-Projekte zu realisieren. Die Funktion des DRZ als bundesweites Hochleistungs-Rechenzentrum für den Spitzenbedarf begann zu bröckeln. Es war wirtschaftlicher, die notwendige Rechenkapazität ortsnah zu installieren, auch im Hinblick auf die Kosten und den Zeitverlust für die Reisen nach Darmstadt.

Bei der schrittweisen Auflösung des Deutschen Rechenzentrums fiel das Alleinstellungsmerkmal der fachübergreifenden Forschung und Entwicklung und die integrative Funktion völlig unter den Tisch. Die Abteilungen des DRZ waren sehr erfolgreich darin, allgemein anwendbare Algorithmen und Programme für sehr unterschiedliche Forschungsgebiete zu entwickeln. So konnte ich die Programme zur Faktoren- und Clusteranalyse für meine Diplomarbeit nutzen, die ursprünglich für die Anwendung in der Psychologie und Medizin erstellt worden waren.

Im Deutschen Rechenzentrum trafen sich Wissenschaftler unterschiedlicher Fachrichtungen. Während der oft mehrtägigen Aufenthalte in Darmstadt tauschten sie Erfahrungen mit der Anwendung der Datenverarbeitung zur Lösung ihrer fachlichen Probleme aus, nicht selten beim Mittag- und Abendessen. Die Besucher hatten die Möglichkeit, über den Horizont des engeren Fachbereichs zu blicken und damit neue Anregungen für die eigene Arbeit zu erhalten. Auch die Funktion als überregionale Bildungseinrichtung für die Anwendung der EDV war sehr wichtig. Das DRZ hatte einen Ausbildungsgang für mathematisch-technische Assistenten eingerichtet, um den eklatanten Engpass an IT-Spezialisten in Wirtschaft und Forschung etwas zu verringern. Das Fach Informatik befand sich erst in den Anfängen und war auch mehr theoretisch als praktisch ausgerichtet. Deshalb waren auch die Kurse für die verschiedenen Programmiersprachen gut besucht.

Neue Aufgaben für das Deutsche Rechenzentrum?

Die Leitung des Deutschen Rechenzentrums versuchte Ende der sechziger Jahre, die Aufmerksamkeit der Entscheidungsträger auf neue Anwendungsfelder für die Datenverarbeitung zu lenken. Damit sollte das Überleben des DRZ als bundesweiter Schwerpunkt für die Integration der mittlerweile sehr unterschiedlichen Anwendungsbereiche der EDV gesichert werden. Als ich dem Direktor des DRZ pflichtgemäß eine Kopie meiner Diplomarbeit zukommen ließ, nahm er sofort Kontakt mit mir auf und bat mich, einen Vortrag über die Anwendung der EDV in der Geographie beziehungsweise den Raumwissenschaften zu halten.

Es war etwas schwierig, einen Termin zwischen den letzten Diplomprüfungen und der Abreise zum Aufbaustudium in Kanada zu finden. Nach dem Vortrag bat mich der Direktor, nach meiner Rückkehr von Kanada unbedingt ihn oder seinem Nachfolger zu kontaktieren, um vielleicht Mitarbeiter im DRZ zu werden. Als ich nach zwei Jahren zurückkehrte und das DRZ besuchte, war alles entschieden. Die Auflösung beziehungsweise Übernahme des Deutschen Rechenzentrums war praktisch vollzogen.

Studienabschluss

6

Diplomarbeit

Die Infektion mit dem Programmiervirus machte sich wieder bei der Suche nach einem Thema für eine Diplomarbeit im Fach Geographie bemerkbar. Ich wollte unbedingt die Abschlussarbeit mit der Elektronischen Datenverarbeitung verbinden, also das Nützliche mit dem Angenehmen. Mein erster Vorschlag, eine numerisches Modell von Abtragungsvorgängen in der Geomorphologie zu entwickeln, zu programmieren und durchzurechnen, fand keine Gegenliebe. Der zweite Anlauf bei einem anderen Professor war erfolgreich, in meiner Diplomarbeit schon früher genutzte Gemeinde-Typisierungen nachzuvollziehen und neue Lösungen zu erarbeiten.

Die letzte Volkszählung hatte 1961 stattgefunden, deshalb lag es nahe, die Gemeindetypisierungen anhand der Ergebnisse der Volkszählung im Saarland vorzunehmen. Der Direktor des Statistischen Landesamtes war Lehrbeauftragter an der Universität, seine Tochter wissenschaftliche Assistentin am Geographischen Institut. Die persönlichen Kontakte erleichterten die Datenbeschaffung mit den Ergebnissen der Volkszählung. Ich konnte den Rechner IBM 1401 im statistischen Landesamt für die Kopie und die erste Verdichtung des Datenbestandes nutzen. Für die Typisierung der Daten sollte die EL X1 im Rechenzentrum der Universität verwendet werden.

Der menschliche Interrupt

Im Rechner EL X1 im Uni-Rechenzentrum machte sich plötzlich ein fataler Fehler bemerkbar. Ab und zu wurde das Signal für den Hardware-Interrupt nicht ausgelöst oder nicht erkannt, manchmal nach Minuten, manchmal erst nach Stunden Laufzeit. Die Zentraleinheit blieb dabei in einen undefinierten Zustand hängen, zu erkennen an einer bestimmten Kombination der Indikatorlampen am Steuerpult. Auch die normalen Start- oder Stopptasten waren außer Funktion gesetzt. Man musste ein aus dem Steuerpult heraushängendes Kabel mit einer freigeschabten Stelle auf dem Metallgehäuse in Kontakt bringen. Diesen „menschlichen Interrupt" hatte sich ein Mitarbeiter des Rechenzentrums ausgedacht, nachdem alle Versuche gescheitert waren, die Ursache des Fehlers zu beseitigen. Nach diesem Brachial-Reset konnte die Maschine wieder wie gewohnt bedient werden.

Wegen des „menschlichen Interrupts" werde ich Ostern 1968 nie vergessen. Für meine Diplomarbeit musste ich eine für damalige Verhältnisse sehr große Datenmenge verarbeiten. Um das wiederholte Einlesen der vielen Kästen mit Lochkarten für jeden Analysedurchlauf zu vermeiden, wollte ich die Daten auf Magnetband schreiben. Die Rechenanlage EL X1 hatte nur eine Magnetbandeinheit. Die Daten wurden mit einem eigenen Algol-Programm im Arbeitsspeicher vorsortiert, auf das Magnetband geschrieben und so lange wieder gelesen und gemischt, bis die Daten für die Gemeinden zusammengestellt und sortiert waren. Das dauerte mit dieser Rechner-konfiguration längere Zeit, nach meiner Schätzung mehrere Tage.

Studenten standen in der Prioritätenliste für die Vergabe von Rechenzeit nicht gerade an der Spitze, deshalb waren nur die Nächte oder Feiertage wie Ostern für solche Mammut-Jobs möglich. Ich verbrachte also die Tage und Nächte von Karfrei-tag bis Ostermontag im Rechenzentrum der Universität. Um das Problems mit dem plötzlichen Halt des Rechners zu lösen, hatte ich mir folgende Prozedur ausgedacht: In regelmäßigen Abständen wurde der Stand der Rechnerei auf dem Magnetband gesichert. War ein Neustart mit Hilfe des menschlichen Interrupts notwendig, las das Programm den letzten Zwischenstand wieder vom Band ein und konnte von dieser Stelle aus fortfahren.

Nachts versuchte ich auf einer Liege neben dem Steuerpult etwas Schlaf zu finden, zu jeder vollen Stunde unterbrochen durch das Klingeln eines Weckers. Ein Blick auf die Indikatorleuchten genügte, um den fatalen Betriebszustand zu erkennen. War die Maschine hängengeblieben, wurde ein Reset mit dem heraushängenden Draht ausge-löst, das Programm wieder eingelesen und der Rechenlauf ab dem letzten Prüfpunkt wie geplant fortgesetzt. Am Ostermontag war dann alles im Kasten beziehungsweise auf dem Magnetband. Wegen der Optik wurde später der heraushängende Draht am Bedienpult durch einen Tastschalter ersetzt.

Die weitere Nutzung der EL X1 für die Diplomarbeit endete drei Wochen später. Die Bandeinheit zerriss aufgrund eines technischen Defekts mein mühsam erzeugtes Magnetband. Zu meinem Glück konnte ein hilfsbereiter Professor, der Betreuer der Diplomarbeit, die Kosten für zehn Stunden Rechenzeit an einer zuverlässigen Re-chenanlage aus einem Forschungsprojekt zur Verfügung stellen. Die Diplomarbeit schien zunächst gerettet.

Abschluss der Diplomarbeit am Deutschen Rechenzentrum

Für den Abschluss der Arbeit blieb mir also nichts anderes übrig, als die Großrechen-anlage IBM 7094 II im Deutschen Rechenzentrum in Anspruch zu nehmen. Die Ty-pisierungen der saarländischen Gemeinden aufgrund der Volkszählungs-Ergebnisse mit den publizierten Verfahren waren nicht sehr überzeugend. Kurz vorher hatten zwei Schweizer Kollegen multivariate statistische Verfahren für ähnliche Probleme angewendet. Im Deutschen Rechenzentrum hatte ein Mitarbeiter Programme für die Faktoren- und Clusteranalyse geschrieben, die in der Psychologie eingesetzt wurden. Diese Programme konnte ich für neue Typisierungsverfahren für die Gemeinden im Saarland nutzen.

Leider dauerten die Rechenläufe insgesamt länger als die zehn Stunden Rechenzeit, die mein Professor zur Verfügung gestellt hatte. Glücklicherweise wurde gerade zu diesem Zeitpunkt der Prototyp des neu entwickelten Großrechners Telefunken TR440 im Deutschen Rechenzentrum installiert (Abb. 6-1). Der Rechner lief im Probebetrieb, deshalb war die Benutzung kostenlos. Die Programmierer des Fortran-Compilers hatten ihr Büro gleich neben dem Rechnerraum. Sie waren dankbar dafür, dass ein Anwender mehr oder weniger freiwillig den Compiler ausprobierte und ihnen die Fehler mitteilte, die dann meistens über Nacht repariert wurden. Ich war dankbar dafür, dass ich die letzten Schritte meiner Diplomarbeit auf diesem Rechner ausführen und somit den Abgabetermin einhalten konnte.

Telefunken TR440

Die Firma AEG-Telefunken hatte einige Jahre vorher den Rechner TR4 entwickelt. Auf der Basis dieses Computers wurde die Großrechenanlage TR440 realisiert. Die Grundlage der internen Logik waren monolithische Schaltkreise, so damals die Bezeichnung für weniger hoch integrierte Schaltungen, nach heutigen Maßstäben. Der Rechner gehörte damit zur dritten Generation der Computertechnik. Die Zykluszeit der Zentraleinheit betrug 0,9 Mikrosekunden, die durch Überlappung der Befehle bis auf 0,125 Mikrosekunden sinken konnte. Der Rechner konnte bis zu ca. 800 000 Operationen pro Sekunde ausführen, wahrscheinlich mit Integer-Zahlen.

Die Grundeinheit im Arbeitsspeicher (Kernspeicher) waren Worte mit 52 Bit Länge. Für den binären Wert des Wortes wurden 48 Bit verwendet. Zwei Bit dienten als Typkennung, ob es sich um eine Fest- oder Gleitkommazahl, einen Befehl, Adressen (2 Adressen pro Wort) oder eine Zeichenkette (6 Zeichen in einem Wort) handelte. Zwei Bit waren für die Prüfsumme („Dreierprobe") reserviert, um Maschinenfehler zu erkennen. Insgesamt elf Register für unterschiedliche Funktionen waren im Rechen- und Befehlswerk vorhanden. In den heutigen Begriffen war der Arbeitsspeicher maximal 1,5 MByte groß, nach anderen Quellen 2 MByte

In der Zentraleinheit konnten theoretisch bis zu drei Prozessoren eng gekoppelt arbeiten. Eine Vielzahl von Peripheriegeräten war geplant. Als externe Massenspeicher sollten Magnetband-Einheiten, Trommel- und Plattenspeicher zum Einsatz kommen, dazu Zeilendrucker, Ein- und Ausgabegeräte für Lochkarten und Lochstreifen, Plotter, alphanumerische und graphische Sichtgeräte. Die Graphikgeräte wurden über einen Prozessrechner Telefunkten TR86 angesteuert. Welche der geplanten Geräte tatsächlich realisiert und eingesetzt wurden, war nicht mehr herauszufinden.

Betriebssystem und Programmiersprachen

Das Betriebssystem BS3 unterstützte neben der symbolischen Maschinensprache TAS die höheren Programmiersprachen Fortran IV, Algol 60 und 68, Pascal, PL/I,

Cobol, BASIC (Interpreter) und noch weiteren Sprachen für spezielle Anwendungen. Einige Compiler wurden von anderen Rechnern und Betriebssystemen auf das System TR440 übetragen. Die Rechenläufe wurden meistens im traditionellen Stapelbetrieb abgewickelt, zum Teil auch mehrere Läufe parallel. Über Prozessrechner vom Typ Telefunken TR86 war ein interaktiver Betrieb mit maximal 48 Teilnehmern möglich, entweder über Schreibmaschinen oder Sichtgeräte.

Meine Erfahrungen mit dem Rechner TR440 beschränkten sich auf den Anfang 1969 im Deutschen Rechenzentrum installierten Prototypen. Das Betriebssystem war noch nicht fertig entwickelt, deshalb wurden auf der TR440 zwei TR4-Rechner mit dem alten Betriebssystem emuliert. Der Abschluss der Diplomarbeit und damit meines Studiums hatten höchste Priorität, deshalb war es mir ziemlich gleich, ob ich das mit dem Original-System BS3 oder der Emulation eines älteren Rechners und dessen Betriebssystem erreichte. Nach dem Abschluss der Analysen für die Diplomarbeit an der halb fertigen TR440 im Deutschen Rechenzentrum habe ich nie mehr mit diesem Rechnertyp gearbeitet. Deshalb kann ich nur wiedergeben, was andere Anwender über die TR440 geschrieben haben.

Vermarktung

Wie Nutzer des Systems TR440 berichten, ließ die Versorgung mit Handbüchern und technischer Dokumentation vom Hersteller AEG-Telefunken zu wünschen übrig. Die Mitarbeiter in den Rechenzentren und die Anwender halfen sich selbst und über den Informationsaustausch mit Kollegen in anderen Rechenzentren. Die Mitarbeiter entwickelten oder portierten einige Compiler für höhere Programmiersprachen für den Rechner TR440. In einigen Fällen war die Tätigkeit mit der TR440 der Ausgangspunkt für eine akademische Karriere im neuen Studienfach Informatik oder die Gründung einer eigenen IT-Firma.

Von der TR440 wurden insgesamt 45 Exemplare gebaut. Es fällt auf, dass fast alle Rechner an Universitäten, Hochschulen und Einrichtungen des Bundes installiert waren. Die Vermutung liegt nahe, dass die Universitäten und Institute von den Geldgebern unter mehr oder weniger sanften Druck gesetzt wurden, einen Rechner aus deutscher Produktion den gleich guten oder besseren Computern der Mitbewerber aus den USA vorzuziehen. Ein hochrangiger Entscheidungsträger im Bundeswissenschaftsministerium hat mir später im vertraulichen Gespräch bestätigt, dass ich mit meiner Vermutung nicht ganz falsch lag. Es waren schon vorher nicht unerhebliche Mittel der öffentlichen Hand in die Entwicklung der TR440 geflossen, direkt oder indirekt über die allgemeine EDV-Industrieförderung. Dafür wollten die Geldgeber der öffentlichen Hand einen Gegenwert sehen. Mit Sicherheit haben auch Animositäten gegenüber den USA und der amerikanischen Dominanz im Computerbau eine Rolle gespielt, mit „Big Blue" als geeignetem Feindbild.

Ein Nachteil für die internationale Vermarktung der TR440 war die weitgehende Verwendung von deutschen Begriffen. Die Mnemonik der Maschinenbefehle war an der deutschen Sprache orientiert, etwa die Abkürzung B für den Befehl Bringe oder S für Springe. Die Kommandosprache und die Parameternamen nutzten deutsche Wörter, etwa „UEBERSETZE" für den Compiler-Aufruf oder „QUELLE" für den Speicherort. Bei dem nahezu unerträglichen Denglisch in manchen deutschsprachigen wissenschaftlichen Veröffentlichungen heute ist die korrekte Anwendung der deutschen Sprache durchaus wünschenswert. Aber damit war der Verkauf einer Rechenanlage weitgehend auf deutschsprachige Länder beschränkt, damals ein zu kleines Absatzgebiet für Computer dieser Kostenklasse. Die internationale Verständigungssprache der Informationstechnik ist nun einmal Englisch. Das ist mit dem Zerfall des sozialistischen Wirtschaftsgebietes noch auffälliger geworden. Man kann sich dort mit viel höherer Wahrscheinlichkeit auf Englisch verständigen als auf Deutsch oder Russisch, nicht nur in der IT-Technik und den Naturwissenschaften.

Technische Zuverlässigkeit

Die technische Zuverlässigkeit der TR440 entsprach nicht dem Standard, der bei Mitbewerbern wie IBM und ihren Rechenanlagen zu dieser Zeit üblich war. Ein ehemaliger Mitarbeiter im Rechenzentrum der Universität Bochum berichtete, dass die Rechenanlage TR440 jeden Tag ab 13 Uhr für anderthalb Stunden von den Technikern der Firma Telefunken gewartet wurde. In dieser Zeit war kein Rechenbetrieb möglich. Noch aktive Rechenläufe wurden beim Beginn der Wartung abgebrochen (ALBINUS 1996). Vorbeugende Wartung war auch bei anderen Rechnersystemen üblich, aber nicht mit dieser Häufigkeit und Dauer. Daraus lässt sich schließen, dass die technische Zuverlässigkeit eher suboptimal war.

Auch deshalb hatte die Rechenanlage TR440 bei kommerziellen Nutzern keinen Erfolg. Die Computer der Mitbewerber, allen voran IBM, lieferten insgesamt mehr Rechenleistung. Eine längere und regelmäßige Unterbrechung des Rechenbetriebs in der Mitte eines Arbeitstages wäre in einem Produktionsbetrieb oder einer Firma schlicht undenkbar gewesen. Den kommerziellen Anwendern war das Risiko viel zu hoch, sich auf einen so kleinen Hersteller wie AEG-Telefunken verlassen zu müssen, mit unsicherer Verfügbarkeit von Ersatzteilen und qualifiziertem Personal. Die Architektur der TR440 befand sich weitab vom technischen Mainstream, wie er von den marktbeherrschenden Herstellern vorgegeben war. Der wirtschaftliche Misserfolg des Rechners TR440 führte dazu, dass die geplante Weiterentwicklung der TR440 zur TR550 nicht mehr stattfand.

Ein weiterer Gesichtspunkt, der die Anwendung der TR440 für kommerzielle Anwender nicht sinnvoll machte, war die zunehmende Nachfrage nach integrierter und standardisierter Software für die Verwaltung und Produktion in Handel und Fertigung.

Die Entwicklung solcher Software-Pakete amortisierte sich nur, wenn eine große Anzahl von Anwendern die Programme nutzte. Das wäre bei der geringen Verbreitung der Rechner TR440, die dazu vorwiegend im akademischen Bereich installiert waren, nicht möglich gewesen. Die Gründer der Firma SAP, alles ehemalige IBM-Mitarbeiter, haben sich bei der Entwicklung ihrer Business-Software auf die Rechnerfamilie IBM /360 konzentriert. Die Firma SAP ist mit diesem Konzept zu einem weltweiten Konzern gewachsen und ihre Gründer sind zu Milliardären geworden.

Aufbaustudium in Kanada

7

Simon Fraser University

Während ich noch an meiner Diplomarbeit saß, hatte ich mich um ein Stipendium für ein Aufbaustudium in Kanada beworben. Thomas Peucker, den ich einige Jahre zuvor im Deutschen Rechenzentrum zufällig getroffen hatte, war inzwischen Professor im *Geography Department* an der Simon Fraser University (SFU) in Burnaby bei Vancouver in British Columbia geworden. Thomas hatte ein Jahr vorher ein Forschungssemester an der Harvard University in Boston verbracht und die dort laufenden Arbeiten zur computerunterstützten Kartographie kennengelernt (CHRISMAN 2006). Er war sehr interessiert, mich als seinen Studenten zu gewinnen, der auch programmieren konnte, was für Geographen noch ziemlich selten war. Ich war sehr interessiert, die mit der Diplomarbeit begonnenen Arbeiten auf einen besseren Stand bezüglich der multivariaten statistischen Verfahren und der kartographischen Visualisierung zu bringen.

Ein weiterer Punkt hat die Entscheidung für ein Aufbaustudium an der Simon Fraser University beeinflusst. Im Vergleich mit meiner alten Universität und dem Deutschen Rechenzentrum war das Rechenzentrum der SFU sehr gut ausgestattet. Das Rechenzentrum betrieb eine Rechenanlage IBM System/360, Modell 50, deren Nutzung für die Lehre und Forschung und alle Universitätsangehörigen kostenfrei war. Der Anschluss eines Zeichengerätes war geplant, mit dem man farbige thematische Karten zeichnen konnte (PEUCKER & RASE 1970).

Ich bekam das Stipendium des *Canada Council*, der kanadischen Kulturbehörde, und machte mich nach den letzten Diplomprüfungen daran, zum Aufbaustudium an die Westküste Kanadas aufzubrechen. Vorher waren noch einige bürokratische Hindernisse bezüglich der Zulassung an der Simon Fraser University und am Geographischen Institut zu überwinden, die einem deutschen Studenten unbekannt waren. Thomas Peucker war eine große Hilfe, diese Hürden erfolgreich zu nehmen.

Die Simon Fraser University war erst zwei Jahre vorher gegründet worden. Mit der neuen Universität auf einem Hügel nahe der Metropolregion von Vancouver war unter anderem beabsichtigt, die altehrwürdige University of British Columbia (UBC) im Westen der Stadt zu entlasten. Die Studentenzahlen hatten wie überall zugenommen, darum brauchte man neue akademische Ausbildungsstätten. Das dafür notwendige wissenschaftliche Personal kam nicht nur aus Kanada. Im Department of Geography arbeiteten neben den kanadischen Lehrkräften auch Professoren aus den USA, aus England, Schottland und einer aus Deutschland.

Die SFU hatte ein Trimester-System anstatt der Studienjahre oder Semester wie andere Universitäten. Damit konnten Studenten in drei statt in vier Jahren ihren Bachelor-Grad erwerben, wie heute nach den Bologna-Reformen in Deutschland. Die Professoren mussten in zwei der drei Trimester unterrichten und konnten ein Trimester im Studienjahr der Forschung oder Weiterbildung widmen. Es war auch möglich, zwei oder drei Frei-Trimester zusammenzulegen und sich damit einen größeren zeitlichen Freiraum für die Forschung zu schaffen. Unter bestimmten Voraussetzungen wurden den Professoren nach einigen Jahren ein *Sabbatical* von einem Jahr ohne Lehrverpflichtung gewährt, das sie für Forschungsarbeiten nutzen konnten, auch im Ausland.

Als Diplom-Geograph war ich ein *graduate student*, dessen Studium in der Regel mit einem Master- oder Doktorgrad endet. Mein Stipendium war zunächst auf ein Jahr beschränkt. In dieser kurzen Zeit war kein Studienabschluss an der SFU zu erreichen. Um den Formalien zu genügen, war ich als Doktorand eingestuft. Mein Ziel war, durch das Aufbaustudium an der SFU neue Techniken kennenzulernen und Fertigkeiten zu erwerben, die ich später in Deutschland für eine Dissertation nutzen konnte. Auch hier war wieder das Programmiervirus im Spiel.

Die Rechnerfamilie IBM System/360

Als ich 1964 meine Tätigkeit bei der Firma IBM aufnahm, war gerade die neue Rechnerfamilie IBM System/360, kurz IBM S/360 und noch kürzer IBM /360 angekündigt worden. Die Zahl 360 sollte ein Symbol dafür sein, dass diese Architektur den ganzen Kreis der EDV-Anwendungen abdecken sollte, sowohl wissenschaftlich als auch kommerziell. Als nach einigen Jahren die Weiterentwicklung der /360-Architektur anstand, rückte man von der Rundumsicht des Zirkelkreises wieder ab. Nach der neuen Interpretation repräsentierte die Zahl 3 die dritte Generation der Computertechnik.

Abbildung 7-1: Ein integrierter Schaltkreis, wie er in den ersten Modellen des Systems /360 verwendet wurde.

Die beiden anderen Ziffern sollten das Jahrzehnt kennzeichnen, die Zahl 60 also für die sechziger Jahre. Die nächsten IBM-Familien, die ab 1970 auf den Markt kamen, hießen dann System /370 und /390.

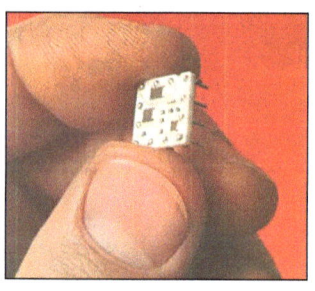

Diese Rechner der dritten Generation waren aus integrierten Schaltkreisen aufgebaut. Beim System /360 waren das zuerst Keramik-Plättchen mit Kontaktstiften für die Zuführung der Signale und die Stromversorgung. Auf die Plättchen wurden die stark verkleinerten aktiven und passiven Bauelemente aufgebracht, oft in mehreren Lagen übereinander (Abb. 7-1). Später wurden die Keramik-Schaltkreise durch Bauteile aus einem Halbleiter-Plättchen mit Kontakten ersetzt. Die

Fertigung dieser Schaltkreise konnte noch stärker automatisiert werden. Die Halbleiter-Plättchen wurden zur Verbesserung der Stabilität in einem Gehäuse mit standardisierter Größe aus Kunststoff oder Keramik montiert.

Die traditionelle Unterscheidung zwischen wissenschaftlichen und kommerziellen Rechenanlagen existierte in der neuen Architektur IBM /360 und den Nachfolgern nicht mehr. Entscheidend war die Trennung zwischen der Architektur – dem Befehlssatz des Rechners – und der Implementierung als reale Maschine. Der gleiche Befehlssatz wurde von allen Modellen der Familie genutzt, von der niedrigsten bis zur höchsten Leistungsklasse (IBM 1964). Mit dem einheitlichen Instruktionssatz war für die Kunden der Übergang von einer weniger leistungsfähigen Anlage zu einem schnelleren Modell einfacher als bei früheren Computer-Familien. Für den Hersteller wurde die Bereitstellung der systemnahen Software, also Betriebssystem, Compiler und Dienstprogramme, erheblich kostengünstiger, weil man einen identischen Befehlssatz nutzen konnte.

Für die Realisierung des jeweiligen Computermodells kamen aber unterschiedliche Techniken zur Anwendung. Bei den kleineren Modellen wurden die Maschinenbefehle in kleinere Funktionseinheiten zerlegt, den Mikrokode. Die Ausführung der Mikrokode-Schritte nahm mehr Zeit in Anspruch als die Ausführung der Befehle, die direkt in der Hardware implementiert waren. Das war der Fall bei den Modellen mit den höheren Nummern, die aufgrund der schnelleren Befehlsausführung einen höheren Durchsatz bereitstellen. Das Modell 30 konnte zum Beispiel bis zu 34 500 Instruktionen pro Sekunde ausführen, das Spitzenmodell 91 bis zu 16,6 Millionen Befehle pro Sekunde. Der höhere Aufwand für die Hardware resultierte in höheren Kosten für die Fertigung, die sich beim Kunden aufgrund des Leistungszuwachses wieder amortisierten.

Die Entwicklungskosten für die /360-Familie lagen bei ungefähr 5 Milliarden US-Dollar, was damals etwa dem zweifachen Jahresumsatz von IBM entsprach. Das war ein ziemliches Risiko, das sich aber in den folgenden Jahren durch den Markterfolg des Systems/360 ausgezahlt hat.

Hauptmerkmale der /360-Architektur

Die kleinste adressierbare Speichereinheit der /360-Serie war das Zeichen mit 8 Bit Länge, für das der Begriff *Byte* geschaffen wurde. Vier aufeinanderfolgende Bytes bildeten ein Wort von 32 Bit Länge für Integer- und Gleitkommazahlen mit einfacher Genauigkeit. Gleitkomma-Zahlen mit doppelter Genauigkeit wurden in einem Wort mit 8 Byte Länge gespeichert. Jedes Modell ab dem Modell 30 aufwärts besaß sechzehn Universalregister, die sowohl für Rechenvorgänge als auch als Basisregister für die Adressierung verwendet werden konnten. Einige Register hatten zusätzliche Funktionen für besondere Zwecke (@IBM System /360). Für Rechenvorgänge mit

Gleitkomma-Zahlen, notwendig für wissenschftliche Aufgaben, wurden zusätzliche Befehle und Register benötigt.

Für die Adressierung wurden 24 Bit verwendet, was einen theoretischen Adressraum von 16 MByte ergab. Kein Modell der Familie /360 konnte diesen Bereich ausnutzen, weil die notwendigen Adressenleitungen zum Speichersystem nicht in allen Modellen vorhanden waren. Da der Arbeitsspeicher immer noch einen großen Teil des Kaufpreises ausmachte, war der maximale Arbeitsspeicher von der Leistungsfähigkeit des Modells abhängig.

Diese Modelle gehörten zur Familie /360:

Modell	Jahr	kB max	Anmerkung
20	1966	4 - 48	16 Bit-Adressierung; Ersatz für Lochkartengeräte und 1401
30	1965	64	optional mit 1401-Emulation
40	1965	256	
44	1966	256	optimiert für wissenschaftliche Anwendungen
50	1965	8 192	
65	1965	8 192	
67	1966	1 024	optimiert für timesharing-Betrieb
75	1966	8 192	
85	1969	4 096	
91	1967	6 144	
95	1968	6 144	
195	1971	4 096	

Weitere Modelle der /360-Reihe wurden angekündigt, erreichten aber nie die Kunden. Warum diese Rechner aufgegeben wurden, ist nicht bekannt. Die Modelle mit benachbarten Nummern ersetzten die nicht realisierten Modelle für die vorgesehenen Leistungsklassen. Andere Firmen bauten ebenfalls Rechner mit dem Befehlssatz der IBM /360. Zum Beispiel fertigte die Firma RCA Computer mit /360-Architektur, die in Deutschland von der Firma Siemens als Serie 2002 vermarktet wurden.

Die amerikanische Regierung hatte den Export der /360-Computer in den Ostblock untersagt, weil sie vielleicht für militärische Anwendungen genutzt werden konnten. Es war erheblich einfacher, ein Magnetband mit dem Betriebssystem und den Compilern zu kopieren, also zu stehlen, in den Ostblock zu bringen und dort zu vervielfältigen. Rechner in schweren und voluminösen Blechschränken durch den eiser-

Abbildung 7-2: IBM System/360, Modell 30, mit Magnetplatten (rechts) und Magnetband-Einheiten (links). Die Kugelkopf-Schreibmaschine wurde für die Ablaufsteuerung und das Betriebsprotokoll benutzt (© Dave Ross).

nen Vorhang zu schmuggeln, war ungleich schwieriger. So bauten die DDR und die Sowjetunion die Hardware der Familie IBM/360 unter dem Namen ESER (Einheitliches System Elektronischer Rechentechnik) nach. Die Entwicklung der Hardware-Kopien war bestimmt teuer, aber durch die kostenfreie Nutzung der Software, sprich Diebstahl, konnte man sich die ungleich höheren Kosten für die Programmierung der systemnahen Programme ersparen. Aus den gleichen Gründen wurden später auch die Rechner DEC PDP-8, PDP-11 und VAX kopiert, auch die ersten Mikrocomputer-Chips.

Unterschiede in den Instruktionssätzen

Trotz der einheitlichen Architektur gab es dennoch Unterschiede in den Instruktionssätzen der einzelnen Modelle. Für vorwiegend kommerzielle Anwendungen, die mit Dezimalzahlen und -arithmetik rechneten, mussten entsprechende Sätze von Instruktionen hinzugekauft werden. Für Gleitkomma-Operationen mit einfacher oder doppelter Genauigkeit, unabdingbar für wissenschaftlich-mathematische Anwendungen, waren ebenfalls zusätzliche Befehle und vier Gleitkomma-Register notwendig.

Wenn in einem Modell die vom Programm aufgerufenen Befehle nicht vorhanden waren, wurden sie mit Software-Routinen emuliert. Die Emulation lief erheblich langsamer ab als mit der „echten" Hardware. Bei Gleitkomma-Rechnungen war die dadurch verursachte Reduzierung der Geschwindigkeit nicht akzeptabel, etwa für wissenschaftlich-technische Anwendungen. Also wurde der Gleitkomma-Befehlssatz meistens mitgekauft. Die Modelle 85 und 195 enthielten erweiterte Befehle und Register für die Verarbeitung von Gleitkomma-Zahlen bis zu 128 Bit Länge.

Das Modell 44 war ein Sondermodell für wissenschaftliche Anwendungen mit höheren Ansprüchen an Rechengeschwindigkeit und Durchsatz. Die bei anderen Modellen optionalen Befehle und Register für Gleitkomma-Operationen gehörten zur Grundausstattung. Schnelle Ein-Ausgabe-Kanäle sollten den Zugriff auf magnetische Datenträger, also Magnetband- und Magnetplattenspeicher, beschleunigen. Das Modell 67 war vorgesehen für den interaktiven Betrieb, bei dem viele Anwender simultan die Rechenanlage über Bildschirmgeräte nutzen konnten (*timesharing*). Teile des Arbeitsspeichers für ein Programm wurden bei Bedarf automatisch auf Magnetplatten aus- und wieder eingelagert (virtueller Speicher).

Das Modell 20 fiel etwas aus der Reihe. Der Rechner war als Ersatz für die an manchen Stellen noch vorhandenen mechanischen Lochkartengeräte und die IBM 1401 geplant. Für diese Anwendungen genügte eine Adressenlänge von 16 Bit und ein eingeschränkter Befehlssatz. Die traditionelle IBM-Lochkarte in der Größe eines 1-Dollar-Scheins sollte zur gleichen Zeit durch ein kleineres Format ersetzt werden. Die Lese- und Stanzeinheit des Modells 20 für die kleineren Lochkarten, die Multifunktions-Karteneinheit (MFKE), hatte überdurchschnittlich viele technische Probleme. Auch vielleicht deswegen konnte sich das neue Lochkarten-Format nicht durchsetzen.

Das Ende der Lochkarte als Massen-Datenspeicher war ohnehin absehbar. Größere Programme und Datenmengen wurden schon länger auf Magnetbändern oder Magnetplatten gespeichert, die gespeicherten Quellenprogramme am Sichtgerät editiert und damit auch der Rechenlauf aktiviert.

Betriebssysteme

Die kleineren Modelle wurden mit den Betriebssystemen TOS/360 (Rechner ohne Festplatten), DOS/360 und OS/360 (mit Festplatten) gefahren. Für die größeren Modelle kam vorwiegend OS/360 mit den Untersystemen MFT (Multiprogramming with a fixed number of tasks) oder MVT (Multiprogramming with a variable number of tasks) zum Einsatz. Die größeren Anlagen nutzten vorwiegend MVT für den optimalen Durchsatz von unterschiedlichen Anwendungen.

Für das Modell 67 entwickelte die Universität Michigan das Timesharing-System MTS (*Michigan Terminal System*). Das Modell 67 war das einzige Modell der /360-Familie, das virtuellen Speicher unterstützte. Viele Universitäten installierten MTS, um den stetig wachsenden Zahlen an Studenten im Fach *Computer Science* – nicht ganz deckungsgleich mit dem Fach Informatik an deutschen Universitäten – erweiterte Möglichkeiten zum interaktiven Programmieren und Rechnen zu geben. Mehrere Anwender konnten den Rechner simultan nutzen. Die verfügbaren Ressourcen wurden zwischen den Teilnehmern aufgeteilt. Für die Programmentwicklung und das Editieren war wenig Leistung erforderlich, für einen Rechenlauf möglichst die volle Leistung. Um Ungerechtigkeiten zu vermeiden, bekamen die Studenten oft feste Kontigente an Rechenzeit zugeteilt, die sie nicht überschreiten durften.

Die Entwicklung des für das Modell 67 vorgesehene System TSS/360 von IBM wurde nach mehreren Rückschlägen 1971 endgültig eingestellt. Für die MVT-Version gab es den Zusatz TSO (*time sharing option*), der aber weniger effektiv arbeitete als das MTS-System, das auf das Modell 67 beschränkt war. Dafür konnte TSO auf allen größeren Modellen der Familie /360 genutzt werden. TSO wurde zum Beispiel für das online-System der SFU-Bibliothek eingesetzt.

Programmiersprachen

In meinem dritten Sommer bei IBM nahm ich im Rahmen des Studentenprogramms der Firma an einem Kurs für die Assembler-Programmierung des Systems /360 teil. Als Assembler wurde der Übersetzer von der symbolischen Kodierung der Operationen und Adressen in die interne Repräsentation bezeichnet. Manche der Lehrinhalte des Kurses entsprachen nicht den Grundsätzen moderner Software-Entwicklung. So wurde zum Beispiel gezeigt, wie man durch Überschreiben von Befehlen im Programm bedingte Verzweigungen und Unterprogrammsprünge realisiert. Da läuft es auch einem halbwegs erfahrenen Programmierer kalt den Rücken herunter, wenn solche Sünden auch noch im Handbuch für den Dozenten beschrieben werden.

Wenigstens konnten wir unsere kleinen Programmieraufgaben an dem im Schulungszentrum vorhandenem /360-Rechner übersetzen und testen. Ich hatte gehofft, nach dem Kurs die Assembler-Programmierung der /360 in einem realen Projekt bei IBM anzuwenden. Leider ist dazu nicht gekommen. Ich hatte nie mehr die Gelegenheit oder die Notwendigkeit, in Assembler für den Computer IBM /360 zu programmieren.

Nahezu gleichzeitig mit der Ankündigung des Systems /360 hatte IBM eine neue höhere Programmiersprache vorgestellt, die wie die neúe Rechnerfamilie sowohl für wissenschaftliche als auch für kommerzielle Anwendungen geeignet sein sollte. PL/I sollte die Vorteile aller bis dahin bestehenden höheren Programmiersprachen, insbesondere Algol, Fortran und Cobol, in einer neuen Sprache vereinen und die alten Programmiersprachen mittel- und langfristig ersetzen.

PL/I hat sich dann doch nicht als der Renner erwiesen, wie es IBM gern gesehen hätte. Die Sprache Fortran ist durch regelmäßige Erneuerung des ISO-Standards an die moderne Software-Technologie angepasst worden. Cobol (Common business oriented language) hat durch allgemein verwendbare Produkte für die betriebliche Datenverarbeitung wie Datenbank-Systeme an Bedeutung verloren. Die Sprachen C und C++ gab es damals noch nicht, die sich heute weitgehend als Industriestandard durchgesetzt haben. Es gibt tatsächlich Hardliner wie mich – manche Kollegen sagen auch Fossile – die ihre wissenschaftlichen Anwendungen immer noch in Fortran programmieren.

Um die Zeit bis zur vollen Akzeptanz von PL/I zu überbrücken, wurden für die Familie /360 und ihre Betriebssysteme Compiler für Fortran, Cobol und weitere Sprachen bereitgestellt. Der G-Compiler für Fortran enthielt Möglichkeiten für das Austesten von Fortran-Anwendungen, eine Art primitives Debuggen durch Ausdrucken von Variablen-Inhalten. Der H-Compiler war ein optimierender Compiler, der effizienten Kode für die schnelle Ausführung lieferte. Die Universität von Waterloo in Ontario, Kanada, steuerte einen Fortran-Compiler bei, der für kleinere Anwendungen einfach zu bedienen und deshalb bei Studenten sehr beliebt war.

Eine Erweiterung von PL/I war insbesondere für Anwender interessant, die viel mit der Umformung von mathematische Formeln beschäftigt waren. Sie hatten vielleicht einiges vergessen, was sie im Gymnasium über Algebra gelernt hatten, so wie ich. FORMAC (*formula manipulation compiler*) war eine Sprache zur Vereinfachung und Umformung mathematischer Formeln und logischer Ausdrücke. Grundlage war eine frühere Entwicklung mit Fortan-Syntax für den Rechner IBM 7094 (Bond et al. 1964). Der neue FORMAC-Interpreter für die /360-Familie nutzte die Syntax von PL/ für mathematische Ausdrücke. Mit Anweisungen und Funktionen von FORMAC konnten mathematische Ausdrücke umgeformt und ausgedruckt werden (Xenakis 1971). Von mehreren Programmen und Systemen zur Umwandlung und Manipulation von logischen und algebraischen Ausdrücken ist heute praktisch nur noch *Mathematica* übrig geblieben (@Mathematica).

Neben den Compilern für die hauptsächlich verwendeten Sprachen Fortran, PL/I und Cobol gab es Übersetzer für einige andere kleinere Sprachen, die in speziellen Anwendungen verwendet wurden. Da die /360-Reihe sehr weit verbreitet war, wurden auch Compiler und Interpreter an Universitäten und Forschungsinstituten entwickelt und über die informellen Netzwerke oder die IBM-Benutzerorganisation Share verbreitet.

Datenverarbeitung an der Simon Fraser University

Die Rechenanlage der SFU hatte zwei hauptsächliche Anwendungsfelder. Auf der einen Seite war der Computer das Arbeitspferd für die Verwaltungsaufgaben der Universität. Darunter fielen zum Beispiel die Speicherung der Personalinformationen für Mitarbeiter und Studenten, die Gehaltsabrechnung, Buchhaltung und noch andere Anwendungen.

Der gesamte Ausleihverkehr der Universitätsbibliothek wurde mit Computerunterstützung abgewickelt. Die Bibliothek war eine Handbibliothek mit freien Zugriff auf alle Bücher. Man konnte das Buch selbst aus dem Regal entnehmen und zum Ausleihe-Tisch bringen. Jeder Universitätsangehörige hatte einen maschinenlesbaren Ausweis, in jedem Buch und Schriftstück war eine Lochkarte eingelegt. Beide Dokumente wurden beim Ausleihen maschinell erfasst und die Informationen in einer Datei gespeichert. Bei Überschreitung der relativ kurzen Ausleihzeiten erhielt man schnell eine Mahnung, da die Listen nicht manuell durchsucht werden mussten. Die Missachtung der Rückgabe-Aufforderung resultierte in nicht unbedeutenden Strafgebühren.

Später wurde ein interaktives System eingeführt, mit dem man den Bibliothekskatalog durchsuchen und feststellen konnte, ob das Schriftstück ausgeliehen und wann die Rückgabe fällig war. Auch Vorbestellungen und Reservierungen waren möglich. Solche Dienste sind heute selbstverständlich für Bibliotheken, waren aber 1969 ziemliches Neuland im akademischen Bereich.

Das akademische Terminal

Das zweite große Anwendungsfeld war die wissenschaftliche Datenverarbeitung. Im Hauptgebäude war das *Academic Terminal* eingerichtet – im Keller, wie immer für die Datenverarbeitung, wo sonst. Dort stand ein schneller Lochkartenleser und -stanzer, ein Zeilendrucker und später auch das Zeichengerät. Der diensthabende Mitarbeiter nahm von den „Kunden" die Lochkartenstapel entgegen und las sie ein. Der Mitarbeiter nahm auch die Listen aus dem Zeilendrucker und legte sie in den Fächern für die Anwender ab.

Später kamen einige alphanumerische Bildschirmgeräte hinzu, mit denen man die auf Magnetplatten abgelegten Quellenprogramme editieren und Rechenläufe starten konnte (CRBE, *console remote batch entry*). Damit ersparte man sich das wiederholte Einlesen der Lochkartenstapel. Die Programme und Daten auf den Magnetplatten konnten am Bildschirmgerät editiert und ein neuer Rechenlauf angestoßen werden. Tagsüber berieten vier Spezialisten für wissenschaftliche Datenverarbeiung die Nutzer in Fragen der Programmierung und Organisation, halfen bei der Fehlersuche und programmierten für wissenschaftliche Spezialprobleme, wenn sie Zeit dazu fanden.

Das akademische Terminal war an sieben Tagen in der Woche bis 23 Uhr geöffnet. Abends war der Durchsatz der Rechenanlage erheblich besser, weil die Belastung durch die Verwaltungsaufgaben der Universität weitgehend wegfiel. Deshalb trafen sich dort abends die Computer-Nerds, wie man heute sagen würde, aus allen Fachbereichen. Die Naturwissenschaftler waren traditionell am stärksten vertreten. Aber auch die Psychologen, Wirtschafts- und Sozialwissenschaftler nutzten zunehmend die Datenverarbeitung.

Ein Scherz meines Mentors Thomas Peucker: Woran erkennt man, welcher Anwender im Akademischen Terminal ein Naturwissenschaftler und welcher ein Sozialwissenschaftler ist? Antwort: Der Naturwissenschaftler kann seine Lochkarten in einer Hand tragen, braucht aber Stunden an Rechenzeit. Der Sozialwissenschaftler kommt mit vielen Kisten voller Lochkarten, der Rechenlauf dauert aber nur Minuten.

Wie das Deutsche Rechenzentrum hatte das akademische Terminal eine wichtige integrative Funktion. Man tauschte über die Fachgrenzen hinaus Informationen und Erfahrungen aus und half sich bei Problemen. Ein Physikstudent, den ich damals im Academic Terminal kennenlernte, war ein paar Jahre später an unserem Institut in Bonn als Zeitmitarbeiter eine wichtige Unterstützung für den Anschluss der Graphikgeräte und die Programmierung einer graphischen Anwendungen.

Im Akademischen Terminal bestand die Möglichkeit, an einem Forschungsprojekt für computerunterstütztes Lernen teilzunehmen. Die Interaktion mit den Kursteilnehmern lief über interaktive Kugelkopf-Schreibmaschinen. Ohne graphische Ausgabe war der Erfolg dieses Projektes beschränkt. Graphikfähige Geräte waren nicht verfügbar oder für diesen Anwendungszweck noch viel zu teuer. Ich hatte den Eindruck, dass die Professoren, zu deren Entlastung die reine Wissensvermittlung eingeführt werden sollte, die Zeit für die Vorbereitung der Kurse nicht aufbringen wollten oder konnten. Man rechnete offiziell mit etwa fünf Stunden Vorbereitungs- und Programmierzeit für eine Stunde Unterrichtszeit an der Schreibmaschine. Dieses Verhältnis war vielleicht der Grund, warum nur wenige Professoren Unterrichtseinheiten verfassen wollten, zumal zur Einarbeitung noch zusätzliche Zeit angesetzt werden musste. Das Projekt hatte vielleicht auch deshalb keine direkte Fortsetzung, neben der ungenügenden technischen Ausstattung.

Ich habe an einen Kurs in diesem Projekt teilgenommen, eine Einführung in die Sprache PL/I. Ich habe später kaum in dieser Sprache programmiert, weil keine dringende Notwendigkeit zur Nutzung von PL/I bestand.

Karten aus dem Zeilendrucker

Zeichengeräte für die Linienzeichnung mit Stiften waren zu dieser Zeit noch ein knappe Ressource, Geräte für Flächenfüllung gab es noch nicht. Thomas Peucker hatte die rechnergestützten Herstellung von Karten während eines Forschungsaufenthaltes an der Harvard-Universität kennengelernt. Das Programm SYMAP war das erste weit verbreitete Programm für kartographische Anwendungen. Der Zeilendrucker des Computers wurde für die Ausgabe von Choroplethenkarten und die Interpolation und Darstellung von Oberflächen genutzt. Der Drucker konnte in einer Zeile die Schriftzeichen mehrfach übereinander drucken. Durch geschickte Auswahl und Kombination der Zeichen auf der gleichen Druckstelle waren mehr Graustufen realisier-

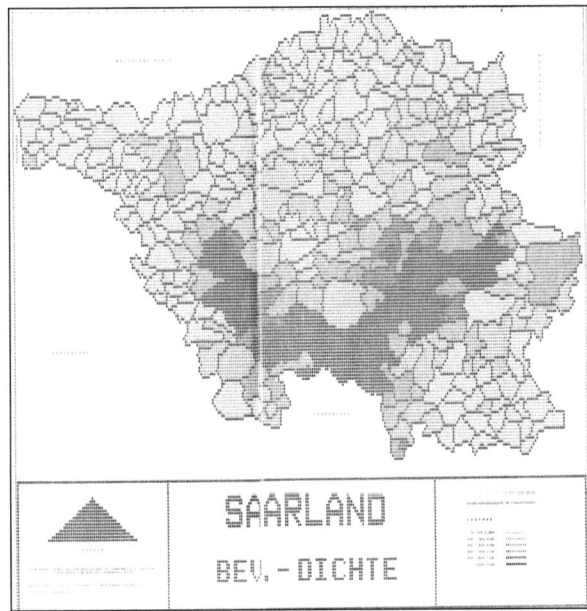

Abbildung 7-3: Bevölkerungsdichte in den Gemeinden des Saarlands. Choroplethenkarte aus dem Schnelldrucker (Programm SYMAP)

bar als mit Einfachdruck. Das Programm SYMAP wurde vom *Laboratory for Computer Graphics* der Harvard University entwickelt und vertrieben (CHRISMAN 2006).

Da das Zeichengerät im Rechenzentrum der SFU wegen technischer Probleme noch nicht funktionierte, benutzten wir SYMAP für die ersten Versuche zur computerunterstützten Kartenzeichnung (Abb. 7-3, RASE & PEUCKER 1971). SYMAP war in Fortran IV programmiert und wurde als Quellenprogramm geliefert. Da Trend-Oberflächen gerade ein aktuelles Thema bei einem Mitstudenten war, habe ich die Berechnung von globalen 2D-Polynomen aus Punktdaten einschließlich der Darstellung mit Isoplethen in SYMAP eingebaut. Die Berechnung der Trend-Oberflächen blieb als zusätzliche Option in den folgenden Versionen von SYMAP erhalten.

Computergesteuertes Zeichengerät

Als das Zeichengerät, ein Trommelplotter von Calcomp, endlich funktionierte, war mein Jahr an der SFU fast um. Ich beantragte eine Verlängerung des Stipendiums um ein Jahr, die genehmigt wurde. Diese Gelegenheit konnte ich mir nicht entgehen lassen: eine Rechenanlage mit akzeptablen Durchsatz, gute Beratung und ein Zeichengerät mit der dafür notwendigen Software-Bibliothek, und das alles kostenlos für Studenten und Personal der Universität. In Deutschland war man noch nicht so weit, in jeder Hinsicht hätte ich wahrscheinlich einen Rückschritt hinnehmen müssen.

Die ersten Programme für die Ausgabe von Choroplethenkarten auf dem Zeichengerät waren relativ einfach. Die Bezugspolygone, etwa die Gemeinden des Saarlandes wie in Abbildung 7-3, wurden mit einer Schraffur ausgefüllt. Der Abstand der Schraffurlinien und die Farben des ausgewählten Tuschestifte repräsentierten

Werteklassen für die Bezugseinheiten. Die Beschaffung der geometrischen Grundlagen war schon etwas schwieriger. Die Grenzen, die für die Zeilendrucker-Karten benutzt wurden, waren zu grob für gehobene Ansprüche an das visuelle Erscheinungsbild von Karten. Schließlich konnte Thomas Peucker eine Firma in Vancouver ausfindig machen, auf deren Digitalisiergerät wir Punkte und Linien erfassen konnten. Die Linien wurden unter anderem zu dem Netzwerk aus Gebietsgrenzen zusammengesetzt, die als Bezugseinheiten für die Zeichnung von Choroplethenkarten unbedingt notwendig waren.

Oberflächen-Darstellung

Die Mitarbeit bei der Entwicklung von computerunterstützten Techniken zur Darstellung der Erdoberfläche war ein weiterer Schwerpunkt meiner Programmierarbeiten im zweiten Jahr an der SFU. Digitale Geländemodelle (DGM) als Gitter von Höhenwerten waren damals nicht verfügbar. Wenn man eine Oberfläche in digitaler Form benötigte, musste man die z-Werte selbst erfassen oder aus Punkten oder Linien interpolieren. Die Höhenwerte der Oberfläche in Abbildung 7-4 wurden aus topographischen Karten durch manuelle Schätzung der z-Werte zwischen den Höhenlinien und einigen Punkten mit Höhenangaben ermittelt. Aufgrund der zunehmend verbesserten Erdvermessung mit Satelliten stehen heute DGMs der Erdoberfläche in hoher Auflösung und geringen Fehlermargen für die z-Werte zur Verfügung, zum Teil sogar kostenfrei (Rase 2016).

Die z-Werte der Oberfläche in Abbildung 7-4 wurden für eine Master-Arbeit erhoben, die sich unter anderem mit der subjektiven Beurteilung der Landschaftsattraktivität befasste. Eine These die Arbeit war, dass die visuelle Attraktivität umso höher ist, je mehr Teile der Oberfläche von einem Standort oder einer Folge von Standorten sichtbar sind. Die Berechnung von Sichtlinien und die Aufsummierung der sichtbaren Punkte hat zusammen mit Besucher-Befragungen starke Anhaltspunkte für die Richtigkeit der Annahme ergeben. Die Inseln gehören zur Gruppe der Discovery Islands zwischen Vancouver Island und dem Festland von British Columbia. Auf der linken Seite liegt West Redonda Island, rechts East Redonda Island.

Methode der schrägen Schnittflächen

Für die Visualisierung von Oberflächen, auch der Erdoberfläche, werden traditionell Isolinien verwendet. Das sind Linien gleicher Höhe über der Bezugsebene, geometrisch die Schnittlinien der Oberfläche mit Ebenen parallel zur Bezugsebene. Bei sehr hoher Dichte der Isolinien entsteht ein plastischer Eindruck, der einer Beleuchtung der Oberfläche von oben entspricht, mit einer Lichtquelle auf der Senkrechten zur Kartenebene. Werden die Schnittebenen so gekippt, dass sie senkrecht zum Lichteinfall stehen, wird der 3D-Eindruck verstärkt. Die unterschiedliche Scharungsdichte der Linien

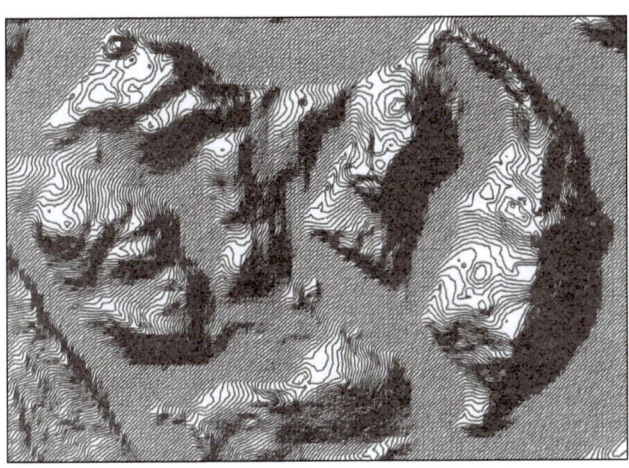

Abbildung 7-4: Oberflächen-Darstellung mit der Methode der schrägen Schnittflächen

resultiert in unterschiedlichen Schwärzungsgraden in Abhängigkeit von der Hangneigung. Die Methode der schrägen Schnittflächen ist eine sehr einfache Variante der simulierten Beleuchtung.

Eine virtuelle Lichtquelle im Nordwesten ergibt die besten Ergebnisse. Die Methode der schrägen Schnittflächen hat den Vorteil, dass sie mit einem xy-Zeichengerät und Linien realisiert werden kann. Die z-Werte des Gitters werden auf eine Ebene senkrecht zu den Lichtstrahlen umgerechnet und dann die Isolinien mit einem üblichen Isolinien-Programm erzeugt. (PEUCKER et al. 1972).

Der heutige Stand der Datenverfügbarkeit und der Visualisierungstechniken wird in der Abbildung 7-5 demonstriert. Die Redonda-Inseln und ihre Umgebung sind mit den heutigen technischen Möglichkeiten dargestellt. Das Bild basiert auf einem Höhenmodell und Multispektral-Aufnahmen der Bodenbedeckung aus Erderkundungs-Missionen. Die unterschiedliche Intensität der Bildteile und das helle Artefakt links unten sind ein Hinweis darauf, dass die Textur aus mehreren Aufnahmen zusammengesetzt wurde.

Abbildung 7-5: Perspektivische Darstellung der Redonda-Inseln aus neueren Satellitendaten

Simulierte Beleuchtung

In der traditionellen topographischen Karte darf die Scharung der Höhenlinien nicht zu dicht sein, um nicht andere Linien wie

Straßen oder Grenzen in den Hintergrund zu drängen oder zu verdecken. Die Veränderungen im Gelände zwischen den Isolinien können nicht dargestellt werden. Die eidgenössische Vermessungsverwaltung, die für die topographischen Karten der Schweiz zuständig ist, hat schon in den fünfziger Jahren des vorigen Jahrhunderts eine Lösung für dieses Problem entwickelt. Die Oberfläche wurde von Hand in Gips modelliert und gut ausgeleuchtet fotografiert. Die Fotografien wurden mit abgeschwächter Helligkeit und geringem Kontrast in die Karten kopiert. Das Relief war intuitiv erkennbar, ein wichtiger Gesichtspunkt für die Karten eines Landes mit einem hohem Anteil an gebirgigen Regionen. Der Aufwand für die Modellherstellung amortisierte sich nur bei hohen Verkaufszahlen, wie sie bei topographischen Karten üblich sind. Der Einsatz von numerisch gesteuerten Fräsmaschinen senkte die Kosten für die Formung des Gipsmodells weiter.

Der Durchbruch zur preiswerten Bereitstellung von intuitiv erkennbaren Oberflächenformen kam mit der Berechnung der Beleuchtungsintensität aufgrund der Exposition zur Lichtquelle (YOÉLI 1966, 1967). Das Hauptproblem in dieser Zeit war der Mangel an Ausgabegeräten, die die berechneten Grauwerte oder Schwärzungsgrade festhalten konnten. YOÉLI behalf sich noch mit dem Aufkleben von Papierdreiecken mit unterschiedlichen Grauwerten, was kein ausreichend dichtes Raster erlaubte. Thomas Peucker konnte aufgrund von persönlichen Kontakten ein Filmbelichtungs-Gerät an einer Universität in den USA für die Ausgabe der Grauwerte nutzen (PEUCKER et al. 1975).

Die Technik wird in der kartographischen Literatur auch *analytische Schattierung* genannt (JENNY 2001). Ich bevorzuge die in der Computergraphik übliche Bezeichnung *simulierte Beleuchtung*. Für eine gute Oberflächen-Darstellung sollte eine Hauptlichtquelle und weitere Nebenlichtquellen zur Aufhellung der von der Hauptlichtquelle abgewandten Hänge verwendet werden. Die Abbildungen 15-1 und 15-2 zeigen Beispiele für die Kombination von Isoplethen-Darstellung und simulierter Beleuchtung. Der plastische Eindruck verbessert die Visualisierung und damit die intuitive Erfassung der Oberflächenformen.

Isolinien mit Schatten

Alle Techniken zur Visualisierung von Oberflächen, die von der Arbeitsgruppe an der SFU erarbeitet wurden, mussten auf dem vorhandenen Zeichengerät ausgeführt werden können. Eine Methode war zum Beispiel die Ausgabe von virtuellen Schatten entlang der Höhenlinien (TANAKA 1950). Die Isolinien werden als Platten mit einer bestimmten Dicke aufgefasst, die einen Schatten auf die darunter liegende Platte werfen. Die Breite des Schattens verändert sich in Abhängigkeit vom Verlauf des Randes, der Plattendicke und der Exposition zur Lichtquelle (KENNELLY & KIMERLING 2001). Die Schatten sollen eine grobe Vorstellung von der Oberflächenform ermöglichen. Die

variabel breiten Bänder wurden mit dem Zeichengerät durch mehrere eng nebeneinander gezeichnete oder sich überlappende Linien realisiert (YOÉLI 1983).

Die Algorithmen, Programme und Geräte, die uns heute zur Verfügung stehen,
ergeben ungleich bessere Ergebnisse für Zeichnung von Isolinien mit Beleuchtung
und Schatten (EYNARD & JENNY 2016). Dennoch wird diese Technik kaum noch angewendet. Die Iso-Plateaus mit Schatten waren nur eine behelfsmäßige Lösung für
die Visualisierung von Oberflächen, bedingt durch die verfügbaren Zeichengeräte.
Sowohl in der ursprünglichen Version als auch bei der Realisierung mit moderner
Software (@Tanaka Surfer) wird die Oberfläche zu Iso-Plateaus reduziert. Der Verlauf
der Oberfläche zwischen den Isolinien geht verloren, was zu Missverständnissen beim
Betrachter führen kann. Mit anderen Methoden lässt sich die Oberflächenform weit
wirkungsvoller visualisieren, zum Beispiel mit simulierter Beleuchtung.

Computergraphik an der University of British Columbia

Für Arbeiten in der computerunterstützten Visualisierung hatte ich keinerlei akademische Ausbildung oder Erfahrung. Weder an meiner alten Universität in Saarbrücken
noch an der Simon Fraser University gab es zu dieser Zeit das Fach Informatik,
deshalb auch nicht den Bereich Computergraphik. Textbücher zur Computergraphik
wurden erst einige Jahre später veröffentlicht. Der Fachbereich *Computer Science* an
der University of British Columbia (UBC) auf der westlichen Spitze der Halbinsel hatte
den Mangel erkannt. Mit Beginn meines zweiten Jahres an der Pazifikküste wurde ein
Professor aus Deutschland berufen, der Computergraphik unterrichten sollte. Seinen
Namen kannte ich aus einer Veröffentlichung des Deutschen Rechenzentrums, in der
er über seine Arbeiten zu „Kunst aus dem Computer" berichtet hatte.

Ich machte die Telefonnummer von Frieder Nake an der UBC ausfindig. Als ich
ihm von meinen bisherigen Arbeiten und meinen Defiziten in der Computergraphik
erzählte, bot er mir an, an seinen Lehrveranstaltungen an der UBC teilzunehmen.
Der formal korrekte Weg wäre der Status als Gasthörer an der University of Britsh
Columbia gewesen. Die administrativen, finanziellen und zeitlichen Hürden waren
aber so hoch, dass wir auf Formalitäten verzichteten und ich das Angebot von Frieder
Nake annahm. Ein- oder zweimal in der Woche fuhr ich zum Campus der UBC im
Westen der Halbinsel, um die Grundzüge der Computergraphik kennenzulernen.

Im Konfliktfall hätten wir die wissenschaftliche Zusammenarbeit als Begründung
nutzen können. Frieder Nake war wie ich an computergenerierten Filmen interessiert. Der einzige Weg dahin waren Einzelaufnahmen wie bei den konventionellen
Trickfilmen. Bei unseren Versuchen wurde aufeinander folgende Bilder auf dem Graphik-Bildschirm fotografiert, mit meiner Super8-Kamera und manuell ausgelöster
Einzelbildschaltung. Die Graphiken entstanden auf der Rechenanlage der UBC, einer
IBM /360-67, und einem lose gekoppelten Bildschirmsystem der Firma Adage. Da

auch das Rechenzeit-Budget eines Informatik-Professors begrenzt war, konnten wir nur eine kurze Folge von 3 Minuten Dauer auf Super8-Film aufnehmen. Erst Jahrzehnte später waren die technischen Voraussetzungen vorhanden, um kostengünstig Animationssequenzen mit kartographischen Inhalten zu erzeugen (BUZIEK et al. 2000).

Die Lehrveranstaltungen an der UBC über Algorithmen und Datenstrukturen in der Computergraphik waren eine gute Grundlage für die Programmierung von kartographischen Anwendungen, sowohl in meiner noch verbleibenden Zeit an der SFU, als auch später nach meiner Rückkehr nach Deutschland.

Seekarten aus dem Computer

Raymond Boyle und seine Arbeitsgruppe

Das Aufbaustudium an der Simon Fraser University näherte sich nach zwei Jahren dem Ende. Über Veröffentlichungen und Fachkollegen in Deutschland hatte ich erfahren, dass man mit raumbezogener Datenverarbeitung und der Automatisierung der kartographischen Visualisierung zu arbeiten begann. Ich entschloss mich daher, nach meiner Rückkehr aktiv an dieser Entwicklung teilzunehmen. Vorher wollte ich noch Raymond Boyle einen Besuch abstatten, an der Universität von Saskatoon in der mittleren der drei Weizenprovinzen Manitoba, Saskatchewan und Alberta.

Raymond Boyle war Professor für *Electrical Engineering* an der Universität von Saskatoon, drei Tage Autofahrt von Vancouver entfernt. Bei den Kollegen in Kanada und USA galt Ray Boyle als die Koryphäe für die Integration von Hardware und Software für kartographische Anwendungen. Bevor er die Professorenstelle an dieser Universität annahm, war er viele Jahre Entwicklungschef bei der Firma d-mac in Glasgow. Er hatte neben anderen wissenschaftlichen Geräten einen Digitalisierer entwickelt, der die Konvertierung von Linien und Punkten auf Karten in digitale Koordinaten mit bisher nicht erreichter Genauigkeit ermöglichte.

Kanada hat lange Küstenlinien im Osten, Westen und Norden des Landes, dazu zahlreiche Inseln, die großen Seen im Süden und Wasserflächen im Landesinnern. Hydrologische Karten gleichermaßen zeitnah und kostengünstig zu fertigen, war von großer wirtschaftlicher Bedeutung für das Land. Ray Boyle und seine Arbeitsgruppe hatten gerade ein System für die Automatisierung der Seekarten-Herstellung des zentralen hydrologischen Dienstes von Kanada fertiggestellt. Deshalb entschlossen wir uns, Ray Boyle und seine Arbeitsgruppe in Saskatoon zu besuchen, um mehr über die Hardware und Software für die Kartenherstellung zu erfahren. Viel zu sehen gab es im Institut von Ray Boyle zu diesem Zeitpunkt leider nicht. Die Computer und Graphikgeräte waren gerade zum Hauptquartier des hydrologischen Dienstes in der Hauptstadt Ottawa transportiert worden, um dort die Produktion der Seekarten aufzunehmen.

Die Arbeitsgruppe in Saskatoon, überwiegend Master-Studenten von Ray Boyle in der Elektrotechnik, hatte die Hardware-Komponenten für einem System für die Herstellung der kanadischen Seekarten zusammengesetzt. Die geometrischen Informationen wurden aus den vorhandenen Karten mit einem Digitalisiergerät erfasst, dem Pencil Follower, den Ray Boyle bei d-mac entwickelt hatte. Das graphische Sichtgerät zum Editieren der geometrischen Daten und zum Kartenentwurf war von der Arbeitsgruppe selbst gebaut worden, mit einer Speicherbildröhre der Firma Tektronix als zentralem Teil. Der zentrale Steuerrechner war ein Computer PDP-8 der Firma Digital Equipment Corporation (DEC).

Die Graphikgeräte konnten damals nur über Elektronik-Platinen angeschlossen werden, die von den Mitgliedern der Arbeitsgruppe selbst entwickelt und gebaut worden waren. Die Software für die Erfassung von Tiefenpunkten und Tiefenlinien aus den vorhandenen Karten, die Integration von Werten zur Wassertiefe aus Echolotmessungen von Vermessungsschiffen, Editieren der Basisdaten, Freistellen von Linien durch Verschieben und Überlagerung, Hinzufügen von hydrologischen Symbolen und die Ausgabe auf das Zeichengerät wurde von den Mitgliedern der Arbeitsgruppe programmiert.

Ein damals noch völlig unbekanntes Eingabegerät war eine Maus, die ein Mitarbeiter der Arbeitsgruppe selbst gebaut hatte. Die Umdrehungen von zwei Reibrädern auf der Unterlage wurden über optische Sensoren in digitale Signale umgesetzt und daraus vom Programm die relative Position berechnet. In dem selbstgebastelten Holzgehäuse war die Maus etwas weniger griffig und elegant als die Exemplare, die wir heute benutzen. Sie erfüllte aber den vorgesehenen Zweck. Die Maus als graphischer Zeiger erleichterte das Editieren der geometrischen Rohdaten und reduzierte die Fehler, die aufgrund falscher Positionsangaben entstanden und vielleicht nie wieder bemerkt worden wären.

Der Rechner DEC PDP-8

Das System für die Herstellung von Seekarten wurde von einem Minicomputer DEC PDP-8 gesteuert. An den Rechner waren die graphischen Geräte angeschlossen, das Digitalisiergerät, ein Bildschirmgerät und ein Zeichengerät. Der Computer PDP-8 war der erste Minicomputer der Firma Digital Equipment Corporation, kurz DEC, der in größeren Stückzahlen gebaut wurde. Der Rechner DEC PDP-8 war relativ preiswert, unter 20 000 US$, und wurde deshalb in kleinen Firmen, die sich keinen kostspieligen Rechner leisten konnten, für unterschiedliche Zwecke eingesetzt, auch für betriebliche Anwendungen.

Die Rechnerfamilie PDP-8 war ein Beispiel für den Übergang zwischen der zweiten und der dritten Generation der Digitaltechnik. Die ersten Modelle wurden noch in DTL-Logik mit diskreten Transistoren und Dioden auf Einzelplatinen implementiert. Die späteren Versionen der Architektur waren aus integrierten Schaltkreisen in der schnelleren TTL-Logik aufgebaut.

Der neue Begriff *Minicomputer* bezog sich ursprünglich nicht auf die Größe der PDP-8, sondern stand für *Minimalcomputer*. Das Urmodell hatte nur acht Grundbefehle und war damit ein früher Vorläufer der RISC-Computer viele Jahre später.

Die Nachfolgemodelle mit den Ergänzungen e, f, m und a verwendeten einen erweiterten Befehlssatz, der mit einem Mikrokode-Interpreter auf die acht Grundbefehle umgesetzt wurde. Die Programmierung wurde dadurch einfacher und weniger fehleranfällig.

Die Bezeichnung Minicomputer für einen Rechner mit wenig Raumbedarf im Vergleich mit den Großrechenlagen wie des Systems /360 blieb erhalten, sowohl für die Nachfolge-Familie DEC PDP-11 als auch für die Computer von Mitbewerbern wie Prime und Data General. Wie DEC existieren diese beiden Firmen heute nicht mehr. Aus dem Minicomputer wurde dann der Mikrocomputer, als die elektronischen Elemente immer kleiner und deren Layout weiter verdichtet wurden. Irgendwann passten die Schaltkreise der kompletten Zentraleinheit auf einen Chip.

Das erste Modell der PDP-8 hatte einen Arbeitsspeicher – noch als Kernspeicher realisiert – mit 4 096 Worten zu je 12 Bit. Der Adressbereich wurde durch zusätzliche Hardware-Einrichtungen vergrößert, so dass auch Anwendungen mit mehr Speicherbedarf möglich wurden. Lochkartenleser und -stanzer, Magnetplatten und Magnetband-Einheiten konnten angeschlossen werden.

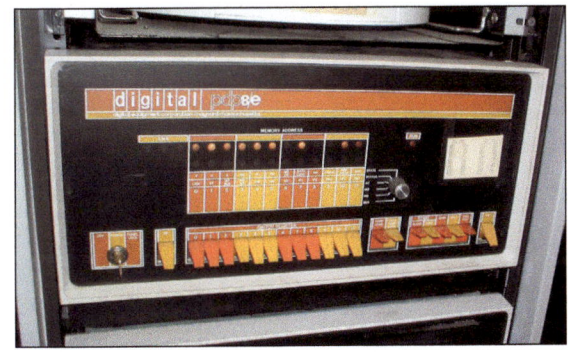

Abbildung 8-5: Die Bedienungs-Konsole des Rechners PDP-8/e. Darüber ist ein Teil einer Magnetplatten-Einheit für auswechselbaren Datenträger sichtbar.

Die Programme für die PDP-8 waren auf gefalteten 8-Kanal-Lochstreifen gespeichert. Das Einlesen und der Programmstart wurden durch Einstellung von bestimmten Adressen an der Bedienungskonsole (Abb. 8-5) und Drücken der Starttaste initiiert. Die späteren Modelle liefen unter dem Betriebssystem OS/8. Die Rechner der Familie DEC PDP-8 wurden im symbolischem Maschinenkode, in Fortran, BASIC, Focal und Dibol programmiert (@ DEC PDP-8).

Sehr häufig wurden die PDP-8 und ihre Nachfolgemodelle als Kontrollrechner für wissenschaftliche Geräte eingesetzt. Im kristallographischen Labor der Simon Fraser University zum Beispiel steuerte der Rechner DEC PDP-8e ein Einkristall-Diffraktometer für Röntgen-Strukturanalysen. Das Gerät hatte die gleiche Aufgabe wie das Diffraktometer, für das ich an meiner Universität in Saarbrücken die Herstellung der Steuer-Lochstreifen programmiert hatte. Die Steuerung unter Programmkontrolle ermöglichte aber viel mehr Messungen in kürzerer Zeit, weitgehend ohne menschlichen Eingriff, auch über Nacht und am Wochenende. Wenn zum Beispiel die Gitterkonstanten eines Kristalls nur annähernd bekannt waren, war es möglich, die groben Ausgangswerte durch Iteration zu verfeinern.

Es wird geschätzt, dass etwa 60 000 Stück der Rechnerfamilie DEC PDP-8 verkauft wurden. Ein Modell wurde von VEB Robotron in der DDR nachgebaut, unter anderem Namen und ohne Lizenz, aber betrieben mit der Original-Betriebssoftware von DEC.

Auswirkungen auf meine berufliche Zukunft

Die Anregungen aus den Diskussionen mit Raymond Boyle und den Mitarbeitern seiner Arbeitsgruppe haben den Aufbau der raumbezogenen Datenverarbeitung in dem Forschungsinstitut in Bonn stark beeinflusst, in dem ich einige Wochen später zu arbeiten begann. Das betraf nicht nur die Konzepte in Hardware und Software, sondern auch die Organisation von Arbeitsgruppen und die Mitarbeiterführung. Ray Boyle half mir in den folgenden Jahren nach meiner Rückkehr nach Deutschland noch öfter mit seinen Erfahrungen beim Aufbau der computerunterstützten Karto-graphie, bei Besuchen in Bonn oder Treffen bei Konferenzen.

Die Erinnerungen an die Gespräche mit Ray Boyle haben meine Arbeit das ganze Leben begleitet. Als ich ihn zum Beispiel fragte, warum er denn Professor an einer weniger bekannten Universität im Norden Kanadas geworden sei, bekam ich zur Ant-wort: „Ich bin froh, dass ich jemanden gefunden habe, der mich für mein Hobby be-zahlt". Dieser Satz ist zum Leitbild auch in meiner beruflichen Tätigkeit bis zum Ru-hestand geworden. Nun bin ich selbst derjenige, der mich für mein Hobby bezahlt.

Elektronische Datenverarbeitung in der BfLR

Das Institut für Landeskunde

Ich hatte mich von Kanada aus an zwei geographischen Instituten als wissenschaftlicher Assistent beworben. Als ich in Deutschland eintraf, waren dazu noch keine Entscheidungen gefallen. Ein früheres Angebot, in Bonn am Institut für Landeskunde (IfL) in der Bundesforschungsanstalt für Landeskunde und Raumordnung (BflR) zu arbeiten, hatte ich schon von Kanada aus abgelehnt. Der Direktor hatte nicht gerade den Ruf, besonders fortschrittlich zu sein. Dazu schreckte mich die Vorstellung, an der dort vorhandenen Rechner-Konfiguration arbeiten zu müssen. Der Besuch im Deutschen Rechenzentrum war enttäuschend, weil inzwischen Entwicklungen eingetreten waren, die eine längerfristige Beschäftigung unwahrscheinlich gemacht haben. Die Stadt München baute gerade ein städtisches Informationssystem auf und war an meinen Erfahrungen aus Kanada zwar interessiert, hatte aber keine Stelle zur Verfügung.

Als ich mit einem Geographen, der im Münchener Stadtentwicklungsreferat arbeitete, einen Termin für ein Treffen vereinbaren wollte, war sein erster Satz: "Gut, dass du anrufst, Karl Ganser will unbedingt mir dir sprechen." Volker Kreibich erzählte mir, dass Karl Ganser, Geographie-Professor an der TU München und vorher auch im Stadtentwicklungsreferat tätig, seit einigen Wochen Direktor des Instituts für Landeskunde war. Er suchte dringend einen Mitarbeiter für den Aufbau des raumbezogenen Informationssystems. Er hatte von seiner Verwaltung erfahren, dass man mir ein halbes Jahr zuvor eine Anstellung angeboten und ich damals abgelehnt hatte. Diese Stelle war noch immer nicht besetzt, weil keine Experten für diese Aufgabe gefunden werden konnten.

Einige Tage später trafen wir uns in Bonn-Bad Godesberg zu einem ersten Gespräch. Es war schnell geklärt, dass der vorhandene Rechner und die Graphikgeräte keine Zukunft im Institut haben würden. Sie sollten durch Computer und Geräte ersetzt werden, die dem Stand der Technik entsprechen und ausbaufähig waren. Die Aussicht, Programme für raumbezogene und kartographische Anwendungen selbst zu programmieren und bei der Auswahl der Computer und Graphikgeräte mitwirken zu können, bewog mich, diesmal das Angebot anzunehmen.

Das Computervirus hatte wieder einmal zugeschlagen. Ich konnte zu diesem Zeitpunkt nicht ahnen, dass die Bundesregierung bzw. das Institut für Landeskunde in der Bundesforschungsanstalt für Landeskunde und Raumordnung und ihr Amtsnachfolger, das Bundesamt für Bauwesen und Raumordnung, für 38 Jahre bis zur Pensionierung mein Arbeitgeber bleiben sollten. Auch hier waren wieder Zufälle im Spiel, die für eine weitere Biegung im Berufsweg sorgten.

Rechner Zuse Z25

Als ich die Stelle annahm, kam ich wieder mit einem Zuse-Rechner in Berührung. In dem Forschungsinstitut war ein Rechner Zuse Z25 aufgestellt, ein Computer der zweiten Generation mit diskreten Transistoren, dazu ein Zeichengerät Graphomat Z64 und ein Digitalisiergerät der Firma Hagen. Die beiden graphischen Geräte waren nicht direkt an den Rechner angeschlossen. Der Datenaustausch erfolgte über 5-Kanal-Lochstreifen, die vom Rechner und den Graphikgeräten hergestellt bzw. verarbeitet wurden. Die Firma Zuse war schon einige Jahre vorher aufgrund von wirtschaftlichen Schwierigkeiten in den Besitz von Siemens übergegangen. Der Computer-Pionier Konrad Zuse war offiziell technischer Berater seiner alten Firma, diente aber wohl mehr als Repräsentant für das Marketing der Rechner, die immer noch unter seinem Namen vertrieben wurden.

Diese Konfiguration mit der Zuse Z25 war als ein Projekt der Industrieförderung des Wissenschaftsministeriums in das Institut gekommen. Die Nutzung der Zuse-Geräte war zunächst kostenlos. Dahinter stand die Hoffnung, dass der Nutzer das System nach einer zeitlich begrenzten Frist erwirbt. Mit dem Zuse-Rechner sollten thematische Karten, die bisher von Kartographen und Hilfskräften von Hand gezeichnet wurden, schneller und billiger mit Computerhilfe gefertigt werden.

Die Technik des Rechners Z25 war zu diesem Zeitpunkt schon nicht mehr zeitgemäß. Mit einem festverdrahteten Betriebssystem in 1 024 Speicherworten wurde symbolischer Kode in Maschinenbefehle und Adressen umgewandelt. Ein Compiler für die Sprache Algol 60 übersetzte die Quellenprogramme in die Hardware-Instruktionen der Z25 (@Zuse Z25). Das Zeichengerät war zwar ein Glanzstück des deutschen Maschinenbaus, aber langsam und wegen der mangelhaften Software-Unterstützung nur umständlich zu programmieren. Die Alternativen für diese Computer und Geräte waren leistungsfähiger, insbesondere was die Software-Umgebung betraf. Dass sie von US-Firmen gebaut wurden, war ein schwerwiegender Ausschlussgrund für Mittel aus der deutschen Forschungsförderung.

Den Entscheidungsträgern war schnell klar, dass die Konfiguration für die Produktion von Karten nicht in Frage kam, erst recht nicht für den Aufbau und Betrieb einer Datenbasis für die laufende Raumbeobachtung. Das System wurde bald durch die Nutzung des Großrechners des regionalen Rechenzentrums in der Universität Bonn und einen eigenen Minicomputer zur Steuerung der Graphikgeräte abgelöst.

Die Zuse-Konfiguration wurden von den Zeichnern und Ingenieuren in der kartographischen Abteilung der BfLR mit Misstrauen betrachtet. Der vorherige Direktor hatte sich in einem Moment der Verärgerung zu der Drohung hinreißen lassen, dass er alle Kartographen entlassen werde, sobald das System die Karten automatisch zeichnen kann. Automatisch geht aber nie etwas, erst recht nicht mit diesen Geräten. Die Angst vor dem Verlust des Arbeitsplatzes blieb aber latent bestehen und hat die Kooperation auch nach der Demissionierung des Zuse-Systems nicht gerade erleichtert.

Das EDV-Konzept für die BfLR

Die Erstellung des Konzepts für die Nutzung der Datenverarbeitung, die notwendigen externen Gutachten, die Feinplanung der angestrebten Konfiguration, die Angebote der potentiellen Lieferanten und das Genehmigungsverfahren nahmen mehr Zeit in Anspruch als anfangs erwartet. Das Konzept sah vor, die Rechenanlage IBM /370-168 des regionalen Rechenzentrums an der Universität Bonn für die Datenhaltung und -analyse zu nutzen. Der Übergang von der Rechenanlage der Simon Fraser University auf den Computer in der Universität Bonn war unproblematisch, weil in beiden Rechenzentren Computer der /360-Familie standen. Die Abwicklung des Betriebs war zwar etwas anders, aber nach kurzer Einarbeitungszeit liefen die ersten Auswertungen mit meinen Programmen. Lästig waren nur die Fahrten von Bad Godesberg ins Rechenzentrum der Universität. Sie fanden mehrmals in der Woche und meist abends statt, weil dann die Wartezeiten kürzer waren, die gleiche Situation wie im Rechenzentrum der Simon Fraser University.

Ein Minicomputer DEC PDP-11 im Institut sollte die Grundausstattung von Graphikgeräten steuern. Das waren ein Digitalisierer, ein Bildschirmgerät und ein großformatiges Zeichengerät.

Der Rechner DEC PDP-11

Als Nachfolger für die Rechnerfamilie DEC PDP-8 war im Jahr 1970 der Computer DEC PDP-11 auf den Markt gekommen. Nach dem mit der IBM /360 gesetzten Trend wurden als kleinste Speichereinheit ein Byte mit 8 Bit benutzt. Zwei benachbarte Bytes ergaben ein 16-Bit-Wort. Mit den 16 Bit langen Adressfeldern konnten maximal 64 kByte Arbeitsspeicher adressiert werden, wie beim Modell 20, dem ersten Modell der Familie (@DEC PDP-11).

Die PDP-11 hatte acht Register (0-7), davon waren sechs universale Register. Register 6 war ein Zeiger auf den Stapelspeicher, der vom Prozessor bei einer Hardware-Unterbrechung (*interrupt*) zur Zwischenspeicherung des aktuellen Maschinenzustands verwendet wurde. Auf dem Stapelspeicher wurden auch Zwischenergebnisse von Rechenvorgängen abgelegt. Der Stapelzeiger musste grundsätzlich eine Wortadresse enthalten, das heißt eine Adresse mit gerader Nummer. Deshalb wird im Unterschied zu den Universalregistern bei den Modi Autoinkrement bzw. Autodekrement das Register R6 immer um 2 erhöht oder erniedrigt, unabhängig davon, ob es sich um einen Byte- oder Wortbefehl handelt. Das Register 7 wurde normalerweise als Programmzähler genutzt.

Die Arithmetik der ersten Modelle war auf Festkomma-Zahlen beschränkt. Die späteren Modelle enthielten Optionen zur Adresserweiterung (*memory mapping*), um mehr Arbeitsspeicher nutzen zu können. Dazu waren zusätzliche Befehle für Gleitkomma-Operationen mit den dafür notwendigen Registern standardmäßig enthalten.

Adressierungsmodi

Fast jeder Befehl der PDP-11 konnte mit acht Adressierungsmodi aufgerufen werden. Die Adressierungsmodi unterscheiden sich abhängig davon, ob als Register R0 bis R5 (Allzweckregister), R6 (Stapelzeiger bzw. Stackpointer, SP) oder R7 (Programmzähler, PC) verwendet wird.

Universalregister (R0 bis R5)

Bitfolge	Kurzform	Name/Beschreibung
000	Rn	Register direkt: Der Wert, der im Register Rn steht, wird verwendet.
001	@Rn	Register indirekt: Der Wert, der an der Speicherstelle steht, die im Register Rn steht.
010	(Rn)+	Autoinkrement: Der Wert, der an der Speicherstelle steht, die im Register Rn steht; Rn wird um eine Adressierungseinheit erhöht.
011	@(Rn)+	Autoinkrement indirekt: Der Wert, der an der Speicherstelle steht, die an der Speicherstelle steht, die im Register Rn steht; Rn wird um 2 erhöht.
100	-(Rn)	Autodekrement: Rn wird um eine Adressierungseinheit verringert; Der Wert, der an der Speicherstelle steht, die dann im Register Rn steht.
101	@-(Rn)	Autodekrement indirekt: Rn wird um 2 verringert; Der Wert, der an der Speicherstelle steht, die an der Speicherstelle steht, die dann im Register Rn steht.
110	X(Rn)	Index: X und der Wert in Rn werden addiert und der Wert verwendet, der an der Speicherstelle steht, die durch diese Summe gegeben ist.
111	@X(Rn)	Index: X und der Wert in Rn werden addiert und der Wert verwendet, der an der Speicherstelle steht, auf die die Speicherstelle zeigt, die durch diese Summe gegeben ist.

Stapelzeiger

R6 ist ein Zeiger auf den Stapelspeicher, der vom Prozessor bei Interrupts zur Zwischenspeicherung des aktuellen Maschinenzustands verwendet wird. Der Stapelzeiger dient der Verwaltung des Stapelspeichers, er muss grundsätzlich eine Wortadresse, das heißt eine gerade Adresse enthalten. Deshalb wird im Unterschied zu den Allzweckregistern bei den Adressierungsmodes Autoinkrement bzw. Autodekrement das Register R6 immer um 2 erhöht oder erniedrigt, unabhängig davon, ob es sich um einen Byte- oder Wortbefehl handelt.

Bitfolge	Kurzform	Name/Beschreibung
000	Rn	Register direkt: Der Wert, der im Register Rn steht, wird verwendet.
001	@Rn	Register indirekt: Der Wert, der an der Speicherstelle steht, die im Register Rn steht.
010	(Rn)+	Autoinkrement: Der Wert, der an der Speicherstelle steht, die im Register Rn steht; Rn wird um 2 erhöht.
011	@(Rn)+	Autoinkrement indirekt: Der Wert, der an der Speicherstelle steht, die an der Speicherstelle steht, die im Register Rn steht; Rn wird um 2 erhöht.
100	-(Rn)	Autodekrement: Rn wird um 2 verringert; Der Wert, der an der Speicherstelle steht, die dann im Register Rn steht.
101	@-(Rn)	Autodekrement indirekt: Rn wird um 2 verringert; Der Wert, der an der Speicherstelle steht, die an der Speicherstelle steht, die dann im Register Rn steht.
110	X(Rn)	Index: X und der Wert in Rn werden addiert und der Wert verwendet, der an der Speicherstelle steht, die durch diese Summe gegeben ist.
111	@X(Rn)	Index: X und der Wert in Rn werden addiert und der Wert verwendet, der an der Speicherstelle steht, auf die die Speicherstelle zeigt, die durch diese Summe gegeben ist.

Programmzähler (R7 bzw. PC)

Das Register R7 dient als Programmzähler (PC = program counter). In R7 ist die Adresse des Befehls gespeichert, der gerade ausgeführt wird. Einige Adressierungsmodi sind nicht zugelassen oder haben eine etwas andere Funktion als bei den allgemeinen Registern R0 bis R5 beziehungsweise dem Zeiger auf den Stapelspeicher in R6.

Bitfolge	Kurzform	Name/Beschreibung
010	#N	Immediate: Der Wert folgt dem Befehl im Programmspeicher.
011	@#A	Absolute: Die Speicheradresse des Wertes folgt dem Befehl im Programmspeicher.
110	A	Relative: Die Speicheradresse des Wertes ist die Summe aus dem aktuellen Programmzähler und dem Offset, das dem Befehl im Programmspeicher folgt.
111	@A	Relative Indirekt: An der Speicheradresse, die die Summe des aktuellen Programmzählers und dem, dem Befehl folgenden Offset ist, steht die Adresse, an der der Wert zu finden ist.

Die verschiedenen Adressierungsmodi sind sehr nützlich für die Abarbeitung von häufig vorkommenden Abläufen in einem Programm, zum Beispiel von Schleifen und der automatischen Inkrementierung oder Dekrementierung der Schleifenzähler. Solche Befehlsarchitekturen werden auch *orthogonal* genannt, weil die gleichen Befehle auf verschiedene Datentypen (Byte oder 16-Bit-Wort) und davon unabhängige Adressierungsmodi anwendet werden können. Die PDP-11 hatte keine speziellen Instruktionen für die Ein- und Ausgabe. Die Daten wurden von und zu Speicheradressen übertragen, die in den letzten vier kBytes des Adressbereichs lagen. Die Peripheriegeräte wurden über ein standardisiertes Bus-System verbunden, den *universal bus*, kurz Unibus. Die Spezifikationen des Unibus waren öffentlich und gut dokumentiert, damit jede Firma ihre eigenen Geräte anschließen konnte.

Maschinenkode ist wartungsfeindlich

Die ausführliche Erklärung der verschiedenen Adressierungsmodi sollte zeigen, wie komplex und aufwendig die Programmierung mit Maschinenbefehlen ist. Für den Rechner DEC PDP-11 habe ich noch einige kleinere Programme im Maschinenkode geschrieben. Die nachfolgenden Rechner und Betriebssysteme hatten ausschließlich standardisierte Schnittstellen, für die keine Software im Maschinenkode notwendig war. Der Geschwindigkeitsvorteil, den man mit der Programmierung nahe an der Hardware erzielen konnte, wurde immer geringer, nachdem optimierende Compiler für die höheren Programmiersprachen zur Verfügung standen.

Programme in Maschinenkode sind extrem unübersichtlich und wartungsfeindlich. Es ist deshalb eine Zumutung, dass die Wartung und Fortführung eines solchen Programms von einem Dritten übernommen wird. Durch eine ausführliche Dokumentation lässt sich diese Risiko verringern, aber zu hohen Kosten. Für die Rechner nach der DEC PDP-11 habe ich kein Programm im Maschinenkode mehr geschrieben, sondern nur noch höhere Programmiersprachen benutzt, fast ausschließlich Fortran. Für die nachfolgenden Prozessor-Architekturen beschränke ich mich deshalb auf die wichtigsten Komponenten der Hardware. Auf Befehle, Adressierungsmodi und andere Einzelheiten, die nur für die Programmierung in Maschinenkode eine Rolle spielen, wird nicht mehr eingegangen.

Die Modelle der PDP-11-Familie

Die ersten Modelle waren aus Platinen mit integrierten Schaltkreisen aufgebaut. Mit den Fortschritten in der Verdichtung von Schaltkreisen wurde die Zentraleinheit der PDP-11 auf einem Chip integriert (F-11, J-11). Drittanbieter fertigten Module für Speicherweiterungen und andere Zusätze an, deren Entwicklungs- und Produktionskosten sich wegen der hohen Stückzahlen der PDP-11-Serie schnell amortisierten. Es gab auch Versionen der PDP-11 ohne Bus-System und später Arbeitsplatz-Computer mit den hochintegrierten CPU-Chips der PDP-11-Reihe. Wie bei der IBM /360 wurden auch Modelle angekündigt, die dann nie den Markt erreichten.

Für manche Modelle der PDP-11-Familie sind die Angaben über den maximalen Arbeitsspeicher und den Zeitpunkt der Markteinführung nicht mehr auffindbar, einmal wegen des zeitlichen Abstandes, zum anderen, weil die Firma Digital Equipment Corporation nicht mehr existiert. Manche Modelle sind auch mehr oder weniger gleichzeitig auf den Markt gekommen.

Hier die wichtigsten Modelle der PDP-11-Familie.

Modell	kByte	Bus-System	Technik
20/15	64	Unibus	Module mit ICs
45, 50, 55	256	Unibus	
60		Unibus	
70	4 000	Uni/Massbus	
05, 10		Unibus	
24		Unibus	F-11
34, 44		Unibus	
84, 94		Unibus	J-11
03, 02		Q-Bus	
23	248	Q-Bus	
73		Q-Bus	J-11
53, 53+	1 500	Q-Bus	
83, 93		Q-Bus	

Weitere Bus-Systeme

Die späteren leistungsfähigeren Modelle der PDP-11-Familie stellten zusätzlich zum Unibus spezielle Anschlussmodule bereit, etwa den *Massbus*, um Geräte mit hohen Übertragungsgeschwindigkeiten wie Magnetplatten und Magnetband-Einheiten mit ihrer vollen Leistung betreiben zu können. Für kleine und preiswerte Modelle wurde später der *Q-Bus* entwickelt, bei dem die Signale für Adressierung und Daten über die gleichen Leitungen geführt wurden (*multiplexing*).

Betriebssysteme und Programmiersprachen

Die hauptsächlich benutzten Betriebssysteme waren DOS, RSX-11 in verschiedenen Varianten bis RSX-11D, RT-11 für Realtime-Aufgaben, etwa für die Steuerung von schnellen Messgeräten, oder RSTS/E für den interaktiven Betrieb mit der Sprache BASIC. Von Dritten wurden ebenfalls Betriebssysteme für die PDP-11-Familie angeboten. Die bekanntesten waren MUMPS für Datenbank-Anwendungen und PEARL für die Steuerung von Messinstrumenten und Laborgeräten. Die ersten Versionen des Betriebssystems Unix und der Programmiersprache C liefen auf einem PDP-11-Rechner.

Zusätzlich zum Übersetzer für die Programmierung in Maschinensprache namens MACRO-11 war ein Fortran-Compiler verfügbar, der vor allem unter DOS eingesetzt wurde. Für das System RSX-11D gab es später einen Fortran-Compiler, der Programme übersetzen konnte, deren Syntax mit Fortran IV von IBM und dem Standard Fortran 66 identisch war. Es war ein großer Fortschritt, dass man Programme auf einer PDP-11 schreiben und testen konnte. Das gleiche Programm konnte dann auf dem Computer IBM /360 für rechenintensive Analysen mit großen Datenmengen genutzt werden.

Es wird geschätzt, dass insgesamt 600 000 Computer der PDP-11-Familie produziert und verkauft wurden. DEC hat später Lizenzen für die PDP-11-Architektur an Drittanbieter vergeben, die Modelle für spezielle Anwendungen fertigten.

Laufende Raumbeobachtung

Die laufende Beobachtung der räumlichen Entwicklung in den Regionen der Bundesrepublik Deutschland, kurz Laufende Raumbeobachtung, sollte die Grundlage für die wissenschaftliche Beratung der Bundesregierung durch die BfLR werden. Dafür war der Aufbau einer Daten- und Wissensbasis notwendig, die den Zustand und die Entwicklung in den Regionen der (alten) Bundesrepublik möglichst zeitnah mit relevanten Informationen abbilden sollte. Bis zur heutigen Version von INKAR, kurz für *Indikatoren und Karten zur Raum- und Stadtentwicklung*, mit online-Zugriff auf die Datenbasis zur Laufenden Raumbeobachtung und die Ausgabe von Choroplethenkarten, war es noch ein langer Weg (@INKAR).

Integraler Bestandteil der Laufenden Raumbeobachtung wie auch allgemein in Geo-Informationssystemen ist die Möglichkeit zur schnellen und kostengünstigen Erstellung von thematischen Karten. Die Karten sollten so preiswert sein, dass sie nicht nur als Dokumentation von Forschungsergebnissen in Publikationen verwendet werden. Thematische Karten sind auch ein wichtiges Arbeitsmittel während der Analyse der raumbezogenen Daten und im Forschungsprozess allgemein.

Minicomputer DEC PDP-11/20

Die Grundausstattung an Geräten für die computerunterstützte Kartenzeichnung bestand aus einem Digitalisiergerät zur Erfassung der geometrischen Grunddaten, einem Zeichengerät für das Festhalten der Karten und Graphiken auf Zeichenträger und einem graphischen Sichtgerät zum Editieren der Geometrie-Daten und Graphiken.

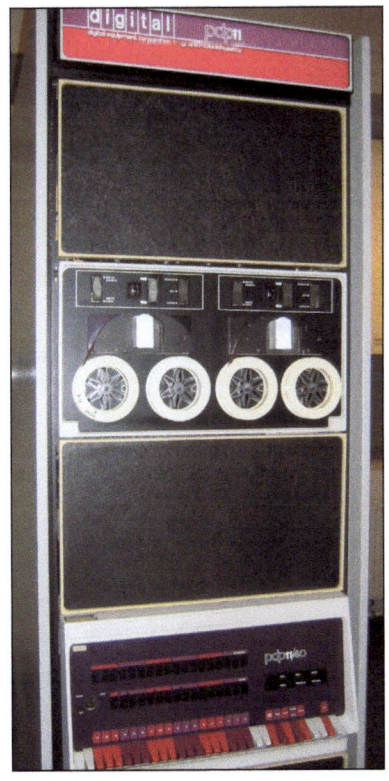

Abbildung 9-1: Rechnerschrank mit dem Rechner DEC PDP-11/40 und zwei DECtape-Einheiten

Die graphischen Geräte wurden von einem Minicomputer DEC PDP-11 gesteuert. Zu dieser Zeit war von der PDP-11-Familie nur das Modell 20 erhältlich, das aber für den beabsichtigten Zweck ausreichend leistungsfähig war. Die Erstausstattung an Peripheriegeräten war ein Leser und Stanzer für gefaltete 8-Kanal-Lochstreifen, ein Festkopf-Plattenspeicher mit 512 kByte, ein Fernschreib-Terminal, ein kleiner Matrixdrucker, ein Lochkartenleser und ein IBM-kompatibles Magnetbandgerät.

Eine spezielle Entwicklung der Firma DEC waren die DECtapes (Abb. 9-1). Auf einer kleinen Spule befand sich ein Magnetband, auf dem die Daten in mehreren Spuren nebeneinander aufgezeichnet wurden. Aufgrund der kleinen Masse der Spulen und einer ausgefeilten Bewegungssteuerung konnten die Spulen sehr schnell in beiden Richtungen beschrieben und gelesen werden. Der Zugriff war nicht so schnell wie bei Magnetplatten, aber immerhin schneller als mit Lochstreifen oder dem Magnetbandgerät mit großen Spulen. Zwei Laufwerke passten nebeneinander in den Standardschrank mit 19 Zoll Breite.

Kurz darauf kamen zur Erstausstattung des Systems zwei Einheiten für Wechselplatten mit je

2,2 MB Kapazität, schnellere Schreibmaschinen für die interaktive Bedienung und ein Zeilendrucker hinzu.

Farbige Karten aus dem Zeilendrucker

Mit dem Programm SYMAP wurden anfangs großformatige Choroplethenkarten hergestellt, auch in Farbe. Die Karten wurden wie beim Maschinendruck in mehreren Durchgängen gedruckt, mit Drucktüchern für den Zeilendrucker in unterschiedlichen Farben. Durch Überdrucken auf die gleiche Zeile konnten auch in beschränktem Umfang Variationen in der Helligkeit und Farbmischungen erzeugt werden. Soweit mir bekannt ist, wurde dieses Verfahren für den direkten Druck farbiger Karten auf dem Zeilendrucker nirgendwo anders verwendet.

Die Experimente mit dem Drucker als graphischem Ausgabegerät für Karten wurden so lange fortgeführt, bis die Programme zur Zeichnung von farbigen Choroplethenkarten und Karten mit Proportionalsymbolen auf dem Zeichengerät anwendungsreif waren. Programmpakete für Geo-Informationssysteme und kartographische Visualisierung waren noch nicht erhältlich, man musste alles noch selbst programmieren. Die graphische Qualität war wie erwartet ungleich besser als bei den Karten aus dem Zeilendrucker. Damit ging die Zeit des Druckers als graphisches Ausgabegerät in der BfLR unweigerlich zu Ende.

Zeichentische Calcomp 738 und 748

Plotter und Bildschirmgeräte waren schon einige Zeit in der computergestützten technischen Konstruktion (*computer aided design*, CAD) im Einsatz. Bei den kleineren Zeichengeräten wurde der Zeichnungsträger in der x-Richtung und der Stift in der y-Richtung bewegt (Trommelplotter). Der Stift konnte programmgesteuert gesenkt oder gehoben werden. Bei Tischplottern wurde der Stift mit einer xy-Mechanik in beiden Achsenrichtungen über den Zeichnungsträger auf der Trägerplatte gefahren (*flatbed plotter*).

Die Zeichenwerkzeuge waren Kugelschreiber, Filz- und Tuschestifte. Die Stifte konnten per Programm angewählt, gesenkt und gehoben werden, so dass der Zeichenbetrieb längere Zeit ohne manuellen Eingriff ablaufen konnte. Flächenfüllungen wurden durch Schraffur mit unterschiedlich breiten Abständen und Farben angenähert. Die Schraffur durfte aber nicht zu dicht sein, sonst weichte das Papier auf und zerriss im schlimmsten Fall.

Auf dem Zeichentisch in der BfLR konnten Karten bis zum Format DIN A0 und darüber hinaus gezeichnet werden. Ausgewählt wurde der Tischplotter 738 der Firma Calcomp, weil er den Anforderungen an Zeichen- und Wiederholgenauigkeit am besten genügte. Dazu war eine Funktionsbibliothek in der Sprache Fortran vorhanden, mit der man auch Textketten zeichnen konnte. Die Zeichnungsdaten wurden von einem Magnetband eingelesen, das vom Rechner in der Universität beschrieben wurde. Für die Gravur von Zweischicht-Folien konnte anstatt der Tuschestifte unidirektionale Stichel in unterschiedlichen Breiten eingesetzt werden.

Abbildung 9-2: Zeichentisch Calcomp 748. Über den flexiblen Schlauch wurde Luft zur Druckregelung in den Tuschestiften zugeführt.

Beim Nachfolger Calcomp 748 (Abb. 9-2) konnte die Geschwindigkeit des Zeichenkopfes mit den Tuschefedern so hoch werden, dass die Schwerkraft nicht ausreichte, um einen gleichmäßigen Tuschefluss zu garantieren. Mit Luftdruck, geregelt in Abhängigkeit von der Fahrgeschwindigkeit, wurde eine gleichbleibende Versorgung der Tuschefedern sichergestellt. Der Gravierstichel des Calcomp 748 wurde jetzt richtungsabhängig mit dem Verlauf der Linie gedreht. Damit war es möglich, breitere Stichel zu benutzen und insgesamt die Qualität der Gravur zu erhöhen. Der Plotter wurde später direkt an die PDP-11 angeschlossen. Damit entfiel die Notwendigkeit für das Beschreiben von Magnetbändern mit den Steuer-Informationen, zumindest bei der Zeichnungserstellung über den Rechner PDP-11.

Sichtgerät Tektronix 4006

Bildschirmgeräte mit Vektor-Darstellung und ausreichender Auflösung für kartographische Anwendungen waren zu dieser Zeit noch sehr kostspielig. Aufgrund des teuren Arbeitsspeichers waren Rastergeräte nicht verfügbar, zumindest nicht zu tragbaren Kosten. Geräte mit farbiger Ausgabe waren noch in weiter Ferne. Die Firma Tektronix hatte eine technische Lösung entwickelt, um die Linien auf dem Bildschirm zu speichern und nicht wie heute üblich im Arbeitsspeicher des Geräts. Die Speicherbildröhren von Tektronix waren vergleichsweise preiswert, hatten aber den Nachteil, dass einzelne Linien nicht selektiv entfernt werden konnten. Der gesamte Bildschirm musste gelöscht und das Bild anschließend völlig neu gezeichnet werden, was bei vielen Linien schon einige Zeit in Anspruch nehmen konnte.

Ein Sichtgerät mit Speicherbildröhre war in diesem Anwendungsfeld die einzige Lösung, relativ preiswert interaktiven graphischen Betrieb zu ermöglichen. Als graphisches Zeigegerät war ein kleiner Steuerknüppel (*joystick*) integriert, mit dem ein Zeiger über die Bildfläche geführt wurde. Dessen Position konnte per Knopfdruck festgehalten und vom Programm ausgelesen werden. Eine Unterprogramm-Bibliothek in der Sprache Fortran für die Linienzeichnung und andere Funktionen des Sichtgerätes war vorhanden.

Die Technik der Speicherröhren hatte den Nachteil, dass die Monitor-Oberfläche langsam an Leuchtkraft verlor, vor allem an den Stellen, die häufig beschrieben wurden. Das war in der Regel die linke obere Ecke des Bildschirms. Eine preiswerte Abhilfe war die Drehung der Bildröhre um 180 Grad. Die kaum beschriebene und deshalb noch intakte rechte untere Ecke wurde dann zur neuen linken oberen Ecke des Bildschirms

Nach einigen Jahren Betrieb wurde das Gerät durch das Nachfolgemodell Tektronix 4016 mit einem größeren Bildschirm ersetzt. Der Nachfolger der Sichtgeräte mit Speicherbildröhre war das Farb-Sichtgerät Tektronix 4060. Bei diesem Gerät wurden die Zeichnungsinformationen, auch Flächenfüllungen, in ein Raster von Pixeln umgesetzt. Der Inhalt des Rasters, ein Halbleiter-Speicher, wurde auf einem Farbmonitor ausgegeben. Der Monitor hatte keine besonders hohe Leuchtkraft, deshalb wurde das Gerät meistens unter gedämpfter Beleuchtung benutzt.

Digitalisiergerät

Die für die computerunterstützte Zeichnung von Choroplethenkarten unbedingt notwendigen Regionsgrenzen in digitaler Form waren nicht verfügbar, anders als heute. Deshalb musste jeder Nutzer das notwendige Grenznetzwerk selbst erfassen. Das gleiche galt für Punkte als geometrischer Ort für Proportionalsymbole. Ein Digitalisiergerät war notwendig für die Entwicklungen in der computergestützten Kartographie und die Produktion von thematischen Karten.

Nach den Erfahrungen mit dem Digitalisierer der Vorgänger-Konfiguration um die Zuse Z25 war klar, dass ein rein mechanisches Gerät nicht in Frage kam. Die schweren Massen, die in beiden Achsenrichtungen bewegt werden mussten, verhinderten das exakte Nachfahren von Linien. Der schon erwähnte Ray Boyle hatte in der Firma d-mac ein Gerät entwickelt, das gewissermaßen das Prinzip des mechanischen Plotters umkehrte. Auf die Punkte und Linien der Zeichenvorlage wurde manuell eine Lupe mit Fadenkreuz positioniert. Unter der Vorlagenplatte befand sich ein Sensor, der die von der Lupe ausgesandten Signale erfasste. Die Elektronik des Digitizers berechnete aus den Signalen die Position der Lupe. Die Servo-Motoren der xy-Mechanik wurden so gesteuert, dass sich der Sensor immer genau unter der Lupe befand. Bei einem einmaligen oder dauernden Druck auf den Auslöseknopf an der Lupe konnten die x- und y-Werte vom Programm ausgelesen werden.

Wenn die Lupe zu weit vom der Sensor entfernt war – das passierte zum Beispiel beim Programmstart und sehr schnellem Bewegen der Lupe – wurden die Signale nicht mehr erfasst und die Position nicht oder falsch berechnet. Beim konzentriertem Arbeiten bemerkte der Bediener manchmal nicht, dass sich der Sensor nicht mehr unter der Lupe befand, zumal die Vorlage den Sensor abdeckte. Wir bauten deshalb eine rote Leuchtdiode in den Sensor ein, die durch die Vorlage durchschien. Damit konnte der Bediener jederzeit feststellen, ob sich der Sensor noch unter der Lupe befand und dadurch Fehler bei der Erfassung vermeiden.

Probleme mit dem CAMAC-Anschluss

Der Anschluss des *Pencil Followers* war nicht so ganz einfach. Da der Firma das Knowhow oder die Mittel für die Entwicklung eines Anschlusses an den Unibus der PDP-11 fehlten, kam eine andere Lösung zum Einsatz. Das CAMAC-System (*computer automated measurement and control*) war ein Bussystem, das zur Datenerfassung und Kontrolle von Experimenten in der Kern- und Teilchenphysik entwickelt worden war. Das CAMAC-System stellte die Verbindung zum Unibus über verschiedene Einsteckplatinen für Sensoren und Aktuoren her. Die Elektronik des Digitalisiergeräts nutzte eine dieser Platinen für die Übermittlung der Koordinaten. Das CAMAC-Hauptsystem und die Platinen wurden über Unterprogramme in der Sprache Fortran angesprochen.

Die in der BfLR installierten CAMAC-Geräte hatten technische Probleme, die gefunden und beseitigt werden mussten. Dazu war die Funktionsbibliothek in einem nicht sehr zufriedenstellenden Zustand. Selbst mit der Unterstützung durch einen erfahrenen Programmierer aus Kanada, der Erfahrung mit CAMAC und in der Maschinensprache der PDP-11 hatte, kostete die Inbetriebnahme des Digitalisierers mehr Zeit und Aufwand als erwartet. Bis alles einigermaßen sicher funktionierte und die routinemäßige Erfassung der Regionsgrenzen möglich war, verging unverhältnämäßig viel Zeit.

Im Betrieb stellte sich heraus, dass die Positionier- und Wiederholungsgenauigkeit von der Neigung der verstellbaren Auflageplatte für die Vorlagen abhängig war. Die Schwerkraft wirkte je nach Neigungswinkel unterschiedlich auf die Sensoren und indirekt auf den mechanischen Antrieb. Dazu bog sich die Platte aus Glas je nach Neigung unterschiedlich tief durch, wodurch sich der Abstand zwischen Sender und Empfänger veränderte. Also musste die Stellung der Vorlagenplatte immer gleich bleiben, die Verstellmechanik hätte man sich eigentlich sparen können. Aber hinterher ist man immer klüger.

Digitalisierer ohne Servomechanik

Das Gerät *Pencil Follower* der Firma d-mac war zu der Zeit das Standardgerät für die präzise Erfassung von xy-Werten aus Karten und anderen Graphiken. Später wurden in USA ähnliche Digitalisierer gebaut, die das gleiche Prinzip in leicht abgewandelter Form verwendeten, um Patente von d-mac zu umgehen. Mit einem solchen Gerät hatten wir bei einem Dienstleister in Vancouver Punkte und Linien aus Karten erfasst. An das Gerät war ein Lochkarten-Stanzer angeschlossen. Die erfassten Daten wurden auf Lochkarten gespeichert, die von einem Programm eingelesen und ausgewertet wurden.

Die neueren Digitalisiergeräte hatten keine beweglichen Teile mehr. Die Signale der Lupe mit dem Fadenkreuz wurde mit einem Drahtgitter erfasst, das in die Vorlagen-Platte eingegossen war. Daraus wurde die Position berechnet. Die Positioniergenauigkeit wurde durch Interpolation der Intensitätswerte benachbarter Gitterlinien weiter verbessert. Die ersten Geräte nach diesem Prinzip funktionierten noch nicht ausreichend genau und zuverlässig. Mit der Weiterentwicklung der Digitalelektronik waren diese „*solid state digitizer*" bald den Geräten mit motorischer Nachführung des Sensors überlegen. Sie waren weniger fehleranfällig und vor allem preiswerter ohne die aufwendige Servomechanik. Folgerichtig war die Ersatzbeschaffung einige Jahre später ein Digitalisiergerät ohne Mechanik und mit einer seriellen Schnittstelle zum Rechner PDP-11.

Nutzung des akustischen Kanals

Insbesondere die Digitalisierung von feingliedrigen Linien erfordert hohe Aufmerksamkeit. Der Erfasser sollte nach Möglichkeit seinen Blick nicht von der Vorlage lösen, um Irritationen und Zeitverlust beim Wiederfinden der vorher bearbeiteten Stelle zu vermeiden. Für das Ablesen einer Meldung auf einem Display oder Bildschirm muss aber der Blick von der Vorlage abgewendet werden. Um diese Fehlerquelle auszuschalten, kann der akustische Kanal für die Interaktion genutzt werden. Das sind zum Beispiel Bestätigungen für den erfolgreichen Abschluss eines Arbeitsschritts oder Hinweise auf Fehler und Unstimmigkeiten. Es sollte möglich sein, gespeicherten Text vorzulesen, etwa die Nummer einer Autobahnstrecke oder der Name der Bezugseinheit bei der Erfassung von Grenznetzwerken.

Damals war für die Nutzung des akustischen Kanals die Eigenentwicklung von Zusatzgeräten notwendig. Relativ einfach war die Erzeugung von einfachen Tönen. Dafür gab es integrierte Schaltkreise, die mit dem Rechner über eine serielle Datenleitung verbunden wurden, eine relativ leichte Übung für einen Elektronikbastler. Frequenz und Dauer des Tones wurden vom Programm gesetzt. Die akustischen Signale war dann Routine bei der geometrischen Datenerfassung. Heute besitzt nahezu jeder Arbeitsplatz-Rechner einen Akustik-Chip zur Erzeugung von komplexen Signaltönen und zur Wiedergabe von Dateien im mpg-Format.

Vorlesen von Text

Die Umwandlung von Text in gesprochene Sprache war schon etwas schwieriger. Für das Vorlesen von Wörtern und Sätzen gab es zwar schon gebrauchsfertige Platinen. Die automatische Übersetzung von Wörtern und längerer Texte in Sprache war aber noch sehr schwer verständlich. Die Software konnte noch nicht die Bedeutung eines Satzes erkennen und die Betonung und Satzmelodie (Prosodie) korrekt ausführen. Alle Geräte waren außerdem für die Ausgabe in Englisch vorgesehen (RASE 1979).

Die Sprachverständlichkeit wurde mit den Geräten erheblich besser, die mit den Grundbausteinen gesprochener Sprache arbeiteten. Der Begriff *Phonem* für diese Bausteine ist aus sprachwissenschaftlicher Sicht nicht korrekt. Dennoch werde ich das Wort weiter hier verwenden, weil der linguistische Begriff *Phon* sicher Ursache für Verwechslungen wäre. Die Phoneme von geschriebenem Text hätte man einem Wörterbuch entnehmen können, in dem die Wörter in internationaler Lautschrift notiert sind. Zu dieser Zeit waren aber Wörterbücher mit Lautschrift nicht als Datei verfügbar. Die Phoneme von beliebigen Wörtern konnten nicht mit einem Programm aus dem Wörterbuch gelesen werden.

War nur Text mit einem beschränkten Wortschatz auszugeben, wurden die Laute der Wörter per Hand aus der Lautschrift in Phonem-Kodes umgesetzt. Bei einem beliebigem Wortschatz blieb nur die Möglichkeit, einen Algorithmus anzuwenden, der Text in Phoneme umwandelt, die dann an den Sprach-Synthesizer übermittelt wurden. Für englische Texte hat das ganz gut funktioniert, wenn auch die Übersetzung in die Lautung manchmal nicht eindeutig sein konnte. Das Wort *lead* (Blei) wird zum Beispiel wie *to lead* (führen) geschrieben, aber anders ausgesprochen. Dazu gibt es Unterschiede in der Aussprache von britischem und amerikanischem Englisch.

Solche Mehrdeutigkeiten lassen sich zum großen Teil durch Analyse des umgebenden Textes lösen. Die erforderliche Rechenkapazität für die Wiedergabe in Echtzeit war für die Computer dieser Zeit noch zu hoch. Die gleiche Einschränkung bestand für die korrekte Satzmelodie und Betonung. Heute hat das Vorlesen eines Textes in guter Qualität einen so hohen Stand erreicht, dass wir zwar die Spracherzeugung durch einen Computer noch erkennen, aber die Verständlichkeit kaum darunter leidet.

Sprach-Synthesizer MicroVox

Ein Beispiel für einen Sprach-Synthesizer war das Gerät MicroVox (Abb. 9-3). Die vom Programm übermittelten Kodes für die Phoneme wurden mit einem speziellen Chip in Laute umgewandelt. Das Gerät hatte auf der Vorderseite eine Betriebsanzeige und einen Lautstärkeregler. Auf der Rückseite befanden sich je ein serieller und paralleler Anschluss für die Kommunikation mit dem Rechner, dazu ein Ausgang für den externen Lautsprecher. Eine Beschreibung der Hardware und der Programmierung findet man bei CIARCIA (1982). Bei korrekter Auswahl der Phoneme konnte man auch deutschen Text gut verständlich wiedergeben. Das Gerät wurde für das Vorlesen von Namen, Anweisungen und Fehlermeldungen beim Digitalisieren verwendet (RASE 1984).

Abbildung 9-3: Sprachsynthesizer MicroVox

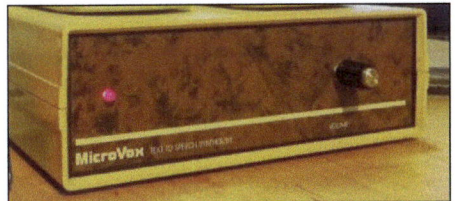

Die Sprachbausteine der Ansagesysteme, die heute in Navigationsgeräten, Aufzügen, Bussen und Bahnen ihren Dienst tun, werden von geschulten Sprechern aufgenommen und in Dateien gespeichert. Die Bausteine, beziehungsweise die Dateien, werden dann situationsabhängig zusammengesetzt und abgespielt.

Erkennung von Sprache

Akustische Kommandos an das Programm wären eine weitere Stufe des Komforts und der Fehlersicherheit beim Digitalisieren gewesen. Auch beim Editieren von geometrischen Daten an einem graphischen Sichtgerät hätte man mit einer Sprachsteuerung das Verlassen des Blickfeldes vermeiden können. Erst mit der Verfügbarkeit von Prozessoren mit höherer Leistung sind Programme für die Umsetzung von Sprache in Text möglich geworden, etwa für das Diktieren von Briefen und anderen Textdokumenten. In den ersten Programmen musste allerdings die Erkennung durch Vorlesen von standardisierten Sätzen auf einen bestimmten Benutzer fest eingestellt werden, etwa durch das Vorlesen von standardisierten Sätzen.

Am Anfang der 80er Jahre konnte man sich noch nicht vorstellen, welchen hohen Stand die benutzerunabhängige Spracherkennung heute erreicht hat. Über Spracherkennungssysteme wie Siri, Alexa, Cortana, Google Assistant und noch andere lassen sich Smartphones, Navigationsgeräte, Arbeitsplatz-Computer und Geräte für die Haus-Automatisierung steuern (BAGER 2017).

Für fortgeschrittene Elektronikbastler ist ein Bausatz für Spracherkennung und Verarbeitung natürlicher Sprache erhältlich, der für viele sprachgesteuerte Aufgaben genutzt werden kann. Die Hardware-Basis ist eine Raspberry-Platine (siehe später). Software-Bibliotheken von Google unterstützen die Programmierung und den Betrieb (@Google AIY Voice Kit).

Vektorisierung macht Digitalisiergeräte überflüssig

Die Ära der Digitalisierung von Linien durch manuelles Nachführen mit einer Fadenkreuz-Lupe ging zu Ende, als Geräte und Software für die Umsetzung von Graphiken größerer Formate in ein Raster mit ausreichender Auflösung verfügbar waren. Die Algorithmen für die Vektorisierung, die Extraktion von Linien aus diesen Rastern, wurden weiter verbessert und damit tauglich für die praktische Anwendung. Aus den Linien konnten per Programm Polygon-Netzwerke für die Visualisierung mit Choroplethenkarten erzeugt werden. Manchmal erfordern die Vorlagen noch zeichnerische Korrekturen vor der Raster-Erfassung. Das ist aber insgesamt wirtschaftlicher als das zeitaufwendige und fehleranfällige Nachführen auf dem Digitizer. Heute stehen für viele Anwendungszwecke Geo-Basisdaten in unterschiedlichen Maßstäben und Formaten zur Verfügung. Unter bestimmten Voraussetzungen können sie kostenfrei genutzt werden (RASE 2016).

Rechner PDP-11 Modell 45

Die Anwender der Elektronischen Datenverarbeitung in der BfLR waren schnell davon überzeugt, dass ein Rechner im Haus nahe am Arbeitsplatz bequemer und produktiver war als die Nutzung des Großrechners in der Universität. Deshalb wurde ei8n paar Jahre später das Modell 20 gegen ein Modell 45 der PDP-11-Familie ausgetauscht. Im Modell 45 waren die Gleitkomma-Operationen im Befehlssatz integriert. Wissenschaftliche Rechnungen verliefen deshalb schneller als bei der in dieser Beziehung etwas lahme Vorgänger-Maschine PDP-11/20. Das Modell 45 war bis auf 256 kByte Arbeitsspeicher ausbaubar, in der Erstausstattung noch mit Kernspeicher, später mit Halbleiter-Speicher.

Als Betriebssystem wurde RSX-11D genutzt. Das Multitasking-System erlaubte mehreren Anwendern, gleichzeitig ihre Rechenläufe durchzuführen, und das nahe am Arbeitsplatz ohne die zeitraubenden Fahrten zum Universitäts-Rechenzentrum. Eine Magnetplatten-Einheit erweiterte die externe Speicherkapazität. Sie war etwa so groß wie eine Waschmaschine und nahm Wechselplatten mit je 88 MByte Kapazität auf. Der optimierende Compiler nach dem ISO-Standard Fortran 66 brachte eine zusätzliche Beschleunigung in der Ausführung der Programme.

Nach und nach wurde die Rechenanlage in der Universität nur noch für die Analyse mit umfassenden Statistik-Systemen wie SPSS benutzt. Programme und Daten auf Lochkarten wurden mit dem Lochkartenleser am Minicomputer eingelesen und über ein Modem mit einer Geschwindigkeit von 9600 bps an die Großrechenanlage übermittelt. Die Druckerlisten mussten aber immer noch im Rechenzentrum abgeholt werden. Eine Lösung zur interaktiven Nutzung der IBM /360 in der Universität über ein alphanumerisches Sichtgerät hätte es zwar gegeben, aber zu nicht akzeptablen Kosten.

Im Rechenzentrum der Universität war ein Prozessrechner Telefunken TR86 mit einem Vektor-Sichtgerät und einer Rollkugel als graphischem Zeiger an den Rechner IBM /360 angeschlossen. Das Sichtgerät habe ich für Versuche zur kartographischen Animation benutzt, mit programmgesteuerter Auslösung der Super8-Kamera für die Einzelbilder. Die Intensität des Monitors war aber so schwach, dass die Ergebnisse kaum brauchbar waren. Die Geschwindigkeit der Datenübertragung zum IBM-Rechner war außerdem so niedrig, dass es nicht zu weiteren Versuchen zur kartographischen Animation mit dieser Konfiguration kam (RASE & WUNDERLING 1974).

Für eine kartographische Animation des Bevölkerungswachstums in den Gemeinden von Nordrhein-Westfalen wurde ein Belichtungsgerät für 16mm-Filme im Forschungszentrum Jülich genutzt. Die Aufnahme der kurzen Schwarzweiß-Sequenz einschließlich Entwicklung dauerte ziemlich lang und war nicht ganz billig. Die Zeit war noch nicht reif für die Einbeziehung der vierten Dimension in die kartographische Ausgabe. Das änderte sich erst, als die fotografische Aufzeichnung durch digitale Speicherung ersetzt wurde (BUZIEK et al. 2000).

Hardcopy-Geräte für 2D-Graphik

Im Laufe der Zeit kamen neue Geräte für das permanente Festhalten von Graphiken auf einen Zeichnungsträger (Hardcopy) auf den Markt. Hier ist eine kurze Übersicht der Zeichengeräte, die im Laufe der Jahre in der Bundesforschungsanstalt für Landeskunde und Raumordnung und dem Nachfolger Bundesamt für Bauwesen und Raumordnung zum Einsatz kamen.

Unterstützung des Maschinendrucks

Farbe ist eine essentielle graphische Variable für Karten, um auch Kartennutzern ohne spezielle Ausbildung und Erfahrung einen Sachverhalt so schnell und eindrücklich wie möglich zu vermitteln. Die traditionelle Technik für die Herstellung von farbigen Karten ist der Maschinendruck. Der Kartendruck erfordert vergleichsweise hohen Personal- und Materialeinsatz und ist deshalb relativ teuer. Die Auflage des Druckwerks musste angemessen hoch sein, um die Vorlaufkosten zu amortisieren. Einzelstücke oder kleine Auflagen sind nicht möglich. Aufgrund der wirtschaftlichen Randbedingungen wurden die Karten meistens in einer wissenschaftlichen Zeitschrift oder einer anderen Veröffentlichung abgedruckt, also Publikationen mit relativ hoher Auflage.

Für die Computerunterstützung des Maschinendrucks war ein Zeichnungsträger notwendig, der stabiler und maßhaltiger war als Papier. Schon längere Zeit in Gebrauch für die manuelle Zeichnung von Karten war die Zweischicht-Folie. Auf einer transparenten Trägerfolie war eine weiche Deckschicht aufgebracht. Im Verlauf einer Linie oder in einer Fläche wurde die Schicht mit einem Stichel oder Schaber entfernt. Bei einer Positiv-Folie wurden die Folie nach der Gravur mit schwarzer Farbe eingestrichen. An den von der Deckschicht befreiten Stellen blieb die Farbe auf der der Trägerfolie zurück. Nach dem Trocknen wurde die Deckschicht mit Wasser abgewaschen. Das Ergebnis war die transparente Trägerfolie mit schwarzen Strichen oder Flächen. Diese positive Graphik-Ausgabe war die einfarbige Druckvorlage, die mit anderen Folien und nach der Kopie auf Offset-Druckplatten als farbige Karten gedruckt werden konnten.

Die einzelnen Farben einer Karte wurden per Programm getrennt, die Folien graviert und auf die Offset-Druckplatten kopiert. Durch Mehrfachdruck entstanden farbige Karten auf Papier. Flächenfüllungen, wichtig für Choroplethenkarten, wurden auf der Gravierfolie durch enge Schraffur und „Ausputzen" der Treppen am Rand der Schraffur realisiert. Der Zeichnungsvorgang dauerte einige Zeit, konnte aber über Nacht durchgeführt werden.

Negativfolie, die ohne Einfärben und Abwaschen auskam, wurde in der BfLR nicht verwendet, wahrscheinlich deshalb, weil man einen seit langem eingefahrenen Produktionsprozess nicht verändern wollte. Die Abziehfolie war eine Möglichkeit zum Einfärben von Flächen für Choroplethenkarten. Die Grenzen der Polygone wurden dafür mit dem Gravierstichel eingeschnitten und die Flächen einer Farbe mit Hilfe einer unterlegten Vorlage durch manuelles Abziehen entfernt. Diese Technik kam ebenfalls nicht zum Einsatz, wahrscheinlich aus den gleichen Grund wie die Negativfolie. Vermutlich wurde auch hier nach den in einer Bürokratie üblichen Merksätzen „Haben wir immer so gemacht, haben wir nie so gemacht, da könnte ja jeder kommen" verfahren.

Die großen Zeichentische für die Foliengravur wurden nicht mehr benötigt, als großformatige Belichtungsgeräte für die Vorbereitung der Druckplatten zur Verfügung standen. Die Geräte belichten Linien und Flächenfüllungen direkt auf Film im Format der Druckplatten und ersparen damit einige Arbeitsschritte im Fotolabor. Heute können Druckplatten direkt belichtet werden, ohne Entwicklung und Umkopieren des Films im „nassen" Labor.

Ausgabegeräte für thematische Karten

Farbige Karten auf Papier wurden weiter als Arbeitsmittel im Forschungsprozess und zur Kontrolle des Entwurfs eingesetzt. Sehr wichtig war die Möglichkeit der Flächenfüllung mit fast beliebigen Farben. Nach den mechanischen Tischplottern kam zuerst ein großformatiger elektrostatischer Drucker von Calcomp zum Einsatz. Die Technik war im Prinzip die gleiche wie bei einem Laserdrucker: die selektive elektrostatische Aufladung des Zeichenträgers, das Aufbringen des Toners und die Fixierung des Toners durch Hitze-Einwirkung. Für farbige Karten waren vier Durchläufe notwendig, je einer für die Farbkomponenten Cyan, Magenta, Gelb und Schwarz.

Der elektrostatische Drucker hatte den Nachteil, dass im Aufstellungsraum sehr enge Toleranzen für Temperatur und Luftfeuchtigkeit eingehalten werden mussten. Schon eine länger offenstehende Tür verursachte Qualitätsminderungen oder Fehldrucke. Ein kleinformatiger Elektrostat einer anderen Firma erwies sich aus diesem Grund schon im Probebetrieb als unbrauchbar. Die Kosten des Materials für diese Technik waren auch nicht gerade niedrig.

Ein Thermotransfer-Drucker war zu dieser Zeit die preiswerteste Lösung für Formate bis DIN A3. Von Folien mit einer wachsähnlichen Beschichtung in den Grundfarben Cyan, Magenta, Gelb und Schwarz wurde unter Wärmeeinwirkung die Farbe auf das Papier übertragen. Mit Hilfe eines Offset-Rasters wie bei den elektrostatischen Druckern konnten viele Farbtöne erzeugt werden, die für die kartographische Visualisierung ausreichten. Farb-Laserdrucker ersetzten später die Thermotransfer-Drucker. Farbkopierer mit Rechneranschluss werden heute für höhere Auflagen genutzt.

Einige Zeit später hatten die Tintenstrahl-Drucker einen hohen Qualitätsstand erreicht. Die Drucker für DIN A4 wurden so preiswert, dass sie am Arbeitsplatz aufgestellt werden konnten, bei Bedarf auch für die farbige Ausgabe von Graphiken und Karten. Heute sind eine Vielzahl von Großformat-Farbdruckern mit hohen Raster-Auflösungen und erweiterter Farbskala durch zusätzliche Grundfarben über CMYK hinaus auf dem Markt. Sie verarbeiten Zeichnungsträger mit unterschiedlichen Formaten, Oberflächen-Eigenschaften und Materialdicken.

Meine letzte Begegnung mit einer PDP-11

Der Anlass für meine letzte Begegnung mit einem noch aktiven Rechner DEC PDP-11 war der Jahrtausend-Wechsel. In einem Regierungsgebäude in Bonn wurde die betagte Haustechnik – Stromversorgung, Klimatisierung, Belüftung und noch andere Funktionen – von einem ebenso betagten Rechner DEC PDP-11/60 zentral gesteuert. Um Energie zu sparen, lief an Wochenenden und Feiertagen ein anderes Profil für Belüftung und Klimatisierung als an normalen Arbeitstagen. Wie bei vielen IT-Anwendungen, die schon viele Jahre in Betrieb waren, konnte man sich nicht sicher sein, ob der Übergang auf das Jahr 2000 nicht schwerwiegende Folgen für den Betrieb der Haustechnik haben würde. Die Lieferfirma hatte ein Angebot abgegeben, die Anlage für das Jahr 2000 aufzurüsten.

Den Ingenieuren des Bundesamtes für Bauwesen kam der geforderte Betrag von 100 000 DM ziemlich hoch vor. Da ich der letzte Mitarbeiter im Bundesamt war, der noch eine PDP-11 programmiert hatte, wurde ich gebeten, meine Einschätzung des Risikos für den Jahrtausend-Wechsel abzugeben. Aufgrund meiner Kenntnisse von Hardware und Betriebssystem der PDP-11, nach einem Blick in die spärliche Dokumentation der Haustechnik-Steuerung und einer Hausbesichtigung schien mir die Gefahr doch sehr gering. Ich empfahl den Kollegen, das Geld für den Auftrag zu sparen. Meine Einschätzung war korrekt, alles funktionierte ab dem 1. Januar 2000 weiter wie bisher. Hätte ich falsch gelegen, wäre es immer noch möglich gewesen, das Datum der PDP-11 auf ein beliebiges Jahr zurückzusetzen, das bezüglich Wochen- und Feiertagen mit dem Jahr 2000 identisch gewesen wäre.

Das Geo-Informationssystem der BfLR

10

Geo-Informationssystem = Datenbasis + Software

Die Hauptanwendung der Datenverarbeitung in der BfLR war die laufende Beobachtung der räumlichen Entwicklung in den Regionen der Bundesrepublik Deutschland, kurz Laufende Raumbeobachtung. Die digitale Realisierung wird üblicherweise als *Geo-Informationssystem* bezeichnet. Die im englischen Sprachraum verwendete Bezeichnung *geographical information system* wird oft falsch mit „Geographisches Informationssystem" ins Deutsche übersetzt. Die korrekte Übersetzung ist „System für geographische Informationen". Das ist sprachlich etwas umständlich, deshalb hat man sich auf die Bezeichnung *Geo-Informationssystem* geeinigt (BILL 2016).

Mit diesem Begriff wird auch dem Missverständnis vorgebeugt, dass die Systeme nur im Fach Geographie angewendet werden. Mit der Vorsilbe *Geo* wird ausgedrückt, dass alle raumbezogenen Disziplinen (zum Beispiel Geographie, Geodäsie, Geologie, Geochemie, auch die ohne die Vorsilbe Geo wie die Archäologie) die raumbezogenen Techniken nutzen können. Inzwischen werden solche Informationssysteme für die Oberflächen anderer Himmelskörper genutzt, etwa der Felsplaneten wie der Mars (SCHULZ 2017) oder der großen Monde in unserem Sonnensystem. Die Abkürzung GIS bleibt die gleiche wie für die englische Bezeichnung.

Die Verortung der Objekte auf der Kugeloberfläche kann mit verschiedenen Methoden und Techniken erfolgen. Für manche Objekte genügt ein Name oder eine Kennziffer, etwa die Postleitzahl. Für die kartographische Visualisierung sind zwei- oder dreidimensionale Koordinaten in unterschiedlichen Bezugssystemen und mit maßstabsabhängiger Präzision unbedingt notwendig.

Bestandteile eines Geo-Informationssystems

Bei Vorträgen wurde mir öfter die Frage gestellt, welches „Geographische Informationssystem" in der BfLR benutzt wird. Aus der Frage konnte man unschwer entnehmen, dass der Fragesteller ein Software-Paket gemeint hat. Meine Standard-Antwort war dann „Die BfLR ist ein Geo-Informationssystem", was nicht immer verstanden wurde. Deshalb sei hier noch einmal kurz zusammengefasst, was in diesem Kontext mit dem Begriff *Geo-Informationssystem* gemeint ist.

- Ein Geo-Informationssystem besteht aus einer *Datenbasis* und *Werkzeugen*.
- In der Datenbasis sind *Modelle* der realen Welt gespeichert, vereinfachte Abbilder der Wirklichkeit, die mit einer bestimmten Handlungsabsicht konstruiert wurden. Zur Unterscheidung vom umgangssprachlichen Verständnis von Modellen,

also einem verkleinerten Abbild eines Gegenstands (Modell-Eisenbahn, Modell-Auto), fügt man oft noch ein Attribut hinzu, zum Beispiel *logisches Modell* oder *konzeptionelles Modell*. Das Abbild der realen Welt ist in *Objekte* unterteilt, die für Analysen und graphische Darstellungen genutzt werden. Ein Objekt ist zum Beispiel eine Bezugseinheit wie Kreis oder Gemeinde.

- Die *Werkzeuge* sind Computerprogramme, die zum Aufbau, zur Fortführung, Auswertung, Präsentation und Dokumentation der Datenbasis benötigt werden. Der Software-Hersteller legt in der Regel auch die Datenstrukturen und die Dateiformate für die Datenbasis fest. Leider sind die Software-Hersteller wenig interessiert, die Interna der Datenspeicherung zu beschreiben und damit den Datenaustausch zwischen unterschiedlichen Systemen zu erleichtern, aus nachvollziehbaren Gründen.

Nach dieser Definition sind Software-Pakete wie ArcGIS keine Geo-Informationssysteme, sondern Werkzeugkästen, mit denen Geo-Informationssysteme aufgebaut und genutzt werden können. Die kartographischen Module in GIS-Paketen sind Instrumente zur Visualisierung von modellhaften Ausschnitten und Vereinfachungen der realen Welt, die in der Datenbasis des GIS abgebildet sind.

Numerische Datenbasis

Zum Zeitpunkt des Aufbaus der Laufenden Raumbeobachtung existierten noch keine Programmpakete für die Realisierung von Geo-Informationssystemen. Es gab Insellösungen, die in den meisten Fällen durch Eigenprogrammierung entstanden waren, zum Beispiel das städtische Informationssystem der Stadt München oder die Werkzeuge für die Zeichnung von topographischen Karten in einigen Vermessungsämtern. Es blieb nichts anderes übrig, als selbst anzupacken und mit eigenen Programmen das Konzept der Laufenden Raumbeobachtung in die Wirklichkeit umzusetzen.

Für die Verwaltung der numerischen Daten, die meisten aus amtlichen Erhebungen, waren die verfügbaren Datenbank-Systeme überdimensioniert. Sie waren für kommerzielle Anwendungen und große Datenmengen konzipiert und liefen nur auf Großrechnern wie dem System /360. Anstatt einer umfassenden, aber intransparenten und kostspieligen Lösung erfolgte die Datenspeicherung und der Datenzugriff für die Laufende Raumbeobachtung über Dateien, die für statistische Auswertungen und die Zeichnung von Karten genutzt wurden.

Die Besonderheit der Realisierung in der BfLR war die standardisierte Dokumentation der Daten in der gleichen Datei vor den Zahlenwerten. Damit sollten Verwechslungen ausgeschlossen werden, wie sie bei der Dokumentation auf Papier oder in getrennten Dateien passieren können. Die Speicherung erfolgte in Klartext, den man mit einem einfachen Editor eingeben, prüfen und ändern konnte. Die zuerst befürchteten Geschwindigkeitseinbußen beim Lesen der alphanumerischen Dateien mit Fortran-Programmen war unerheblich, da es sich in der Regel um relativ kleine Datenmatrizen handelte.

Bei geometrischen Daten ist die Situation etwas anders. Bei Vektordaten, also Linien und Polygonumrisse zur Repräsentation der flächenhaften Bezugseinheiten, können die Informationen nicht als rechteckige Felder abgespeichert werden. Die Linien sind unterschiedlich lang, was variabel lange Sätze in der Datei erfordert. Die topologischen Beziehungen müssen erhalten bleiben, implizit oder explizit. Dazu gehören zum Beispiel die Lage von Punkten, Linien und Polygonen zueinander, oder welches Polygon direkt an ein anderes Polygon angrenzt. Die geometrischen Daten erforderten Datenstrukturen, die nicht direkt von der Syntax der Programmiersprachen unterstützt werden. Für die geometrischen Elemente waren spezielle Speicher- und Zugriffsalgorithmen notwendig, die entwickelt und implementiert werden mussten. Fachdaten und Geometrie wurden über die amtlichen Kennziffern oder eigene Nummerierungen verknüpft.

Computerunterstützte Kartenzeichnung

Die wichtigste kartographische Darstellungsform für die raumbezogene Forschung sind Choroplethenkarten. Die Flächen der Bezugseinheiten, in der BfLR vorwiegend die Stadt- und Landkreise, werden mit einer Schraffur oder Farbe versehen, die eine Klasse symbolisiert. Die Reduktion des Datenbereichs auf eine überschaubare Anzahl von Klassen erleichtert die Erfassung des Inhalts, insbesondere für Entscheidungsträger in Verwaltung und Politik, die nur selten über eine Ausbildung oder Erfahrung in der Interpretation von Karten verfügten.

Algorithmen für die Füllung der Bezugsregionen, also geschlossene Polygone, mit Schraffuren und Symbolen wurden entwickelt und implementiert. Wie erwähnt konnten auf den ersten graphischen Geräten nur Striche bzw. Linien gezeichnet werden. Zusammen mit einer Software für die Zeichnung von Textketten in mehreren Schriftarten wurden Choroplethenkarten erstellt, die auch für Kartenbenutzer mit höheren Ansprüchen und den Druck akzeptabel waren. Die meisten Plotter zeichneten mit Tuschestiften, die programmgesteuert ausgewählt wurden, meistens auf Papier mit unterschiedlichen Breiten und in mehreren Farben.

Die zweitwichtigste Darstellungsform für die Anwendung in der BfLR waren Karten mit unterschiedlich großen Symbolen, etwa Kreise. Die Größe oder der Flächeninhalt der Symbole sind proportional zum Datenwert der Bezugseinheit. Durch Füllung mit einer graphischen Variable wie Farbe oder Textur lässt sich zusätzlich eine zweite Variable visualisieren. Diese Option sollte nur Ausnahmefällen verwendet werden, weil die mentale Trennung und Dekodierung der beiden visuellen Variablen nicht immer einfach ist.

Für die Positionierung und Schichtung der Proportionalsymbole sind unbedingt kartographische Konventionen einzuhalten. So darf zum Beispiel ein kleineres Symbol nicht von einem größeren Symbol verdeckt werden, auch nicht teilweise. Bei der Verwendung heute üblicher Rastergeräte muss man lediglich die Symbole in der richtigen Reihenfolge zeichnen, von groß nach klein. Für die Realisierung auf den Vektor-Zeichengeräten wurden die Symbole der Größe nach sortiert, die verdeckten Teile ausfindig gemacht und von der Zeichnung ausgeschlossen. Ein Halo, eine Art Freistellung des Symbols von dem darunter liegenden Symbol durch einen schmalen Zwischenraum, trug weiter zur Verbesserung der Visualisierung bei (RASE 1980, 1997).

Weitere kartographische Anwendungen wurden zu dieser Zeit mit weniger hoher Intensität realisiert. Darunter fielen zum Beispiel die Analyse von Fernerkundungs-Daten, perspektivische Zeichnungen und andere Formen der Oberflächendarstellung. Zunehmend wurde auch Standard-Software für Geo-Informationssysteme eingesetzt, etwa das Paket Arc/INFO.

Die VAX-Familie

11

PDP-11 mit 32-Bit-Adressierung?

Im Juli 1975 besuchte ich in Verbindung mit einer Vortragsreise in den USA und Kanada die Firma Digital Equipment (DEC) in Maynard/Massachussetts, um Fragen zur Hardware und Software für den Ausbau des Rechnersystems in der BfLR zu klären. Während einer Pause fragte ich beiläufig, wann mit der Erweiterung der 16-bit-Architektur des Minicomputers PDP-11 auf eine 32-bit-Architektur zu rechnen sei. Die beiden Mitarbeiter von DEC warfen sich einen fragenden Blick zu und wollten von mir wissen, woher ich diese Information hätte.

Zwei Jahre später stellte Digital Equipment das erste Modell der neuen Rechnergeneration mit 32-Bit-Adressierung vor, die VAX-11/780. Der Name VAX war der interne Entwicklungsname der neuen Rechnerfamilie, die Abkürzung für *virtual address extension*. Bei einem Rechner mit virtuellem Speicherkonzept sind bei konkurrierenden Anforderungen nur die Teile des Programms, die gerade gebraucht werden, im Arbeitsspeicher vorhanden. Der andere Teil des Programms ist auf einer Magnetplatte abgelegt und wird nach Bedarf in den Arbeitsspeicher geladen.

Der Vorteil dieses Konzeptes ist die Skalierbarkeit, sowohl für die Größe von Programmen als auch für die Anzahl der simultan laufenden Prozesse und gleichzeitigen Anwender. Mehrere Programme unterschiedlicher Größe und viele Anwender können sich den damals noch kostspieligen, deshalb relativ kleinen Arbeitsspeicher teilen. Der Preis für die Skalierbarkeit sind höhere Ausführungszeiten, weil das Aus- und Einlagern von der Magnetplatte zusätzliche Zeit kostet. Das ist aber akzeptabel, wenn diese externen Zugriffe nicht allzu häufig vorkommen.

Nichts ist dauerhafter als ein Provisorium, deshalb blieb der Name VAX als offizielle Bezeichnung für die gesamte Architektur erhalten. Der Befehlssatz der VAX umfasste viele komplexe Operationen, Adressierungsmodi und Datentypen, vom Byte über Textketten bis zur Speichereinheit mit 128 Bit Länge (@DEC VAX).

Engpass PDP-11/45

Der Prozessrechner PDP-11/45 war langsam zum Engpass für die Routinearbeiten in der BfLR geworden. Immer mehr Mitarbeiter wollten den Rechner für die Auswertung der Daten in der Laufenden Raumbeobachtung nutzen. Die Herstellung von thematischen Karten nahm stetig zu, sowohl als Instrument während der Projektbearbeitung, als auch als Mittel für den Wissenstransfer und die Visualisierung in Veröffentlichungen. Für die letzteren Zweck wurde eine höhere Qualitätsstufe verlangt als für die mehr oder weniger temporären Karten für Analysen und Informationsverdichtung. Es war notwendig, den Durchsatz der Rechenanlage erheblich zu steigern, um den Bedürfnissen der Anwender zu genügen. Die Rückkehr zum regionalen Rechenzentrum in der Universität war keine ernsthafte Alternative. Es war einfach weniger Aufwand und Stress, über einen Rechner nahe am Arbeitsplatz zu verfügen. Außerdem hatten sich inzwischen die Bedingungen für die Nutzung der Rechenanlage im regionalen Rechenzentrum geändert.

Nach wirtschaftlichen Abwägungen und Testrechnungen war ein Computer DEC VAX-11/780 die beste Lösung für die Erhöhung der Rechenkapazität. Im Sommer 1981 kam dann das erste Modell der Familie, der Computer DEC VAX-11/780, in unser Institut, um die aus allen Nähten platzende PDP-11 zu ersetzen. Die erste Generation der VAX-Modelle, alle mit der Zahl 11 im Namen, konnten neben ihrem eigenen Befehlssatz auch die Befehle der PDP-11 ausführen. Damit war einmal der Migrationspfad für die Anwender vorgezeichnet, die schon Erfahrung mit einer PDP-11 hatten, eine besondere Art der Kundenbindung. Zum anderen hatte sich der Hersteller damit Zeit gekauft, weil wichtige Dienstprogramme der PDP-11 nutzbar blieben, bis sie im Befehlssatz der VAX reprogrammiert waren.

Die PDP-11 blieb vorerst noch in Betrieb, um den Übergang abzufedern. Bald jedoch waren die Vorteile der VAX so augenscheinlich, dass die Nutzung der PDP-11 viel schneller abnahm als erwartet. Die Übertragung der Fortran-Programme von der PDP-11 zur VAX verlief nahezu reibungslos. Der graphische Bildschirm mit der Speicherröhre von Tektronix war schon früher durch ein schnelleres Modell mit höherer Auflösung ersetzt worden. Als die Nutzung der PDP-11 gegen Null ging, wurde sie zusammen mit einigen Peripheriegeräten an ein Fraunhofer-Institut in der Nachbarschaft verkauft und diente dort noch einige Zeit als Standby und Ersatzteillager.

DEC VAX–11/780

Die VAX-11/780 erschien ungeheuer schnell, jedenfalls im Vergleich mit der alten PDP-11/45. Die Zeiten für das Übersetzen und Ausführen der Programme waren manchmal um Größenordnungen kürzer als wir es bisher gewohnt waren. Der Instruktionssatz der VMS war an dem der Vorgänger-Familie PDP-11 orientiert: gleiche Befehle für verschiedene Datentypen und mehrere Adressiermodi, also eine orthogonale Architektur wie bei der PDP-11. Die Adressenlänge war jetzt 30 oder 31 Bit lang, damit konnten 4 MByte Arbeitsspeicher und mehr adressiert werden. Für damalige Verhältnisse war dieser Adressraum sehr groß und zukunftssicher. Im Vergleich mit der PDP-11 waren zusätzliche Befehle für die Nutzung des virtuellen Speichers und Multitasking-Betrieb, für die Warteschlangen-Verwaltung oder häufig genutzte Rechenfunktionen.

Die vom Assembler-Programmierer verwendeten Maschinen-Operationen wurden von der Hardware in noch kleinere Schritte zerlegt. Diesen Mikrokode arbeitete die Zentraleinheit ab, manche Schritte auch überlappt und parallel. Das Prinzip wurde in vielen anderen Rechner-Architekturen verwendet, vor und nach der VAX, unter verschiedenen Namen wie *pipelining, staging, predictive* oder *out-of-order execution*. Ein weiterer Vorteil der Mikroprogrammierung ist die Möglichkeit, Fehler im Befehlssatz nach der Auslieferung noch zu beseitigen oder zu umgehen, ein nicht unwichtiger Punkt beim ersten Mitglied einer neuen Rechnerfamilie. Die VAX-Architektur war der typische Vertreter eines CISC, eines *complex instruction set computer*, wie er später auch im Befehlssatz der Intel-x86-Familie realisiert wurde. Das Gegenstück, die RISC-Architektur (*reduced instruction set computer*), wurde später entwickelt, ebenfalls mit Auswirkungen auf die Arbeitsweise der heute verwendeten Prozessoren.

Für das Modell VAX-11/780 war ein Zusatz erhältlich, mit der Änderungen in der Mikroprogrammierung vorgenommen werden konnten. Die Idee dahinter war, dass dadurch für spezielle Anwendungen noch schnellere Ausführungszeiten ermöglicht würden. Offensichtlich brauchte kaum jemand diese Zusatzeinrichtung, so dass sie in den folgenden Modellen nicht mehr verfügbar war. Übrigens wurde in diesem Zusammenhang zum ersten Mal über einen Computervirus berichtet. Ein Mikrokode-Programmierer hatte herausgefunden, dass auf diesem Weg schädlicher Kode entstehen konnte. Da die Anzahl der VAX-11/780 mit Mikrokode-Programmierung verschwindend gering war, blieb dieses Virus eine rein theoretische Möglichkeit, die keinen weiteren Schaden angerichtet hat.

Die VAX-Architektur hatte sechzehn Universalregister, von denen fünfzehn für die Adressierung und Rechenvorgänge eingesetzt wurden, auch für Gleitkomma-Zahlen. Das Register 15 diente in der Regel als Programmzähler. Eher eine Kuriosität waren die Registermasken. Durch Setzen von Bits in einem Speicherwort konnte beim Aufruf eines Unterprogramms die Veränderung von bestimmten Registern unterbunden werden, um sich das Umspeichern zu ersparen. Die optimierenden Compiler für höhere Programmiersprachen sollten eigentlich für eine optimale Nutzung der Rechenregister sorgen, auch bei Unterprogrammsprüngen.

Zu dieser Zeit wurde noch viel in Assembler programmiert. Die Vorstellung war noch in fest in den Köpfen verankert, dass nur die Programmierung nahe an der Hardware das Maximum an Rechengeschwindigkeit aus einem Computer herausholen konnte. Heute wissen wir, dass diese Vorstellung nur in Teilen richtig war. Je höher die Anzahl der Register und Adressmodi in einem Computer sind, umso leichter verliert der Programmierer die Übersicht. Ein optimierender Compiler kann alle Optionen berücksichtigen, ohne durch die Komplexität des Programms irritiert zu werden.

Hardware des Modells VAX–11/780

Die Zentraleinheit bestand aus sechs einzelnen Platinen, die in einer Backplane eingesteckt waren. Sie wurden von den Platinen für den Halbleiter-Arbeitsspeicher und einem optionalen Gleitkomma-Beschleuniger begleitet (Abb. 11-1, rechter Schrank, obere Reihe). Die Netzteile zur Versorgung der zentralen Module (mittlere Reihe) waren groß dimensioniert, was auf eine große Verlustleistung und Wärmeabgabe hinweist. In beigestellten Schränken wurden standardisierte Kästen mit der Anschlusselektronik für die Peripheriegeräte (Unibus, Massbus) eingebaut, auch kleinere Peripheriegeräte.

Abbildung 11-1: VAX-11/780 mit geöffneten Vordertüren. Im oberen Teil des rechten Schranks waren die Platinen für den Prozessor und den Arbeitsspeicher eingesteckt. In der mittleren Reihe befanden sich die Netzgeräte. Unten rechts ist der Wartungsrechner zu sehen, eine Micro-PDP-11 mit 8-Zoll-Diskette. Im linken Schrank, hier leer, wurden Steckplatinen-Kästen mit unterschiedlichen Funktionen eingebaut.

PDP-11 als Wartungsrechner

Eine Besonderheit der VAX-11/780, die es in den Nachfolgemodellen nicht mehr gab, war ein Satelliten-Rechner für die Betriebsüberwachung, Fehlersuche und Wartung (Abb. 11-1, rechts unten). Der Satellit war ein Rechner Mikro-PDP-11 mit einer Leseeinheit für 8-Zoll-Disketten. Wenn die VAX-11/780 einen Fehler oder den Verdacht auf einen Fehler meldete oder irgendein Gerät nicht funktionierte, wurde eine Diskette mit dem Diagnoseprogramm in die Leseeinheit eingeschoben. Beim Start des Programms überprüfte die PDP-11 viele Funktionen der VAX und maß auch Signale durch, ähnlich wie heute der Bordcomputer in einem Auto.

Wenn der Satelliten-Rechner ein Problem näher eingrenzen konnte, wurde die Diagnose auf der Bedienungs-Schreibmaschine ausgedruckt. Bei der Meldung an den technischen Kundendienst hatte der Techniker dann etwas mehr Informationen zur Fehlerursache und konnte vielleicht schon das notwendige Ersatzteil mitbringen. Außerhalb der Bürostunden des Wartungsdienstes von DEC in Köln war es möglich, eine Ferndiagnose vom Wartungszentrum in München durchführen zu lassen, das rund um die Uhr besetzt war. Über eine reservierte Telefonleitung und einen Akustikkoppler (mit der atemberaubenden Geschwindigkeit von 300 Baud) wählte sich ein Mitarbeiter in die VAX bzw. den Satellitenrechner ein. Er meldete die Diagnose an den lokalen Service. Am folgenden Werktag kam ein Techniker für die Reparatur, meistens schon mit dem notwendigen Ersatzteil.

Der Diagnose-Computer wurde auch für die vorbeugende Wartung genutzt. Ein Spezialist im Wartungszentrum in München und später in Frankreich wählte sich einmal pro Woche in die VAX ein. Die PDP-11 analysierte die internen Protokolle und suchte nach Fehlern oder grenzwertigen Bedingungen. Wenn notwendig wurde ein Mitarbeiter in die BfLR geschickt, um dem Fehler zu beheben. Es kam sogar vor, dass morgens ein Techniker mit einem Ersatzteil in der Tür stand, obwohl wir noch keinen Fehler der VAX-11/780 bemerkt hatten.

To confuse the Russians

Als eines Tages der Zeilendrucker nicht funktionierte, war es ziemlich einfach, mit Hilfe des Wartungsrechners die fehlerhafte Platine ausfindig zu machen. Nach einem Telefonat mit dem Wartungsdienst von DEC in Köln kam ein Techniker und stellte die gleiche Diagnose. Er bestellte telefonisch ein neues Teil beim Ersatzteillager, und eine halbe Stunde später lieferte ein Taxifahrer die Drucker-Platine ab. Vor dem Einbau mussten einige Informationen, etwa die Hardware-Adresse, vom defekten Teil übernommen werden.

Beim Auspacken war mir aufgefallen, dass auf der Ersatzplatine jetzt Dioden für die Kodierung der Geräte-Adresse eingelötet waren, anstatt der Drahtbrücken wie bisher. Ich machte den Techniker darauf aufmerksam. Der aber meinte, dass die Platinen mit Sicherheit identisch seien, die gleiche Typenbezeichnung, also alles wie früher. Er knipste die Dioden eins zu eins zu den Drahtbrücken mit dem Seitenschneider ab und setzte die Platine in den Rechner ein. Aber der Drucker funktionierte nicht. Wir inspizierten zusammen die alte und die neue Platine. Aus der Beschriftung der Platinen ging hervor, dass die Drahtbrücke auf dem alten Teil eine 1 bedeutete, die eingesetzte Diode auf dem neuen Teil aber eine 0 und das Fehlen eine 1, also genau anders herum. Als wir das Problem erkannt hatten, meinte der Techniker nur lapidar: „To confuse the Russians".

Wie schon erwähnt, durften aufgrund der Embargo-Bestimmungen keine leistungsfähigen Rechner in den Ostblock exportiert werden, weil sie auch für militärische Zwecke genutzt werden konnten. Damals waren die Computer noch in großen Schränken untergebracht, die man nicht so einfach in den Osten schmuggeln konnte. Einige Exporteure haben es dennoch versucht, manche wurden auch erwischt und verurteilt. Deshalb bauten zu dieser Zeit die Computerhersteller im sozialistischen Wirtschaftsgebiet die wichtigsten westlichen Computermodelle nach. Die Betriebssoftware, also Operationssysteme, Programme für Fehlerdiagnose, Compiler, allgemeine Dienstfunktionen und andere Anwendungen, wurde im Westen auf Magnetbänder kopiert, das heißt gestohlen. In den Osten verbracht, wohl auch über diplomatische Kanäle, konnten davon beliebig viele Kopien gezogen und an die nachgebauten Rechner verteilt werden.

Um den Nachbau der Hardware zu erschweren, führten die Hersteller, so auch Digital Equipment, ab und zu Neuerungen ein, in der Ausführung der Hardware, aber auch bei den Peripherie-Geräten und in der Software. Wenn also eine Änderung entdeckt wurde, wie in unserem Fall, schoben die Techniker das scherzhaft auf die Absicht ihrer Firma, die Russen mit der modifizierten Hardware und Software zu verwirren.

In unserem Fall war der Wartungstechniker in einer etwas misslichen Lage, weil er dem Hinweis des Kunden nicht nachgegangen war. Bei einer Neubestellung des gleichen Bauteils wäre das sicher aufgefallen. Ich hatte ausreichend Dioden dieses Typs zuhause in meiner Elektronik-Werkstatt. Der Techniker war mir sehr dankbar, als ich ihm anbot, die Dioden schnell zu holen, um den Fehler zu korrigieren. Nach ein bisschen Löten lief der Drucker bald wieder einwandfrei.

Betriebssystem VAX/VMS

Parallel zur Hardware der VAX-Rechner in der zweiten Hälfte der siebziger Jahre wurde auch das Betriebssystem VMS entwickelt. In einer relativ frühen Phase der Realisierung sollten Erfahrungen zwischen den Arbeitsgruppen für die Technik und Programmierung ausgetauscht werden. Die Absicht war, Fehler in Hardware und Software rechtzeitig zu erkennen, deren nachträgliche Korrektur sehr teuer gewesen wäre. Die Grobstruktur von VAX/VMS ähnelte der des Systems RSX-11D für die PDP-11. VAX/VMS hatte eine für Systeme dieser Komplexität hervorragende Ausfallsicherheit und konfigurierte sich praktisch von selbst.

Einige Software-Entwickler wechselten innerhalb der Firma DEC vom RSX-Team zum VAX/VMS-Team. Dazu gehörte auch David Cutler, der einige Jahre später von Microsoft abgeworben wurde, um das neue Betriebssystem Windows NT zu entwickeln. Er verwendete einige bewährte Konzepte von VAX/VMS für Windows NT. In der Branche wurde von Plagiatsvorwürfen gemunkelt, die soweit bekannt kein rechtliches Nachspiel hatten. Das Betriebssystem Microsoft Windows in der aktuellen Version 10 ist, wenn man so will, ein Kind von VAX/VMS und ein Enkel von RSX-11D.

Programmiersprachen und Standard-Pakete

Nach den Geschäftsbedingungen der Firma DEC war die BfLR eine Forschungseinrichtung, die einen Pauschalpreis für ein umfangreiches Paket von Dienstprogrammen für das Betriebssystem VAX/VMS in Anspruch nehmen konnte. Zu diesem Paket gehörten, neben den systemnahen Dienstprogrammen, Compiler für einige Programmiersprachen, Software für Textverarbeitung, Schriftsatz und Layout, Server- und Netzwerkfunktionen und noch viele andere Anwendungen.

In der BfLR wurden Anwendungsprogramme ausschließlich in der Sprache Fortran geschrieben, zuerst nach der ISO-Norm Fortran 66, später Fortran 77 und 90. Ein Compiler für die Sprache PL/I war vorhanden, wurde aber in der BfLR nicht benutzt. Es bestand keine Notwendigkeit mehr, in Assembler zu programmieren. Auch die zusätzlichen Hardware-nahen Fähigkeiten der Sprache C, dem kommenden Industriestandard, brachten keinen erkennbaren Vorteil. Für die Anwendungen in der BfLR genügte die Sprache Fortran.

Für statistische Analysen wurde das Programmpaket SPSS eingesetzt. Das Paket Arc/INFO der Firma ESRI diente als Software-Basis für das Geo-Informationssystem der BfLR, als eine Version für VAX/VMS verfügbar war. Es wurde zuerst vorwiegend für die Verwaltung der Geo-Basisdaten genutzt und im Laufe der Zeit auch für andere Anwendungen verwendet.

Weiterentwicklung der VAX/VMS-Familie

Neue Modelle der VAX-Familie kamen auf den Markt, zuerst die VAX-11/750. Die Zentraleinheit der VAX-11/750 war in LSI-Technik (*large scale integration*) realisiert. Ein großer Teil der fehleranfälligen Lötstellen, Stecker, Kontakte, Kabel und Drahtverbindungen wurden durch die höhere Integration der Schaltkreise eliminiert. Die Maschine war kleiner und arbeitete zuverlässiger. Der Diagnose- und Wartungsrechner wie in der VAX 11/780 war damit überflüssig geworden.

Im Laufe der Zeit wurde der Kompatibilitätsmodus für die PDP-11 nicht mehr benötigt und fiel weg, auf den ersten Blick erkennbar durch das Fehlen der Zahl 11 nach der Buchstabenfolge VAX. Mit jedem VAX-Modell nahm die Rechenleistung und der adressierbare Speicher zu. Das Modell 8978 zum Beispiel arbeitete mit der 50-fachen Geschwindigkeit der Ur-VAX 780, das Topmodell VAX 9000 war noch dreimal schneller.

Durch die fortschreitende Verdichtung der integrierten Schaltkreise wurde es dann möglich, die gesamte VAX-Zentraleinheit auf einem Chip unterzubringen. Das erste Modell war die MicroVAX I, eher ein Übergangssystem, dann die MicroVAX II. Die VAXen mit dem Prozessor auf einem Chip wurden immer kleiner. Mit dieser Hardware konnten arbeitsplatznahe Rechner (Workstations) für graphisch-interaktive Aufgaben realisiert werden, mit einem farbigen Bildschirm und einem graphischen Zeigegerät (Maus).

Es wird geschätzt, dass mehr als 500 000 Rechner mit der VAX-Architektur produziert und verkauft wurden.

Nachfolger der VAX11/780 in der BfLR

Die Nachfrage nach Computerunterstützung für die Forschungsarbeiten in der BfLR und damit der Nutzung der VAX-11/780 stieg immer weiter an („Es gibt keine leeren Computer"). Der Arbeitsspeicher wurde von anfänglich einem Megabyte schrittweise auf vier MegaByte (nicht Gigabyte!) ausgebaut, mehr war nicht möglich. Die Designer der VAX11/780 hatten nicht damit gerechnet, dass der Arbeitsspeicher-Bedarf so schnell anstieg, deshalb die 4-MByte-Grenze.

Erhöhung der Rechenleistung

Nicht nur der Arbeitsspeicher war ein Engpass. Die steigende Nachfrage nach Rechenleistung in der BfLR erforderte einen größeren Durchsatz, um die Aufgaben für die Laufende Raumbeobachtung, der rechnergestützten Kartenherstellung, für Büroarbeiten und der EDV-Unterstützung der Bibliothek ohne lange Antwortzeiten abzuwickeln. Der bestehende und zukünftige Bedarf an Rechenleistung konnte nur durch ein leistungsfähigeres VAX-Modell bereitgestellt werden. Gleichzeitig sollte ein inkrementeller Zuwachs der Leistungsfähigkeit in Abhängigkeit vom jeweiligen Bedarf möglich sein, etwa durch Hinzufügen von weiteren VAX-Rechnern. Für den Lastausgleich im Rechnerverbund, unumgänglich für Mehrbenutzer-Systeme, gab es mehrere Lösungen.

Mehrprozessor-Rechner

Eine Möglichkeit sind eng gekoppelte Mehrprozessor-Rechner. Zwei oder mehr Prozessoren sind in enger räumlicher Nachbarschaft in einem Rechnerschrank untergebracht. Die Prozessoren kommunizierten über eine schnelle Verbindung (BIBus). Das Betriebssystem VMS sorgt für die Verteilung der Aufgaben und eine einigermaßen gleichmäßige Auslastung der Prozessoren. Aufgrund der kurzen Entfernungen sind die Verzögerungen in der Signalübertragung relativ gering. Bei einem Mehrprozessor-System mit VMS wuchs der Durchsatz fast linear mit der Anzahl der Prozessoren. Das gleiche Konzept wird heute in den Mehrprozessor-Chips der Arbeitsplatz-Rechner verwendet. Der Nachfolgerechner für die VAX-11/780 in der BfLR war das Modell VAX 8300 mit zwei eng gekoppelten Prozessoren.

VAXcluster

Eine Lösung zur Flexibilisierung des Rechenzeitbedarfs war das VAXcluster. Mehrere unabhängige VAX-Rechner wurden über Leitungen miteinander verbunden. In der ersten Version des VAXclusters waren bis zu sechzehn Rechner über eine spezielle Steuerelektronik (*star coupler*) miteinander verbunden. Die Rechner durften nicht zu weit entfernt voneinander aufgestellt sein, um die Verzögerungen auf den Verbindungsleitungen in einem vertretbarem Rahmen zu halten. Die Rechner sollten auch möglichst das gleiche Modell sein, um den Lastausgleich durch das Betriebssystemzu erleichtern.

Später konnten mehrere Computer über Ethernet-Kabel zum VAXcluster verbunden werden. Die Schnittstelle zum Rechner waren die Standard-Anschlüsse für den jeweils genutzten Typ des Ethernet-Kabels. Die maximale Entfernung zwischen den Rechnern im Cluster entsprach den Spezifikationen für den jeweiligen Kabeltyp. Der Nachteil des Rechnerverbunds mit Ethernet-Kabel waren die Verzögerungen in der Signalübertragung über die längeren Leitungen. Die Latenzen waren aber geringer als befürchtet. Sie machten sich bei weniger schnellen Rechnern und Workstations kaum bemerkbar, selbst wenn sie über das „langsame" Thinwire-Ethernet-Kabel verbunden waren.

In einem VAXcluster war auch eine Minimalanforderung für die Ausfallsicherheit vorhanden. Fiel ein Rechner aufgrund technischer Probleme aus, funktionierte der Verbund weiter, wenn auch mit verminderter Gesamtleistung. Bei Stromausfall in einem Teil des Gebäudes oder der Liegenschaft blieb der Teil des Clusters in Betrieb, dessen Rechner weiter mit Netzspannung versorgt wurden. Durch verteilte Kopien des Datenbestandes im VAXcluster konnte die Ausfallsicherheit noch weiter erhöht werden.

VAX-Workstations

In der BfLR wurden nach Bedarf nach und nach VAX-Workstations beschafft, die vorwiegend für graphisch-interaktive Aufgaben genutzt wurden. Sie waren arbeitsplatznah aufgestellt und über Thinwire-Ethernet-Kabel zum VAXcluster verbunden. Für die Anwender war das VAXcluster wie ein einziger großer Computer.

Wenn nicht interaktive Arbeiten an der benutzten Workstation anstanden, wurden im Stapelbetrieb die Rechenläufe auf den Rechnern im Cluster ausgeführt, die gerade die geringste Auslastung hatten. Den Anwendern standen alle Peripheriegeräte im Cluster zur Verfügung, unabhängig davon, an welchen Rechner sie angeschlossen waren. Die Nutzungsprivilegien und -prioritäten für Geräte und Anwender konnten individuell festgelegt werden.

Von 32 Bit zu 64 Bit, von CISC zu RISC

Irgendwann war der Punkt in der Entwicklung der VAX erreicht, an dem die Adressierung mit 30/31 Bit an ihre Grenzen stieß. Die Programme und internen Daten erforderten einen größeren Arbeitsspeicher und damit größere Adressierungsbereiche. Mit zusätzlicher Elektronik (*memory management*) waren die Beschränkungen nicht mehr zu überwinden. Nur eine neue Rechnerarchitektur mit 64 Bit langen Adressen konnte das Problem lösen.

Etwa zur gleichen Zeit arbeiteten Hardware-Designer an neuen Konzepten zur Beschleunigung der Befehlsausführung. Die CISC-Architekturen mit einem umfangreichen orthogonalen Befehlssatz mussten die Operationen in kleinere Schritte zerlegen, den Mikrokode. Die einzelnen Mikrokode-Befehle konnten zum Teil parallel und außerhalb der normalen Reihenfolge (*out of order*) ausgeführt werden. Aber eine bedingte Verzweigung als Ergebnis einer Operation bringt die Parallelverarbeitung in unterschiedlichen Bearbeitungskanälen zu einem plötzlichen Ende. Man hilft sich durch Sprungvorhersagen und ähnlichen Mechanismen, die aber die nicht immer zum gewünschten Ergebnis führen. Eine Beschleunigung der Schaltvorgänge durch Erhöhung des Grundtaktes ist nur bis zu der Grenze möglich, die durch die maximale thermische Belastung des Chips gesetzt ist.

Die CISC-Rechner wurden zu einer Zeit entwickelt, als noch viele Anwendungen nahe an der Hardware in Assembler programmiert wurde. Mit dem orthogonalen Befehlssatz – mehrere Datentypen, mehrere Adressmodi – sollte die Hardware-Leistung so hoch wie möglich getrieben und gleichzeitig den Programmierern die Arbeit erleichtert werden. Im Laufe der Zeit nahm die Programmierung in Assembler immer weiter ab. Auch die systemnahe Software wurde jetzt in der Sprache C programmiert. Mit C war man näher an der Hardware und konnte Probleme direkt bearbeiten, die mit anderen höheren Programmiersprachen nicht lösbar waren. In diesen Fällen musste man ein Unterprogramm in Maschinensprache nutzen.

Die Überlegung war, den Befehlssatz radikal zu verkleinern und die Befehle ohne Mikrokode direkt in der Hardware zu realisieren. Diese Architekturen wurden RISC genannt, das Akronym von *reduced instruction set computer*. Insgesamt sollte durch die schnellere Befehlsausführung der Gewinn an Geschwindigkeit höher sein als durch die parallele Abarbeitung von Mikrokode-Befehlen und anderen Vorkehrungen in den CISC-Computern wie der VAX. Experimentelle Rechner mit RISC-Architektur erfüllten die meisten der in sie gesetzten Erwartungen. Sie bereiteten den Weg zur allgemeinen Nutzung von Prozessoren mit kleinerem, aber schnellerem Befehlssatz (@RISC-Computer).

Zusätzlich wurde die Anzahl der Register erhöht, um Umspeicher-Vorgänge und Zugriffe auf den Arbeitsspeicher zu verringern, die den Programmablauf zusätzlich ausbremsen. Die Optimierung der Befolgsfolgen, die Auswahl der Register und weitere Möglichkeiten zur Beschleunigung der Ausführung sollten den Compilern für die höheren Programmiersprachen überlassen bleiben. Das Konzept ging im großen und ganzen auf.

Für die Hersteller hatte die Abkehr von Assembler noch einen zusätzlichen wirtschaftlichen Vorteil. Bei der Erweiterung des Befehlssatzes einer Rechnerfamilie oder für die Portierung des Dienstprogramms auf eine andere Architektur musste nicht jedes Assembler-Programm, sondern lediglich der C-Compiler angepasst und die C-Programme neu übersetzt werden. Selbst wenn noch Modifikationen in den C-Programmen notwendig wurden, war das einfacher und wirtschaftlicher zu erledigen als in einem Assembler-Programm.

DEC Alpha

Die Firma Digital Equipment folgte dem Bedarf an vergrößertem Adressraum und den Vorteilen des RISC-Befehlsatzes mit einer neuen Rechner-Architektur. Sie bekam den Namen Alpha, wahrscheinlich wieder eine Kodename der Entwickler, der beim fertigen Produkt beibehalten wurde. Der Alpha-Prozessor hatte 30 Register, damit nicht viel Zeit mit Zugriffen auf den langsamen Arbeitsspeicher verloren ging. Die Lebensdauer der Alpha-Architektur sollte 25 Jahre betragen, so die ursprüngliche Projektion (@€ Alpha).

Abbildung 11-3: Prozessor-Chip der ersten Alpha-Generation

Aufgrund der Fortschritte in der Verkleinerung der Schaltelemente sollte ungefähr alle zwei Jahre eine neue Generation des Alpha-Prozessors auf den Markt kommen. Moore, einer der Mitgründer von Intel, hatte in den sechziger Jahren eine Faustformel publiziert, dass nach jeweils ein bis zwei Jahren die doppelte Anzahl von Transistoren pro Chip-Fläche realisiert wird, begleitet von doppelter Geschwindigkeit und halber Verlustleistung (@Mooresches Gesetz). Diese Daumenregel sollte solange gelten, bis die Grenzen der Halbleiter-Physik erreicht sind. Die Transistoren auf dem Chip können eine bestimmte Größe nicht unterschreiten, weil dann die Leckströme zu groß werden und die Transistoren nicht mehr zuverlässig schalten. Die Hersteller konnten durch spezielle Materialien und Prozesse die Breite der Schaltelemente etwas verkleinern, aber nur bis zu einem bestimmten Minimum.

Bei der Belichtung der Masken für den Produktionsprozess sind Grenzen für die Strukturbreite durch die Wellenlänge des Lichts gesetzt. Die Wellenlänge für die Belichtung wurde nach und nach verringert, vom sichtbaren Licht bis zu Ultraviolett mit sehr kurzer Wellenlänge. Durch Ausnutzung von Beugungserscheinungen bei Mehrfachbelichtung mit unterschiedlichen Masken konnte die Strukturbreite noch weiter verkleinert werden.

Nach der Übernahme von DEC durch Compaq und später Hewlett-Packard wurden die Alpha-Chips noch bis 2004 von Hewlett-Packard gefertigt, zuletzt in der siebten Stufe der Integration (EV7) mit einer Taktfrequenz von 1 300 MHz. Das Einsatzgebiet waren vor allem Server mit sehr hohen Ansprüchen an die Ausfall- und Datensicherheit. Unterbrechungsfreier Betrieb ist unbedingt notwendig in bestimmten Anwendungsbereichen, etwa bei Banken oder in vollautomatisierten Produktionsanlagen. Intel hat einen eigenen Prozessor mit 64-Bit-Adressierung entwickelt, den Itanium, in dessen Hardware wahrscheinlich einige Konzepte des Alpha-Chips eingeflossen sind.

VAX/VMS wird OpenVMS

Das Betriebssystem VAX/VMS war so zuverlässig und vielseitig, dass es auf die Alpha-Architektur portiert und in OpenVMS umbenannt wurde. Portierungen auf weitere Rechnerfamilien wurden durchgeführt, etwa als Server-Betriebssystem für den Itanium-Prozessor von Intel. Auf den Alpha-Rechnern liefen auch Versionen des Betriebssystems Unix.

Ein Schub zur dringend notwendigen Erhöhung der Rechenleistung des VMS-Clusters in der BfLR sollte ein Alpha-Rechner der ersten Generation bringen. Die Einbindung des Alpha-Rechners mit OpenVMS in den Rechnerverbund mit VAX/VMS funktionierte unerwartet problemlos. Der leistungsfähige Alpha-Rechner wurde vor allem für die rechenintensiven Aufgaben des Geo-Informationssystems der BfLR eingesetzt, dazu als schneller Server für die Verwaltung der Datenbestände auf Magnetplatten.

DEC User Society

Durch den Markterfolg der Systeme PDP-11 und VAX/VMS wurde in den 1980er Jahren Digital Equipment Corporation nach IBM der zweitgrößte Computerhersteller der Welt, gemessen am Umsatz. Das gute Preis-Leistungs-Verhältnis und die Zuverlässigkeit der Hardware und Software waren eine Grundlage für den wirtschaftlichen Erfolg. Ein weiterer wichtiger Faktor für das Wachstum von DEC war der gut funktionierende Informationsaustausch zwischen Firma und Kunden. Einen großen Anteil daran hatte die Anwender-Vereinigung DECUS (*DEC User Society*).

Der Informationsaustausch zwischen den DEC-Anwendern und zwischen den Kunden und der Firma lief im wesentlichen über informelle lokale Treffen und die mehrtägigen DECUS-Symposien ab. Im Raum Bonn gab es mehrere Institutionen, die DEC-Rechner nutzten, etwa in der Universität und einigen Forschungseinrichtungen. Die Bonner DECUS-Gruppe traf sich zwei- bis dreimal im Jahr, um sich über ihre Projekte auszutauschen, bei denen die Rechner PDP-11 und VAX zum Einsatz kamen. Meistens war bei den Treffen auch ein DEC-Mitarbeiter dabei, der über neue Entwicklungen in Hardware und Software berichtete, die nicht immer öffentlich bekannt waren. Er sollte andererseits Anregungen aus der Anwendergruppe an seine Firma zurückmelden.

Die jährlichen DECUS-Symposien fanden Anfang der siebziger Jahre gemeinsam für Europa statt, meistens in London. Als die Anzahl der DEC-Anwender zunahm, wurden die Symposien auf die regionale Ebene aufgeteilt. Das erste deutschsprachige Symposium wurde 1976 in der Universität Bonn veranstaltet. Die stetig steigenden Besucherzahlen erforderten in den folgenden Jahren mehr und größere Veranstaltungsräume, etwa in großen Hotels und Kongress-Zentren an wechselnden Orten. Das mehrtägige Programm der Symposien bestand aus zum Teil parallelen Vortragsreihen in deutscher und englischer Sprache, die von DEC-Mitarbeitern und Anwendern gehalten wurden. Fortbildungsveranstaltungen zu unterschiedlichen Themen ergänzten das Vortragsprogramm.

Die Teilnehmer der DECUS-Symposien verpflichteten sich, vertrauliche Informationen aus den Vorträgen der DEC-Mitarbeiter nicht weiterzugeben („non-disclosure agreement"). Die DEC-Mitarbeiter konnten so auch über geplante Vorhaben ihrer Firma und *work in progress* berichten, was zumindest in den USA strengen rechtlichen Einschränkungen unterworfen ist. Für die Anwender waren solche inoffiziellen Verlautbarungen eine sehr gute Hilfe für die mittel- und langfristige Planung in der Informationstechnik, was insbesondere im öffentlichen Dienst mit seinen längeren Vorlaufzeiten ein wichtiger Gesichtspunkt ist.

Der DECUS-Verein unterhielt auch eine Bibliothek mit Anwendungsprogrammen, die von Mitgliedern zur kostenfreien Nutzung durch andere Mitglieder zur Verfügung gestellt wurden. DECUS wurde zum größten Teil von der Firma DEC finanziert. Für die Anwender war die Mitgliedschaft kostenlos.

Zwanzig Jahre VAX/VMS

Im Jahr 1997 flatterte mir eine Broschüre der Firma DEC auf den Schreibtisch, anlässlich des zwanzigjährigen Jubiläums der VAX-Architektur und des Betriebssystems VMS. Dort war beschrieben, wie nach der VAX-11/780 über zwei Jahrzehnte viele VAX-Modelle in unterschiedlichen Leistungsstufen realisiert wurden, auch die Modelle, die in unserem Institut benutzt wurden. Die Firma DEC stand zu diesem Zeitpunkt schon kurz vor dem Aus, weil die Firmenleitung die Entwicklung des Marktes falsch eingeschätzt und von der Welle der Arbeitsplatz-Computer überrollt worden war.

Aus dieser Broschüre habe ich auch erfahren, warum die Mitarbeiter von Digital Equipment bei meiner Frage nach dem 32-bit-Rechner als Nachfolger der PDP-11 so überrascht waren. Vier Monate vor meinem Besuch in der Firmenzentrale war ein kleines Team zur Entwicklung der VAX und des Betriebssystems VMS zusammengestellt worden. Das fand alles unter strikter Geheimhaltung statt, die bei solchen Projekten zur Wahrung des wirtschaftlichen Vorsprungs gegenüber der Konkurrenz üblich ist. Die DEC-Mitarbeiter hatten bei meiner Frage ein Leck in der Geheimhaltung vermutet. Diese Vermutung war falsch, ich hatte einfach nur auf den Busch geklopft.

Mikrochips und Mikrocomputer

12

Computer-Chips

Im Laufe meiner Tätigkeit in der Informationstechnik kam ich nicht nur mit großen Rechenanlagen, sondern auch mit hochintegrierten Prozessoren auf einem Chip und darauf aufgebauten Rechnern in Berührung. Ein Grund war das technische Interesse des Elektronikbastlers und Computerfreaks an Mikroprozessoren, ein anderer der Bedarf in der beruflichen Umgebung. Für den Anschluss von speziellen Geräten in der Computergraphik mussten früher manchmal Elektronik-Schaltungen eingesetzt werden, die mit einem programmierbaren Mikrocomputer besser zu realisieren gewesen wären.

Intel 8008

Der Mikroprozessor Intel 8008 wurde 1972 vorgestellt und war der erste 8-Bit-Chip von Intel. Er war in einem 18-poligen DIL-Gehäuse untergebracht und enthielt circa 3 500 Transistoren. Der 8008 gilt als der direkte Vorläufer des Intel 8080 und ist die Grundlage der x86-Prozessorarchitektur und der damit verbundenen Befehlssätze von Intel. Bescheidene Verbreitung fand der Chip 8008 unter anderem durch den Einsatz in Terminals, Analysegeräten und Tischrechnern. Aufgrund der geringen Anzahl der Verbindungen nach außen mussten auf den gleichen Leitungen sowohl die Adress- als auch die Datensignale übermittelt werden (*multiplexing*). Deshalb erforderte der Anschluss von Speicher und Ein-Ausgabe-Bausteinen ziemlichen Dekodierungsaufwand.

Befehlssatz und Mikroarchitektur wurden beim Nachfolger 8080 grundlegend überarbeitet und deutlich erweitert. Dennoch hat praktisch jeder 8008-Befehl sein Äquivalent im 8080-Befehlssatz, so dass der Chip 8008 auch als früher Vorläufer des 8086 gelten kann.

Intel 8080

1974 kam der Mikroprozessor Intel 8080 in NMOS-Technik auf den Markt. Er wird allgemein als erster vollwertiger Mikroprozessor angesehen. Die Datenfelder waren 8 Bit, die Adressenfelder 16 bit lang. Damit war es möglich, 64 KB Speicher zu adressieren. Außerdem konnten 256 vom Adressbereich unabhängige Ein/Ausgabe-Register angesprochen werden. Der Prozessor hatte acht 8-Bit-Register, von denen sechs zu drei 16-Bit-Registern kombiniert werden konnten. Zwei Register dienten als Stapel- und Programmzeiger und waren je 16 Bit lang.

Außer dem Prozessor-Chip benötigte ein System noch zwei weitere Bausteine, einen separaten Taktgenerator und einen Bus-Controller. Im Nachfolger Intel 8085 waren diese Bausteine auf dem Chip integriert. Für den Prozessor 8080 wurde das Betriebssystem CP/M entwickelt. Es war für fast ein Jahrzehnt das vorherrschende System für 8-Bit-Mikrocomputer, ähnlich wie später MS-DOS für die 16-Bit-Chips der x86-Familie.

Zilog Z80

Der Chip Z80 der Firma Zilog ist eine Weiterentwicklung des Prozessors 8080. Der Gründer von Zilog hatte vorher bei Intel am Chip 8080 mitgearbeitet. Im Juli 1976 wurde der Z80 auf den Markt gebracht. Er war binär abwärtskompatibel zum Intel 8080. Dadurch liefen die meisten Programme für den Chip 8080 ohne Änderungen auf dem Chip Z80, insbesondere das Betriebssystem CP/M.

Gegenüber dem 8080 enthielt der Z80 mehrere Verbesserungen: Eine einzige Versorgungsspannung von 5 V statt der drei Spannungen +5 V, −5 V und +12 V wie beim 8080, eine eingebaute Refresh-Steuerung für DRAM-Arbeitsspeicher, ausgefeilte Interrupt-Funktionen, zusätzliche Befehle für 16-Bit-Arithmetik, schnellere Ausführungszeiten (einfache Befehle dauern 4 statt 5 Takte), einen doppelten Registersatz und einen niedrigeren Preis. Der Z80 überflügelte rasch den 8080 und wurde die am meisten verbreitete 8-Bit-CPU aller Zeiten.

Abbildung 12-2: Rechner Sinclair ZX81 mit Display (oberer Teil) und Folientastatur

Großen Anteil am Erfolg des Z80 hatte der Elektronik-Pionier Sinclair in Großbritannien. Sinclair entwickelte mehrere Mikrorechner mit dem Z80 als Prozessor und einem mehrzeiligen alphanumerischen Display. Das Modell ZX80 konnte man auch als Bausatz erwerben. Der Nachfolge-Rechner ZX81 kostete unter 100 US$ (Abb. 12-2). Der Mikrocomputer wurde in BASIC programmiert. Von dem Modell wurden mindestens 500 000 Stück verkauft, trotz der technischen Probleme mit der Folientastatur. Sie wurde später durch andere Tastaturen mit harten Kappen ersetzt.

Mit einer Z80-CPU von Zilog ausgestattet war auch der Rechner TRS-80 Modell 1 von RadioShack. Er gehörte neben dem Apple II und dem Commodore PET 2001 zu den ersten Heimcomputern, die in nennenswerten Stückzahlen als Fertiggerät produziert wurden. Der TRS-80 kostete in Deutschland um die 3000 DM. Zunächst wurde der TRS-80 mit 4 KByte Arbeitsspeicher (RAM) ausgeliefert. Später konnte die Konfiguration auf 16 KByte aufgerüstet werden. Typisch für die damalige Zeit war das im Festspeicher (ROM) gespeicherte Betriebssystem und der integrierte BASIC-Interpreter. Mit Hilfe eines *expansion interface* ließ sich der Rechner um weitere 32 KByte Arbeitsspeicher, einen Diskettencontroller für bis zu vier 5,25"-Laufwerke sowie eine serielle und eine parallele Schnittstelle erweitern.

National Semiconductor SC/MP

So um 1975 nahm ich an einen Fernkurs für Digital-Elektronik des Fortbildungsinstituts Christiani teil. Da mir das Konzept, die Verbindung von Theorie und Praxis, sehr gut gefiel, meldete ich mich 1978 auch für den Kurs zu Mikroprozessoren an. Die Praxisteil in diesem Kurs bestand darin, dass die Teilnehmer schrittweise einen sehr einfachen Computer zusammenbauten und die Programmierung mit Maschinenbefehlen erlernten. Der Zentralprozessor war der Chip SC/MP, ein Akronym für *simple cost-effective microprocessor* der Firma National Semiconductor.

Abbildung 12-3: Lerncomputer mit SC/MP-Chip für einen Fernkurs von Christiani.

Der Lerncomputer von Christiani um den SC/MP-Chip herum war ebenfalls einfach und kosteneffizient (Abb. 12-3). Die Eingabe erfolgte über ein einfaches Tastenfeld. Als Ausgabe diente eine Zeile mit 7-Segment-LED-Anzeigen. Auf einer Zusatzplatine waren ein Relais, LEDs und Tastschalter angebracht, die vom Programm angesteuert werden konnten. Über einen Niederfrequenz-Verstärker und Lautsprecher wurden akustische Signale hörbar gemacht. An den Computer war ein Kassettenrekorder für die Speicherung von Programmen und Daten anschließbar. Mit einem Thermodrucker war es möglich, Textzeilen auszudrucken.

Der Chip konnte 64 KByte Arbeitsspeicher adressieren, mit Einschränkungen. Ein Taktzyklus des Prozessors dauerte 2 µs. Von den insgesamt 43 Befehlen benötigte der schnellste Befehl 5 Taktzyklen, der langsamste 23 Zyklen. Das Nachfolgemodell des SC/MP arbeitete mit doppelter Taktgeschwindigkeit. Dennoch war der Prozessor ziemlich langsam im Vergleich zu anderen Prozessoren dieser Zeit. Der Chip konnte nur bei Schaltungen eingesetzt werden, die nicht zeitkritisch oder rechenintensiv waren. Deshalb und auch wegen seiner Einfachheit hat der Chip keine große kommerzielle Bedeutung erlangt. Er war aber immerhin gut geeignet, um einen Anfänger wie mich in den grundsätzlichen Aufbau von Mikrocomputern und die Programmierung eines einfachen Prozessors mit Maschinenbefehlen einzuführen.

Home-Computer MITS Altair 8800

Im Jahr 1974 brachte die Firma MITS einen Heimcomputer auf den Markt, den Altair 8800. Um Weihnachten kam der Bausatz für 395 US$ in den Handel, das Fertiggerät kostete 100 US$ mehr (Abb. 12-4). Die Zentraleinheit war der 8-Bit-Chip 8080 von Intel. Der Arbeitsspeicher in der Grundausstattung des Rechners war 256 Byte groß. Aufgrund der publizistischen Unterstützung durch das Magazin *Popular Electronics* wurde der Bausatz zuerst vorwiegend an Elektronikbastler verkauft. Nach und nach konnte der Altair-Rechner durch zusätzliche Elektronik-Bausteine für den Anschluss von Schreibmaschinen, Audio-Kassetten und 8-Zoll-Disketten ergänzt werden. Ich hatte auch daran gedacht, einen Altair-Rechner für den Hausgebrauch und Bastelprojekte zusammenzulöten, aber die Hürden der Beschaffung des Bausatzes aus den USA waren zu hoch.

Abbildung 12-4: Frontplatte des Rechners Altair 8800 mit Indikatorleuchten und Kippschaltern für die Dateneingabe

Zeitnah zur Einführung des Altair-Rechners stellte die Firma Micro-Soft (alte Schreibweise) ihren ersten BASIC-Interpreter vor. Für den Interpreter war die Erweiterung auf 4k oder 8k Worte notwendig. Hatte der Rechner ein Disketten-Laufwerk, konnte ab 1977 das Betriebssystem Altair DOS genutzt werden.

Die Möglichkeit, in der Sprache BASIC zu programmieren, war anfangs das Alleinstellungsmerkmal des Altair-Computers. Der BASIC-Interpreter war der Ausgangspunkt für den Aufstieg von Microsoft (neue Schreibweise) und von Bill Gates, der mit der Firma zum Multimilliardär wurde. Der Altair-Rechner hatte einige Mitbewerber in etwa der gleichen Preis- und Leistungsklasse. An kleinen Computern für den Hausgebrauch versuchten sich mehrere Firmen, die heute nicht mehr existieren.

Prozessor-Chip MOS Technology 6502

Ein weiterer 8-Bit-Chip hatte eine einigermaßen große Verbreitung gefunden, der Prozessor 6502 von MOS Technology. Der in Bastler-Kreisen beliebte Einplatinen-Computer KIM-1 war um den Chip 6502 herum aufgebaut. Der KIM-1 hatte 64 KByte Arbeitsspeicher und 2 KByte Festspeicher, in dem das Betriebssystem abgelegt war. Die Platine besaß eine sechsstellige 7-Segment-LED-Anzeige und 24 Tasten zur Eingabe von Hexadezimal-Ziffern und Funktionen. An die Platine konnten spezielle Schnittstellen ein Terminal, ein Drucker und ein Kassettenrekorder angeschlossen werden.

Ein Verwandter/Nachfolger des KIM-1 mit dem gleichen Prozessor war der Rechner Commodore PET 2001. Er war weltweit einer der ersten Computer für den Privatgebrauch in betriebsbereiter Ausführung, mit Gehäuse, Netzteil, Tastatur, Monitor und Musikkassetten als Massenspeicher. Über einen parallelen Bus konnten neben Drucker und Diskettenlaufwerken auch Messgeräte und Steuerungsanlagen angeschlossen werden. Das ermöglichte den Einsatz des PET und seiner Nachfolgemodelle in Forschungslaboren und zur Produktionssteuerung.

Etwa zur gleichen Zeit wurde der Rechner Apple II vorgestellt, den der Elektronik-Experte Steve Wozniak zusammen mit dem Marketing-Genie Steve Jobs aus dem experimentellen Vorläufer Apple I entwickelt hatte, dem Vernehmen nach in der Garage der Eltern von Jobs. Der Zentralprozessor im Apple II war ebenfalls der Chip 6502. Der Rechner wurde nicht nur als Heimcomputer genutzt, sondern auch für die betriebliche Datenverarbeitung in kleineren Firmen eingesetzt. Von diesem Computer sollen etwa zwei Millionen Exemplare verkauft worden sein.

Der Chip 6502 diente auch als Kontrollprozessor in einer funkgesteuerten Uhr, die ich um 1985 aus einem Bausatz zusammengelötet hatte. Die Uhr enthielt eine bisher weitgehend unbekannte Attraktion, mit der mein Sohn später gern seine Freunde verblüffte. Das war die Sprachausgabe, mit der auf Knopfdruck die aktuelle Uhrzeit angesagt wurde.

Ohio Scientific Challenger

Bei einer Vortragsreise in die USA im Jahr 1980 entschloss ich mich zum Kauf eines Computers für den privaten Gebrauch. Noch im Computerladen in der Nähe des MIT (Massachussetts Institute of Technology) schwankte ich zwischen dem Apple II und dem Rechner Challenger 2P der Firma Ohio Scientific. Beide Rechner nutzten den Chip 6502 als Zentraleinheit, beide wurden in Microsoft BASIC programmiert. Der Apple II hatte schon Farbgraphik, der Challenger konnte nur Zeichen darstellen. Der Verkäufer erzählte mir von der Absicht der Firma Ohio Scientific, bald ein Diskettenlaufwerk für diesen Rechner auf den Markt zu bringen. Das gab dann neben dem niedrigeren Preis

Abbildung 12-5: Der Computer Challenger 2P von Ohio Scientific

im Vergleich mit dem Apple II den Ausschlag zugunsten des Challenger 2P (Abb. 12-5). Das Diskettenlaufwerk kam zwar noch auf den Markt, aber die Firma wurde 1981 verkauft und die Produktion der Rechnerlinie eingestellt.

Ich schleppte den Karton mit der Blechkiste im Flugzeug nach Deutschland mit. Die Umbau des Netzteils auf 220 V war eine leichte Übung. Schwieriger war die Beschaffung eines passenden Monitors. Die meisten Heimrechner dieser Zeit nutzten als Sichtgerät ein Fernsehgerät, das über einen HF-Modulator an den Rechner angeschlossen wurde. Die umfunktionierten Fernseher hatten aber nicht genug Bandbreite, um 80 Zeichen pro Zeile und 24 Zeilen darzustellen. Um diese Fähigkeit zu nutzen, benötigte man einen Computer-Monitor. Zu dieser Zeit war der Versandhandel für Computerzubehör noch in den Anfängen. Ich musste lange nach einem Computerladen in der Region Köln-Bonn suchen, der mir einen passenden Monitor beschaffen konnte. Es dauerte einige Wochen, bis das Gerät beim Händler zur Abholung bereitstand. Ich konnte den Rechner endlich mit voller Anzeigeleistung in Betrieb nehmen.

Der Computer wurde für die Entwicklung von Algorithmen genutzt, die in BASIC programmiert wurden. Für die Einbindung in die kartographischen Programme wurde das BASIC-Programm vom Bildschirm abgeschrieben und in Fortran übersetzt. Später schloss ich den Thermodrucker aus dem Christiani-Projekt über eine parallele Schnittstelle an und konnte dann Textzeilen ausdrucken. Das Schachprogramm auf der Kassette war so gut, dass ich fast immer gegen den Computer verlor, was eher an meiner Inkompetenz im Schachspiel als an der Qualität des Programms lag.

Eine Erfahrung aus der Arbeit mit diesem Computer war, dass für das erfolgreiche Zusammenwirken von Home-Computing und IT am Arbeitsplatz der Datenaustausch über kompatible Datenträger möglich sein muss. Die Programmiersprachen sollten identisch sein, um Fehler bei der Umwandlung der Quellenprogramme zu vermeiden, heute im Rückblick eine Selbstverständlichkeit.

PDA - Personal Digital Assistant

Der PDA, der *Personal Digital Assistant,* war die stark verkleinerte Version eines Arbeitsplatz-Rechners. Mein Exemplar stammte von der Firma Hewlett-Packard und wurde unter dem Namen iPAQ Pocket PC verkauft (Abb. 12-6). Eines der ersten mobilen Navigationssysteme der Firma TomTom nutzte den iPAQ als die Hardware-Basis für das Navigationsprogramm. Wenn man den Auto-Navigator von TomTom kaufte, war der PDA ein Bestandteil des Paketes. Neben der Funktion als Navigationsgerät ließen sich mit dem PDA die Office-Dateien auf meinem Computer am Arbeitsplatz und dem Computer zuhause bequem synchronisieren. Auch für den Transport von kleineren Dateien eignete sich der PDA sehr gut. Das Betriebssystem war Windows CE, eine Spezialversion für PDAs.

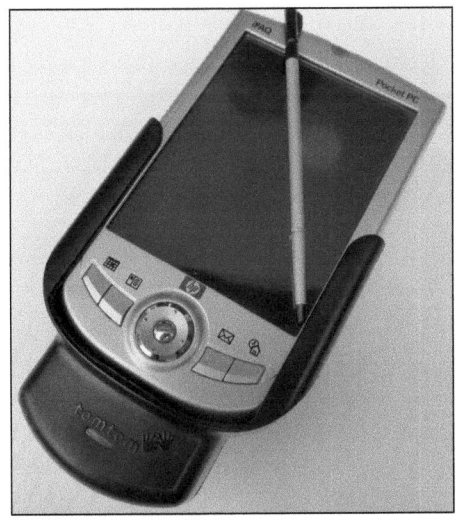

Abbildung 12-6: PocketPC HP iPAQ in der Autohalterung von TomTom für den Gebrauch als Navigationsgerät

Dem nahezu täglichen Gebrauch hielten die Steckverbindungen für die Stromversorgung nicht lange stand. Der Akku des PDA konnte nicht mehr geladen und deshalb das Gerät nicht mehr benutzt werden. Auf meine Anfrage für eine Reparatur teilte mir die Firma HP mit, dass die mittlere Lebensdauer des iPAQ nach ihren Erfahrungen 1,8 Jahre betrüge und es deshalb unwirtschaftlich wäre, den PDA zu reparieren. Im Klartext: Kaufen Sie sich ein neues Gerät, ihres ist veraltet.

Die PDAs von HP und anderen Herstellern waren nicht sehr lange in Gebrauch. Spezielle Hardware nur für die Autonavigation war preiswerter als die Kombination der Navigations-Software mit einem PDA. Kleine Speicherkarten und USB-Sticks mit ausreichender Kapazität kamen auf den Markt, die man für die Synchronisierung und Datenübertragung nutzen konnte. Die PDAs wurden zunehmend durch Smartphones ersetzt, die heute weit mehr Funktionen enthalten und außerdem weltweit vernetzt sind.

Arduino

Mit der Rechner-Platine Arduino können einfache programmgesteuerte Schaltungen realisiert werden. Für diesen Zweck waren schon früher Mikrocomputer eingesetzt worden, die entweder in Maschinensprache oder in einem BASIC-Dialekt programmiert wurden. Die damals verwendeten Mikro-Chips waren der Zeit entsprechend langsam. Der BASIC-Interpreter in ROM verzögerte die Ausführung noch weiter. Diese Mikrorechner eigneten sich nicht für zeitkritische Anwendungen. Die Arduino-Platinen hingegen sind mit modernen Prozessoren in unterschiedlichen Leistungsstufen bestückt.

Das erste Arduino-Board wurde 2005 von Massimo Banzi und David Cuartielles in Ivrea/Italien entwickelt. Die Platine bekam den Namen *Arduino*, weil sich einige Mitglieder der Arbeitsgruppe gewöhnlich in einer Bar namens Arduino trafen, benannt nach Arduin von Ivrea, der von 1002 bis 1014 König von Italien war.

Arduino-Platinen werden oft zur Steuerung von beweglichen Objekten eingesetzt. Arduinos mit zusätzlicher Elektronik für Motorsteuerungen und Schalten von höheren Leistungen werden beispielsweise genutzt, um interaktive Kunstobjekte und Installationen programmgesteuert in Bewegung zu halten und zu beleuchten.

Aufgrund der kleinen Abmessungen und des geringen Stromverbrauchs lassen sich Arduino-Platinen zu kleinräumigen Messnetzen zusammenschalten (SCHNEIDER 2010, SCHULTZ 2014). Im Untersuchungsgebiet verteilte Arduinos sind mit Sensoren verbunden, etwa für Temperatur, Luftfeuchtigkeit oder die Belastung mit Schadstoffen. Die Messdaten werden über Funkverbindungen an einen zentralen Rechner übermittelt, eventuell mit anderen Arduinos im Netzwerk als Relais-Stationen zur Überbrückung größerer Entfernungen. Der Server-Rechner kann die Messwerte zeitnah speichern, auswerten und weitergeben.

Abbildung 12-7: Platine des Arduino UNO mit dem Mikrocontroller und analogen und digitalen Ein- und Ausgängen

Hardware

Die Hardware des ersten Arduino-Modells Uno ist auf einer Platine mit den Ausmaßen von 69×54 mm untergebracht (Abb. 12-7). Der Prozessor ist ein Mikrocontroller aus der megaAVR-Serie der Firma Atmel. Die verschiedenen Arduino-Platinen enthalten unterschiedliche Prozessoren, etwa der Arduino Due den 32-Bit-Prozessor Atmel SAM3X8E. Die Version Arduino Leonardo verwendet den Chip ATmega32u4. Alle Arduinos werden entweder über den USB-Anschluss (5 V) oder eine externe Spannungsquelle (7–12 V) versorgt. Sie arbeiten mit einem Grundtakt von 16 MHz und höher. Es gibt auch Platinen mit 3,3 V Versorgungsspannung.

Alle Arduinos haben Anschlüsse für die Ein- und Ausgabe von digitalen Signalen (I/O-Pins). Einige Pins liefern Signale mit Pulsweitenmodulation (PWM), die etwa für die Steuerung von Servoantrieben, die Geschwindigkeitsregelung von Elektromotoren oder die Ausgabe von Tönen oder Geräuschen genutzt werden können. Analoge Eingänge für die Spannungsmessung im Bereich von 0 bis 5 V sind vorhanden. Mit geeigneten Sensoren und Eingangsschaltungen lassen sich auch andere Größen messen, etwa Gaskonzentrationen oder Luftdruck.

Für bestimmte Anwendungen sind fertige Platinen (*shields*) erhältlich, etwa für Motorsteuerungen, Schaltung von größeren elektrischen Leistungen, Sprachausgabe von Texten, Sensoren für viele Anwendungen, etwa Abstandsmessungen, Empfang von DCF für die Uhrzeit, die Signale von Navigationssatelliten oder die Anbindung an ein Netzwerk oder WLAN. Die Shields werden direkt in die Steckleisten auf dem Arduino-Board aufgesteckt, auch mehrere Platinen übereinander mit Verbindung über den Arduino-Bus. Eigene Schaltungen können mit unbestückten oder teilweise bestückten Shields realisiert werden.

Das Design der Arduino-Platinen ist *public domain*. Nachbauten der Arduinos sind zulässig, mit einigen technischen und rechtlichen Einschränkungen. So sind im Laufe der Zeit viele Arduino-Varianten entstanden, mit unterschiedlichen Prozessoren, I/O-Pins, Platinengrößen und Funktionen, die bisher mit Shields realisiert wurden. Sony hat für 2018 eine Platine mit den Abmessungen des Uno angekündigt, die einen Sechsfach-Prozessor und einen Empfänger für die Signale von GPS und GLONASS enthält (Arduino-Variante, 2017).

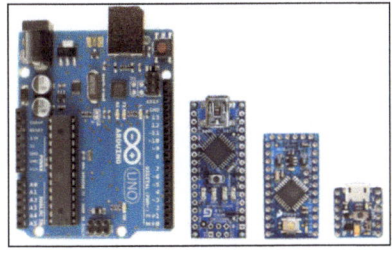

Abbildung 12-8: Größenvergleich von einigen Arduino-Platinen

Die Abbildung 12-8 zeigt den Größenvergleich einiger Arduino-Platinen, vom ursprünglichen Modell Uno bis zum Pico in Halbzoll-Größe. Die Platine Arduino Micro (48 × 18 mm) ist für Anwendungen gedacht, bei denen es auf geringen Platzbedarf ankommt. Ein neues Modell der Familie ist die Platine µduino mit den Ausmaßen von ungefähr 12 x 12 mm, mit Micro-USB-Stecker und der gleichen Anzahl von I/O-Pins. Ebenfalls im Halbzoll-Format liegt der Pico (Abb. 12-8, ganz rechts). Die Produktion von µduino und Pico soll mit Crowdfunding finanziert werden. Die ersten Platinen wurden ab Herbst 2017 erwartet.

Bei kleineren Arduino-Platinen fehlen oft die Steckerleisten für die Arduino-Bus in der gewohnten Anordnung. Das direkte Aufstecken der Standard-Shields ist deshalb nicht möglich. Die Verbindung mit externen Bauteilen und Shields muss über eine Steckplatine (*breadboard*) oder durch Anlöten von Kabeln gelöst werden. Das Arduino-Konzept ist weit verbreitet, so dass in regelmäßigen Abständen neue Versionen von Arduino-Platinen in unterschiedlichen Größen und Ausstattungen erscheinen.

Schaltungs- und Platinen-Entwurf mit Fritzing

Mit der kostenlosen Software Fritzing (@Fritzing) lassen sich Verdrahtungspläne für den Aufbau von experimentellen Schaltungen auf Steckplatinen entwerfen und zeichnen. Mit dem gleichen Programm werden die Verdrahtungspläne umgesetzt in Dateien für die Herstellung von Platinen. Die Platinen kann man entweder selbst fertigen oder bei Dienstleistern in Auftrag geben (Dölle 2017).

Programmierung

Die Arduino-Familie wird mit Hilfe einer integrierten Entwicklungsumgebung programmiert, die auf einem Arbeitsplatz-Computer installiert ist. Es ist eine Java-Anwendung, die für die gängigen Plattformen Windows, Linux und MacOS kostenlos verfügbar ist. Sie basiert auf der Entwicklungsumgebung von *Processing*, die auf die Einsatzbereiche Grafik, Simulation und Animation spezialisiert ist. Die interne Programmierung erfolgt in C bzw. C++, wobei technische Details wie Header-Dateien vor den Anwendern weitgehend verborgen bleiben.

Nach der Übersetzung wird das Anwendungsprogramm über die USB-Schnittstelle oder eine andere serielle Verbindung auf die Arduino-Platine geladen. Dort kann es permanent gespeichert werden. Eine besondere Programmiereinheit ist nicht erforderlich. Nach der dauerhaften Speicherung des Programms auf der Arduino-Platine wird die Verbindung zum PC gelöst. Nach dem Laden, dem Betätigen der Reset-Taste oder nach Einschalten der Stromversorgung wird das Programm gestartet.

Programm-Bibliotheken und Beispiele für spezielle Shields und Anwendungen vereinfachen die Programmierung. Die Entwicklungsumgebung enthält einen Code-Editor und den Compiler gcc. Zusätzlich stehen die avr-gcc-Library und weitere Bibliotheken zur Verfügung.

Raspberry Pi

Der Raspberry Pi ist ein Einplatinen-Computer, der von der britischen Raspberry Pi Foundation entwickelt wurde. Der Rechner enthält ein Ein-Chip-System von Broadcom mit einem ARM-Mikroprozessor. Die Grundfläche der Platine entspricht etwa den Abmessungen einer Kreditkarte. Der erste Raspberry Pi kam Anfang 2012 auf den Markt. Der im Vergleich zu den üblichen Arbeitsplatz-Computern sehr einfach aufgebaute Rechner wurde von der Stiftung mit dem primären Ziel entwickelt, jungen Menschen den Erwerb von Programmier- und Hardwarekenntnissen zu ermöglichen, mit geringen Kosten für die Hardware. Der Einstiegspreis für die einfachste Platine lag unter 40 Euro. Heute gibt es noch preiswertere Versionen.

Inzwischen wird die Raspberry-Platine weniger als Arbeitsmittel für die Ausbildung eingesetzt. Der leistungsfähige und leicht erweiterbare „Volkswagen der Einplatinen-Computer" (SCHUMACHER 2017) ist in vielen Projekten der zentrale Prozessor für spezielle elektronische Geräte, die als Einzelstücke im Eigenbau entstehen. Der Rechner ist sehr flexibel, weil durch die Programmierung die Ablauflogik schnell verändert und Fehler beseitigt werden können. Das spiegelt sich auch in den Verkaufszahlen wieder. Bis Februar 2017 wurden mehr als zwölf Millionen Raspberry-Platinen verkauft.

Der Startvorgang erfolgt von einer wechselbaren SD-Speicherkarte als internes Boot-Medium. Eine eigene Schnittstelle für Festplattenlaufwerke ist nicht vorhanden. Zusätzlicher Massenspeicher kann über die USB-Schnittstelle angeschlossen werden, beispielsweise externe Festplatten, SSDs oder USB-Speichersticks.

Anfang 2016 wurde die neue Platine Raspberry Pi 3 Modell B vorgestellt (Abb. 12-9). Gegenüber dem Vorgängermodell ist WLAN und Bluetooth Low Energy integriert. Ein schnellerer Vierfach-Prozessor aus der ARMv8-Familie und ein GByte Arbeitsspeicher soll die Leistung im Vergleich zum ersten Modell verzehnfachen. Inzwischen sind Mini-Platinen in der Größe von 48 x 48 Millimeter erhältlich.

Abbildung 12-9: Raspberry Pi 3 Modell B, mit 512 MByte Arbeitsspeicher, integriertem WLAN und Bluetooth Low Energy

Auch für den Raspberry Pi gibt es Shields für erweiterte Funktionen. Nur ein paar Beispiele aus dem Angebot: Mit Farb-LCD-Displays mit Tast-Bildschirm können Zeichen und Graphiken dargestellt und eine graphische Benutzeroberfläche realisiert werden. Shields mit digitalen Kameras nehmen Bilder auf, etwa für Überwachungsaufgaben. Die Zusatzplatine RasPiGNSS Aldebaran empfängt die Signale der Navigations-Satelliten von GPS, GLONASS und Galileo. Mit der dazu passenden Programmbibliothek soll eine Positioniergenauigkeit von 20 cm erreicht werden können

(@RasPiGNSS). Die Firma Pi Supply liefert Shields, die zusammen mit einer Kamera Handbewegungen für die Eingabesteuerung erkennen können (@Flick). Auch einige Arduino-Shields sind über Konverter-Platinen an den Raspberry-Computer anschließbar.

Weitere Hersteller haben Einplatinen-Computer nach dem Vorbild des Raspberry Pi entwickelt. Die Platine Banana Pi M2 Berry zum Beispiel ist mit einem schnelleren Prozessor ausgestattet, sonst aber aus der Sicht des Anwenders fast baugleich mit dem Raspberry Pi 3. Somit kann das komplette Zubehör wie für den Raspberry verwendet werden. Die Platine enthält bereits WiFi, Bluetooth, SATA und eine Schnittstelle für HD-Video. Ähnlich wie beim Arduino sind Raspberry-Rechner mit geringerem Platzbedarf erhältlich, etwa die Platinen Raspberry Zero (EIKENBERG 2017) oder Nano Pi (@Nano Pi). Weitere Raspberry-Clones nutzen andere Prozessoren. Mangels Nachfrage haben einige Anbieter ihre Raspberry-Lookalikes bereits wieder zurückgezogen.

Software-Unterstützung für Raspberry und Verwandte

Als Betriebssystem kommen vor allem angepasste Linux-Distributionen mit graphischer Benutzeroberfläche zum Einsatz, bei der Platine Banana Pi auch Android. Für das neueste Modell des Raspberry Pi soll auch Windows 10 in einer speziellen Internet-of-Things-Version ohne grafische Benutzeroberfläche benutzt werden können. Es existiert ein großes Angebot von Software-Bibliotheken für viele Anwendungen. Verbreitet ist beispielsweise die Verwendung als Medienzentrum, da der Raspberry-Rechner Videodaten mit voller HD-Auflösung (1080p) dekodieren und über die HDMI-Schnittstelle ausgeben kann.

Der wichtigste Unterschied zwischen Arduino und Raspberry Pi ist das beabsichtigte Anwendungsgebiet. Die Platine Arduino ist eine Art fortgeschrittene Steuerungselektronik, für deren Programmierung ein Arbeitsplatz-Computer unbedingt notwendig ist. Die Platine Rasberry Pi und seine Verwandten sind eigenständige Rechner, die ohne Unterstützung durch einen anderen Rechner programmiert und betrieben werden können.

Der Open-Source-Schaltungseditor Fritzing wurde in den letzten Versionen für die Nutzung mit Raspberry-Platinen erweitert.

Arbeitsplatzrechner

13

Der „Personal Computer" von IBM

1981 brachte IBM eine Rechnerfamilie auf den Markt, die auf dem 16-Bit-Chip Intel 8086 und seinen Nachfolgern aufbaute. Es war ein schlauer Marketing-Trick, diesen Rechner *personal computer* zu nennen. Der persönliche Computer, nicht „Personalcomputer", wie der Name oft falsch ins Deutsche übersetzt wird, sollte den Unterschied zu den großen Rechenanlagen im Rechenzentrum betonen. Zum ersten Mal in der Firmengeschichte wurden für eine neue Rechnerfamilie Prozessoren eingesetzt, die IBM nicht selbst entworfen und gefertigt hatte. Auch das Betriebssystem für den PC war keine eigene Entwicklung, sondern wurde von einer damals noch relativ unbekannten Firma Micro-Soft hinzugekauft.

Aus längerem Abstand betrachtet, waren das neue Konzept vielleicht eine Fehlentscheidung, die dazu führte, dass IBM seine Position als IT-Marktführer verlor, zumindest was den Umsatz anbetrifft. Mit dem Verkauf der gesamten PC-Sparte an die chinesische Firma Lenovo und einer Reihe von Änderungen in der Ausrichtung und Organisation hat sich IBM vor einigen Jahren vollkommen neu aufgestellt. Damit ist IBM ein gewichtiger Mitspieler in der Computerindustrie geblieben.

Die Firma Apple hat nach dem ersten Verkaufsrenner, dem Apple II, neue Modelle vorgestellt, zuerst das wenig erfolgreiche Modell Lisa, dann den Macintosh und seine Nachfolge-Modelle. Die Apple-Rechner blieben im professionellen Umfeld eher Nischenprodukte. Sie werden vorwiegend genutzt im graphischen Gewerbe und der Druckindustrie, wo die gute Unterstützung von Layout, Satz und Farbverarbeitung die relativ hohen Kosten der Apple-Computer aufwiegen. Im privaten Bereich sind die Geräte der Firma Apple eher Prestige-Objekte, nicht zuletzt wegen des hohen Preises, wie auch die anderen Produkte der Firma, etwa iPhone, iPod oder iPad.

Die beiden Rechnerfamilien haben sich im Laufe der Zeit angenähert. Apple verwendet jetzt Prozessoren von Intel für seine Rechner. Häufig genutzte Software-Pakete, die entweder nur für IBM-PCs oder Apple-Rechner verfügbar waren, wurden auf die jeweils andere Linie portiert, zum Beispiel MS Office auf Apple-Rechner oder die Adobe-Produkte auf Windows-Computer.

Weitere Computerfirmen versuchten, vom Trend zum Arbeitsplatzrecher zu profitieren, etwa DEC mit der *Personal Workstation,* ein kleiner leistungsfähiger Computer, der sowohl mit x-86-Prozessoren von Intel als auch mit Alpha-Prozessoren von DEC erhältlich war. Der Rechner und ähnliche Produkte anderer Firmen unterlagen über kurz oder lang der Übermacht der IBM-PCs und ihrer Nachbauten.

Prozessor-Familie x86 als Zentraleinheit des PC

Kern der Arbeitsplatz-Computer vom Typ PC sind bis heute Prozessoren der Prozessor-Familie x86. Die Familie x86 wurde nach dem ersten Mitglied Intel 8086 benannt, der die 8-Bit-Prozessoren 8080 und 8085 ablösen sollte. Der erste PC verwendete eine vereinfachte Version des 8086, den 8088, als Prozessor. Durch den enormen Erfolg des IBM-PC und seiner zahlreichen Clones wurde die x86-Familie innerhalb weniger Jahre zu einer der erfolgreichsten CPU-Architekturen der Welt und ist es bis heute geblieben.

Außer Intel haben auch andere Hersteller x86-kompatible Prozessoren hergestellt. Der nach Intel größte Hersteller von x86-Prozessoren ist die Firma AMD. Konkurrenz belebt das Geschäft: AMD ist als Mitbewerber von Intel zu einer treibenden Kraft bei der Weiterentwicklung der x86-Architektur geworden. Obwohl der Marktanteil erheblich kleiner ist, konnte der Hersteller AMD manchmal in Bezug auf Geschwindigkeit und Preisen an Intel vorbeiziehen. Um seinen Marktanteil zu halten, war Intel gezwungen, neue Prozessor-Generationen schneller auf den Markt zu bringen als ursprünglich geplant. Andere Firmen mit x86-Clones im Angebot waren weniger erfolgreich und sind wieder vom Markt verschwunden.

Intel 8086

Der Mikroprozessor 8086 von Intel war ein 16-Bit-Chip. Um trotzdem mehr als 64 KByte adressieren zu können, wurde der Prozessor mit 20 Adressleitungen für maximal 1 MByte Arbeitsspeicher ausgestattet. Zur Adressierung einer Speicherstelle werden zwei Register verwendet: ein Segment- und ein Offsetregister. Die Adresse einer physikalischen Speicherstelle berechnet der Prozessor automatisch, indem er die Segment-Adresse mal 16 nimmt und die Offset-Adresse addiert. So entstehen im Speicher 65 536 um 16 Byte versetzte Adressbereiche (Segmente) zu je 64 KByte Größe.

Vorteil der Speichersegmentierung ist unter anderem eine einfachere Portierbarkeit von Programmen, die nur mit 16-Bit-Adressen arbeiten. Nachteil ist die umständliche Programmierung und die Beschränkung auf ein MByte Arbeitsspeicher. Allerdings war ein MByte Anfang der 1980er Jahre für einen Mikrocomputer ohnehin mehr an Speicher, als tatsächlich eingebaut wurde, auch wegen der hohen Preise für Speicherchips.

Der Chip 8086 war mit einer Strukturbreite von 3 µm gefertigt und enthielt circa 29 000 Transistoren. Externe Chips mussten zusätzliche Funktionen übernehmen, wie etwa die Interrupt- und DMA-Behandlung. Der Chip 8086 unterstützte auch keine Gleitkomma-Operationen. Der Koprozessor Intel 8087 führte in enger Kopplung mit dem Prozessorchip die Gleitkomma-Berechnungen aus. Die IBM-PCs arbeiteten mit einer Taktfrequenz von 4,77 Mhz.

Der Chip 8086 hatte insgesamt 14 Register, die sehr spezialisiert waren. Für viele Operationen ist oft nur ein bestimmtes Register verwendbar. Eine fest einem Register zugewiesene Funktion ist die Multiplikation: Der Multiplikand muss im Register AX abgelegt und danach der Multiplikationsbefehl mit dem Multiplikator als Argument aufgerufen werden. Das Ergebnis erhält man dann in den Registern DX und AX. Durch diese feste Registerbindung ist man bei der Programmierung in Assembler häufig gezwungen, Werte im Arbeitsspeicher abzulegen und von dort wieder zu laden. Die Nachfolge-Chips 80186 und 80286 hatte das gleiche Register-Konzept, waren aber höher integriert und schneller getaktet.

Intel 80386

1985 führte Intel mit dem Chip 80386 die erste x86-CPU mit 32-Bit-Adressierung ein. Die grundsätzliche Architektur blieb in allen Nachfolgemodellen bis heute erhalten (Stand 2017). Die Register des Chip 80386 sind 32 Bit lang. Mit dieser Adressenlänge von 32 Bit können bis zu 4 GByte Arbeitsspeicher direkt adressiert werden.

Die neueren Mitglieder der Familie sind, wenn man so will, kombinierte CISC/RISC-Prozessoren. Die Befehle werden in Mikrokode-Instruktionen fester Länge zerlegt. Der Mikrokode kann zum Teil parallel abgearbeitet oder die Reihenfolge der Ausführung der Mikroschritte spekulativ verändert werden. Damit wird der Durchsatz pro Taktzyklus erhöht, auch wenn im Fall einer Unterbrechung durch eine logische Bedingung die gerade laufende Operation abgebrochen wird. Die Pipeline muss dann komplett geleert und der Programmfluss mit einem neuem Befehl an einer anderen Adresse wieder aufgenommen werden.

Die nachfolgenden Prozessor-Chips wurden durch aufsteigende Ziffern in der Hunderter-Stelle unterschieden, also i486, i586, i686. Nummern lassen sich nicht als Markenzeichen schützen, wohl aber Namen. Deshalb wurden Bezeichnungen für die Prozessoren geprägt, wie Pentium, Pentium Pro, Nehalem, die Lake-Namen (aktuell Coffee Lake), Opteron, Athlon, Ryzen usw. Die Befehlssätze wurden im Laufe der Zeit durch zusätzliche Operationen ergänzt, die oft wiederkehrende Rechenabläufe schneller oder teilweise parallel ausführen und den Durchsatz insgesamt erhöhen. Die Berücksichtigung der vielen Zusatzfunktionen muss ein Alptraum für die Compiler-Entwickler sein. Entweder legt der Anwender vor der Übersetzung fest, welche Funktionen auf dem Zielcomputer vorhanden sind. Oder das Programm prüft zu Beginn, welche Funktionen verfügbar sind und wie sie am besten genutzt werden.

Multiprozessor-Chips

Mit der fortschreitenden Verkleinerung der Schaltelemente auf den x86-Chips wurdeb nach und nach die Taktraten erhöht. Irgendwann setzte die Halbleiter-Physik die Grenze für weitere Steigerungen der Geschwindigkeit. Die Chips entwickelten soviel Wärme, dass auch mit leistungsfähigen Kühlsystemen die Betriebstemperatur nicht mehr im sicheren Bereich gehalten werden konnte. Ein Weg zur Erhöhung des Durchsatzes bei gleicher Taktrate sind mehrere Prozessoren auf einem Chip. Die Prozessoren können zum Beispiel unterschiedliche Programme unabhängig voneinander ausführen. Eine Synchronisierung des zeitlichen Ablaufs ist nicht notwendig. Wenn ein Prozessor seine Aufgabe ausgeführt hat, kann er eine neue Aufgabe übernehmen. Die anderen Prozessoren auf dem Chip arbeiten davon unabhängig an der ihnen zugeordneten Anwendung. Sind nicht alle Prozessoren aktiv, wird die Taktfrequenz der aktiven Prozessoren so erhöht, bis die thermische Grenze für den Chip erreicht ist.

Etwas schwieriger ist die Aufteilung eines Programmablaufs in mehrere parallele Befehlsströme die den verfügbaren Prozessoren zugeteilt werden. Müssen die Prozessoren öfter warten, weil ein Befehlsstrom auf einem Prozessor länger dauert, bringt die Parallelisierung wenig Vorteile. Deshalb eignen sich nicht alle Aufgaben für die Parallelisierung. Optimierende Compiler sind in der Lage, Möglichkeiten für simultan ausgeführte Befehlsströme zu erkennen und im ausführbaren Programm zu realisieren. Im Normalfall verfügen aber die Programmierer über mehr Informationen zur Programmstruktur als ein Compiler aus dem Quellenprogramm ableiten kann. Durch Nutzung von standardisierten Schnittstellen, zum Beispiel OpenMP, lässt sich die Parallelverarbeitung weiter optimieren (@OpenMP).

Unbedingt notwendig für die Programmierung von parallelen Befehlsströmen, auch Nebenläufigkeit oder Multitasking genannt, ist eine Entwicklungsumgebung, die das Programm auf Möglichkeiten zur Parallelverarbeitung analysiert, den tatsächlichen Ablauf mit Prüfprogrammen testet und dem Programmierer Vorschläge zur Verbesserung der Programmstruktur macht.

Die maximale Anzahl der Prozessoren pro Chip erhöht sich mit der Verringerung der Strukturgröße, weil mehr Platz auf der Chipfläche entsteht. Für Desktop-Rechner werden inzwischen Chips mit 16 Prozessoren angeboten (AMD Threadripper 1950X, Juli 2017). Für typische Büroanwendungen sind in den meisten Fällen vier Prozessoren ausreichend. Wann das Aufgabenspektrum an einem Arbeitsplatz die mit der Anzahl der Prozessoren steigenden Kosten rechtfertigt, muss von Fall zu Fall entschieden werden.

Multithreading

Eine eingeschränkte Form der Parallelverarbeitung ist das *Multithreading*. Jeder Prozessor ist mit einem doppelten Satz aller Register ausgestattet. Wenn der Ablauf im Prozessor durch äußere Bedingungen angehalten wird, schaltet das System auf den zweiten Registersatz um. Mit dessen Inhalt wird ein anderer Befehlsstrom abgearbeitet. Ist die Halt-Bedingung wieder aufgelöst, wird wieder auf den ersten Registersatz umgeschaltet und der Ablauf an der vorigen Stelle wieder aufgenommen. Die leistungsfähigeren Intel-Chips mit dem Kürzel Core I7 oder I9 enthalten sowohl mehrere Prozessoren als auch Multithreading für jeden Prozessor, ebenfalls die Chips von AMD.

Multilevel-Cache

Ein Bremse für den Durchsatz sind die unterschiedlichen Geschwindigkeiten des Prozessors und des Arbeitsspeichers. Deshalb wurde eine Speicher-Hierarchie eingeführt, die komplett in die Hardware integriert ist. Meist sind es drei Ebenen von Pufferspeichern (*caches*). Die erste Ebene (L1 cache) arbeitet am schnellsten, die dritte Ebene (L3 cache) am langsamsten. Die Puffer werden auch zum Datenaustausch zwischen den Prozessoren eines Chips verwendet. Für die Organisation und automatische Umspeicherung der Cache-Inhalte ist relativ viel Hardware auf dem Chip notwendig, die sich aber in höherem Durchsatz auszahlt.

Der Programmierer kann die Funktionen und Inhalte der Caches nur indirekt beeinflussen. Eine Möglichkeit zur Beschleunigung der Ausführung sind Programmteile mit Daten, die vollständig in der schnellsten Cache-Ebene gehalten werden. Damit werden die langsameren Zugriffe auf den Hauptspeicher vermieden. Optimierende Compiler nehmen Rücksicht auf die Cache-Struktur und ordnen den Programmablauf vielleicht um.

Erweiterung der Adressierung auf 64 Bit

Die Firma AMD schlug 2003 eine Erweiterung der Architektur vor, um die x86-Familie mit 64-Bit-Adressierung auszustatten. Intel hatte zu der Zeit schon den 64-Bit-Prozessor Itanium entwickelt, der aber nicht mit der x86-Reihe kompatibel war, anders als ursprünglich vorgesehen. Der Itanium-Prozessor wird fast nur noch in Servern eingesetzt und nicht mehr weiterentwickelt. Intel übernahm von AMD die 64-Bit-Adressierung für ihre x86-Chips. Die Erweiterung der x86-Architektur war technisch und wirtschaftlich die bessere Lösung als der Itanium-Chip. Die Prozessorfamilie mit 64-Bit-Adressierung erhielt die Kurzbezeichnung x64 oder x86-64 (@x86-Prozessor).

Typische Konfiguration der ersten PCs

Außer der Mutterplatine mit Prozessor, Speicher und Anschlusselektronik waren die ersten Arbeitsplatz-Computer ein oder zwei Disketten-Stationen ausgestattet. Später kamen Festplatten (HDD) hinzu, die erste Version von IBM mit 10 MB Kapazität. Über parallele oder serielle Schnittstellen waren eine Tastatur, ein Sichtgerät und optionale Matrix-, Typenrad- oder Laserdrucker angeschlossen. Der Rechner nutzte ein alphanumerisches Sichtgerät mit 24 Textzeilen und 80 Zeichen pro Zeile, letzteres eine Reminiszenz an die traditionelle IBM-Lochkarte mit ihren 80 Spalten.

Betriebssysteme für Arbeitsplatz-Computer

Bei der Einführung des Arbeitsplatz-Computers war die Firmenleitung von IBM noch auf „big iron" fixiert, die Großrechenanlagen der erweiterten /360-Familie. Angelehnt an den Ausspruch von Henry Ford für Autos, war der Satz „Big computers, big money, small computers, small money" eine der vermeintlichen Wahrheiten in dieser Zeit. Deshalb wollte IBM wahrscheinlich so wenig wie möglich Ressourcen in die Entwicklung eines Betriebssystems für die scheinbar unbedeutende Nebenlinie der PCs investieren. Es erschien wirtschaftlicher, das System von einer anderen Firma zu kaufen.

PC-DOS, MS-DOS

Es ist eine der urbanen Sagen, dass IBM eigentlich den Entwickler des 8-Bit-Systems CP/M für das neue 16-Bit-Betriebssystem gewinnen wollte. Doch der war sich des Auftrags zu sicher und sagte den entscheidenden Termin mit dem IBM-Management ab, um eine Tour mit seinem Privatflugzeug zu unternehmen. IBM ließ sich diese Unhöflichkeit nicht bieten und erwarb einige Zeit später von Microsoft das Betriebssystem PC-DOS, das Bill Gates kurz vorher von einer anderen Firma gekauft hatte. Die Bedienung erfolgte mit Textbefehlen über die Tastatur.

Die Geschäftsleitung von Microsoft mit Bill Gates an der Spitze traf eine Entscheidung mit langfristigen Folgen, als sie sich das Recht zur eigenen Vermarktung des Systems unter dem Namen MS-DOS vorbehielt. Der IBM-PC war ziemlich kostspielig, wie alle anderen Produkte von IBM. Es dauerte nicht lange, bis funktionsgleiche Kopien der Hardware („100 % IBM-kompatibel") von Firmen in Fernost und Nahost – damit ist die DDR gemeint – gefertigt wurden. Die preiswerten Nachbauten brauchten ein Betriebssystem, um mit dem Original-PC gleichzuziehen. Microsoft stand bereit, die Lücke mit MS-DOS zu schließen.

Als Konkurrenz zu MS-DOS erschien später das Betriebssystem DS-DOS, das aus der Sicht des Anwenders vollständig kompatibel zu MS-DOS, aber preisgünstiger war. Die Herstellerfirma, die übrigens auch CP/M entwickelt hatte, besaß aber nicht genug wirtschaftliche Kraft, um dem Druck von Microsoft standhalten zu können. Das Produkt verschwand bald wieder vom Markt. Es wurde vermutet, dass Microsoft nicht dokumentierte Schnittstellen in MS-DOS für den Betrieb von MS Office nutzte und damit die Installation der Büro-Software auf DS-DOS erschwerte.

Graphische Benutzer-Oberfläche für MS-DOS

Für die Ausgabe von graphischen Darstellungen unter MS-DOS war eine Einsteck-Platine notwendig. Die Anweisungen des Programms für die Zeichnung von Linien und Flächenfüllungen wurden in ein monochromes oder farbiges Rasterbild im Graphikspeicher umgesetzt, der auf ein Raster-Sichtgerät übertragen wurde. Für die Programmierung der graphischen Ausgabe unter MS-DOS mussten Funktions-bibliotheken von Drittanbietern erworben werden. Das ursprüngliche MS-DOS bot so gut wie keine Graphik-Unterstützung an.

In den modernen Prozessoren von Intel und AMD sind Graphik-Einheiten unterschiedlicher Leistungsfähigkeit integriert. Bei moderaten Anforderungen an die Graphik, etwa die graphische Benutzer-Oberfläche oder typische Anwendung der Bürokommunikation, kann auf zusätzliche Graphik-Hardware verzichtet werden. Für höhere Anforderungen an die Geschwindigkeit, etwa bei CAD-Anwendungen mit komplexen 3D-Konstruktionen oder fast fotorealistischen Computerspielen, ist nach wie vor eine leistungsfähige Graphikkarte erforderlich. Sie kann mitunter teurer sein als das ganze restliche Computer-System. Die neueste Ankündigung ist ein Intel-Prozessor mit einer leistungsfähigen Graphikeinheit von AMD auf einem Modul (WINDECK 2017).

Mit dem Rechner Macintosh hatte die Firma Apple die graphische Benutzer-Oberfläche (GUI, *graphical user interface*) eingeführt. Der Rechner wurde durch Positionierung eines von einer Maus geführten Zeigers (cursor) auf dem Bildschirm, unterstützt von Tastatureingaben. Es stellte sich schnell heraus, dass diese Art der Bedienung schneller und weniger fehleranfällig war als mit Tastatur-Befehlen. Microsoft war gezwungen, dass Konzept des GUI zu übernehmen, um nicht gegenüber Apple ins Hintertreffen zu geraten.

Der erste einigermaßen erfolgreiche Versuch war ein Zusatz für MS-DOS, genannt Windows 3.1. Diese Version hatte noch zahlreiche Fehler, die im schlimmsten Fall zum Absturz von MS-DOS führen konnten. In späteren Versionen von MS-DOS waren der Windows-Funktionen besser integriert und deshalb zuverlässiger. Das System MS-DOS wurde in Windows umbenannt. Da aber MS-DOS immer noch das Fundament bildete, konnten einige grundsätzliche Probleme nicht behoben werden. Das schlimmste Ereignis, das einem Anwender zustoßen konnte, war ein scheinbar grundloser Systemabsturz mit Verlust der gerade in Arbeit befindlichen Daten.

Vernetzung der Arbeitsplatzrechner

Eine Schwäche von MS-DOS war die Vernetzung vieler Arbeitsplatzrechner, auch über längere Entfernungen in einem Gebäude oder einer Liegenschaft. Das ist eine unabdingbare Notwendigkeit in einer größeren Organisationseinheit wie einer Firma oder Behörde. Für ein funktionierendes Netzwerk genügt es nicht, einfach die Rechner über Leitungen zu verbinden. Im Betriebssystem müssen Vorkehrungen getroffen sein, etwa um gemeinsame Ressourcen im Netzwerk nutzen zu können.

Für die Verbindungen zwischen den Computern wurden verschiedene Kabeltypen eingesetzt. Mit Ethernet-Kabeln in zwei Versionen („gelbes Kabel", Thin-wire Ethernet) konnte ein Netzwerk mit Bus-Topologie realisiert werden. Später kamen Kabel nach dem Standard RJ45 in Gebrauch, die Punkt-zu-Punkt-Verbindungen herstellten. Die Leitungsarten hatten unterschiedliche Grenzwerte in Bezug auf die maximale Länge und die Übertragungsgeschwindigkeit. Um die technischen und wirtschaftlichen Vorteile der unterschiedlichen Kabeltypen auszunutzen und die Nachteile zu vermeiden, wurden die Leitungen über Konverter zur einer strukturierten Verkabelung verbunden. Glasfaser-Leitungen ermöglichen sehr schnelle Übertragungsgeschwindigkeiten über längere Entfernungen, erfordern aber höheren Aufwand für die Verteilung und den direkten Anschluss der Rechner am Arbeitsplatz.

Vernachlässigte Kosten

Als in den Pionierzeiten die Arbeitsplatz-Rechner mit MS-DOS die Schreibmaschinen zu ersetzen begannen, wurde oft nur der kleine Kasten am Arbeitsplatz gesehen. Der PC war scheinbar sehr viel preiswerter als die Minicomputer oder Großrechenanlagen, die bisher in manchen Forschungseinrichtungen genutzt wurden. Nach dem Motto „Tausende Lemminge können nicht irren" folgten viele Entscheidungträger der Herde (JAENICKE 2017), ohne sich über die finanziellen und personellen Konsequenzen im Klaren zu sein.

Welche zusätzlichen Finanzmittel für ein größeres Rechner-Netzwerk aufgebracht werden müssen, wurde in vielen Fällen mangels IT-Wissen nicht wahrgenommen und von Interessengruppen auch bewusst verschwiegen. Das sind zum Beispiel die Kosten für die Server (Hardware und Software), die Lizenzen, die Kommunikations-Einrichtungen ins Internet, zentrale Geräte und Prozeduren für die Datensicherung. Der Zugriff auf zentrale Datenspeicher für Programme und Daten, auf weniger häufig genutzte, aber teure Geräte für die Graphikausgabe, die nur einmal vorhanden waren, muss möglich sein. Dazu sind Maßnahmen für die Zugangs- und Zugriffskontrolle im Netzwerk und die Abwehr von böswilligen Angriffen von innen und außen vorzusehen.

Nicht zu vergessen sind die Kosten der Kommunikation innerhalb und außerhalb des Rechnerverbundes und der nicht geringe Personalaufwand für Aufbau und Betreuung des Systems und der Anwender. Viele Netzwerk-Betreiber griffen auf Fremdsoftware zurück, die selbst wieder Probleme erzeugte, entweder in der Zusammenarbeit mit MS-DOS oder durch die Überforderung des eigenen IT-Personals bei der nicht immer einfachen Installation. Deshalb waren die Betreiber oft gezwungen, Dienstleister zu beauftragen, zu nicht unerheblichen Kosten und mit manchmal zweifelhaften Qualifikationen ihrer Mitarbeiter.

Der vermeintliche Vorteil der Auftragsvergabe an Dienstleister hat unter anderem dazu geführt, dass beim eigenen Personal wichtige IT-Kompetenzen nach und nach verloren gingen. Die Kenntnisse wären eigentlich notwendig gewesen, um sachkundig Aufträge zu formulieren und die Leistungen der Auftragnehmer zu beurteilen.

Das gilt auch für die Fähigkeit, schnell Probleme in der eigenen IT-Infrastruktur ohne Beteiligung Dritter zu lösen.

Um Missverständnissen vorzubeugen: Es war wirtschaftlich sinnvoll, die Computer so nahe wie möglich an den Arbeitsplatz zu bringen. Die Zunahme der Rechenleistung und die fortschreitende Verkleinerung und Kostensenkung bei der Hardware waren die notwendigen Voraussetzungen für diese Entwicklung. Der Weg von der Großrechenanlage im Rechenzentrum über die Minicomputer vor Ort zum Rechner am Arbeitsplatz war konsequent. Nicht in allen Fällen verfügten die Verantwortlichen die Sachkenntnis, um die Kosten für die Infrastruktur im Hintergrund und die Umstellung einigermaßen korrekt abzuschätzen, einschließlich der notwendigen Veränderungen beim IT-Personal.

Windows NT

Mit der Zeit wurden die Arbeitsplatz-Rechner erheblich leistungsfähiger, in der Rechengeschwindigkeit und der Speicherkapazität. Es war jetzt möglich und auch dringend notwendig, das antike MS-DOS mit dem Windows-Anbau durch ein System mit integrierter graphischer Benutzeroberfläche zu ersetzen. Damit konnte man gleich noch eine Reihe von anderen Problemen lösen, etwa im Dateisystem, der Vernetzung und für eine bessere Absicherung gegen böswillige Angriffe von innen und außen. Das neue Betriebssystem bekam den Namen Windows NT. Die Buchstaben NT standen für *new technology*. Damit sollte vermittelt werden, dass es sich um eine völlig neue Entwicklung handelte, die mit MS-DOS nichts mehr gemeinsam hatte. Wie üblich bei solchen Mammutaufgaben dauert es einige Zeit, bis ein zuverlässiges Produkt entstanden ist. Mit der Version 3 hatte Windows NT dann eine Reife erreicht, die das System für die praktische Anwendung in einer Produktionsumgebung tauglich machte.

Windows NT war anfangs für die Portierung auf andere Rechner-Architekturen als x86 vorgesehen. Auch für die Rechner von DEC mit dem Alpha-Prozessor war eine Windows-Version erhältlich. Die Weiterentwicklung der Versionen für Nicht-Intel-Prozessoren wurde eingestellt, als die Marktanteile der x86-Familie immer größer wurden und die Drittfirmen keinen finanziellen Beitrag an Microsoft für die Portierung auf ihre Prozessoren mehr leisten wollten oder konnten.

Die nächsten Generationen von Windows NT erhielten im Laufe der Zeit unterschiedliche Namen, bis man bei der siebten Generation auf die ursprüngliche Nummerierung zurückkam. Nach Windows 7 folgte die Version 8. Die Nummer 9 wurde übersprungen und gleich Windows 10 den Anwendern präsentiert. Aus inoffiziellen Äußerungen könnte man schließen, dass es nach Windows 10 keine weiteren Versionsnummern mehr geben und das System evolutionär durch Updates verändert wird.

Anwendungs-Software

MS Office mit den Komponenten Word, Outlook, Excel und PowerPoint ist zum Standard in der Bürokommunikation geworden, auch auf Rechnern mit Windows NT. Das *World Wide Web* hat sich etabliert, E-Mail kam als schnelles und preiswertes Kommunikationsmittel in Gebrauch. Aufgrund der sehr hohen Stückzahl der Rechner mit Windows NT lohnte es sich für Software-Produzenten, ein großes Spektrum von Anwendungsprogrammen bereitzustellen. Für die Büroaufgaben stehen heute Konkurrenzprodukte zu MS Office zur Verfügung, die dem Original nachempfunden wurden, auch in der Bedienung, dabei billiger oder sogar kostenlos sind. Ergänzend zur Bürokommunikation sind Systeme verfügbar, zum Beispiel für die Bildverarbeitung und graphische Komposition, Video-Schnitt, Schriftsatz und Layout von Publikationen und Werbeschriften oder die Erzeugung, Laufendhaltung und Präsentation von Inhalten im World Wide Web.

Ein umfangreiches Anwendungsgebiet ist die mechanische Konstruktion (CAD, *computer-assisted design*) mit einer fast unübersehbaren Vielfalt an Programmen auf vielen Stufen der Funktionalität. Auch für den Entwurf von elektronischen Schaltungen werden viele Lösungen angeboten, vom Schaltungsdiagramm bis zur Erzeugung und Optimierung der Leitungsführung auf den Platinen, von kostenfreien Versionen für kleine Formate bis zu Varianten für großformatige Platinen mit mehreren Leitungsebenen. Die meisten dieser Programme können Dateien erzeugen, die von einem Dienstleister in reale Platinen umgesetzt werden.

Für die betriebliche Datenverarbeitung über die typischen Büroanwendungen hinaus – zum Beispiel Personal-Informationssysteme, Buchhaltung, Shop-Software einschließlich Lagerhaltung und Inkasso, Produktions-Vorbereitung und -steuerung, Logistik – sind viele Anwendungsprogramme mit unterschiedlichen Stufen der Integration, Komplexität und Kosten auf dem Markt. Für private Anwender werden relativ preiswert Programme für die Steuererklärung, die Optimierung der eigenen Finanzen oder die Bereitstellung von online-Shops angeboten. Von einigen Computer-Zeitschriften werden in regelmäßigen Abständen kleinere Dienstprogramme auf beiliegenden DVDs an die Leser verschenkt, die sich manchmal als nützliche Ergänzung der Funktionen im Betriebssystem herausstellen.

Programmentwicklung

Angesichts des riesigen Angebots von Software für Windows-Systeme könnte man annehmen, dass keine Notwendigkeit mehr besteht, selbst noch Programme zu entwickeln. Aber Software-Firmen müssen auch ihre Anwendungen programmieren. Die Firmen und ihre Mitarbeiter sind in diesem Fall wieder Entwickler, die geeignete Werkzeuge für das Erstellen und Austesten der Programme benötigen. Computerspiele sind dabei ein wichtiges Anwendungsgebiet, in dem überdies die Fähigkeiten der

Computergraphik für fotorealistische Darstellung bis an die Grenzen der Technik ausgereizt werden.

In Forschung und Entwicklung gibt es für neue Ideen und Methoden oft keine fertige Software. Wissenschaftler und Ingenieure sind darauf angewiesen, selbst zu programmieren, um ihre Thesen zu verifizieren oder eine technische Lösung zu finden. Schnell entwickelte, aber suboptimale Lösungen („quick and dirty") reichen für diesen Zweck meistens aus. Sie sind aber nicht unbedingt benutzerfreundlich und kaum für die Vermarktung an Endverbraucher geeignet. Sollte sich die Lösung als durchschlagende Neuerung herausstellen, die auch einen wirtschaftlichen Erfolg verspricht, wird früher oder später eine Software-Firma die Novität als Option in ein vorhandenes Software-Paket integrieren oder sogar ein neues Produkt daraus machen (oder auch nicht, leider).

Visual Studio und Compiler für Fortran und C/C++

Microsoft stellt für das Windows-Betriebssystem eine sehr gute Entwicklungs-Umgebung namens Microsoft Visual Studio bereit. Das Paket enthält Compiler und Programm-Bibliotheken für alle von Microsoft unterstützten Programmiersprachen. Für die Zusammenarbeit mehrerer Programmierer sind Optionen vorhanden, um die gemeinsame Arbeit an einem Projekt zu erleichtern. Mit dem Debugger von Visual Studio können während des Rechenlaufs die aktuellen Werte von Variablen sichtbar gemacht werden. Das ist eine sehr gute Hilfe beim Austesten von komplexen Programmen.

In der Liste der Programmiersprachen, die in Visual Studio bereitgestellt werden, fehlt die Sprache Fortran. Vor vielen Jahren hat Microsoft die Rechte und Compiler für das ungeliebte Kind Fortran an Intel verkauft. Intel sah einen Bedarf bei Kunden im wissenschaftlichen und technischen Bereich, die Computer mit x86-Prozessoren nutzen. Die Anwendungen mit hohem Rechenbedarf sollen die Fähigkeiten der Intel-Prozessoren möglichst weit ausreizen, um die Programme noch schneller und leistungsfähiger zu machen. Visual Studio und die Compiler von Intel bieten gute Unterstützung für die Integration von Fortran und der Industrie-Standards C und C++ in einer Anwendung. Die Vorteile beider Sprachen können genutzt und vorhandene Bausteine wiederverwendet werden. Intel arbeitet in den ISO-Normungsgremien für Fortran und C/C++ mit und bemüht sich, die jeweiligen Neuerungen in den Standards in angemessener Zeit zu implementieren

Die Compiler von Intel, sowohl für Fortran als auch für C/C++, sind optimierende Compiler. Die Übersetzer analysieren das Quellenprogramm auf Möglichkeiten, wie die im Zielprozessor vorhandenen Erweiterungen für die Beschleunigung der Rechenvorgänge genutzt werden können. Die vielen Erweiterungen des ursprünglichen Befehlssatzes – MMX, SSE, SEE2, SSE3, SSE4.1, SSE4.2, EMT64, VT-x, AES, AVX,

AVX2, FMA3 in der aktuellen Intel-Generation Coffee Lake – sind wahrscheinlich ein Alptraum für die Compiler-Programmierer. Der Anwender kann durch Setzen von Optionen die Übersetzung des Quellkodes beeinflussen, bis hin zur Optimierung und die Parallelisierung von Befehlsfolgen eines Programms für die Nutzung in Mehrprozessor-Chips.

Mit zusätzlicher Tuning-Software von Intel lässt sich das Verhalten eines Programms in Echtzeit protokollieren, etwa in welchen Programmteilen die meiste Zeit verbraucht wird. Das ist ein Anhaltspunkt für den Programmierer, ob vielleicht ein anderer Algorithmus oder mehr Arbeitsspeicher ein zeitkritisches Programm beschleunigen können. Neben Intel bieten auch andere Firmen Fortran-Compiler für die Windows-Umgebung an. Bei Testrechnungen schneidet der Intel-Compiler fast immer mit der schnellsten Ausführungszeit ab.

Graphik-Bibliothek

Die Entwicklungsumgebung MS Visual Studio und der Intel-Compiler enthalten Funktionen für die Realisierung von graphischen Benutzeroberflächen und die graphische Ausgabe auf dem Bildschirm. Diese Funktionen sind etwas umständlich in Fortran zu programmieren, weil sie an der Syntax der Sprache C orientiert sind. Für anspruchsvolle Graphiken und GUI sind sie nur bedingt geeignet. Die Ausgabe auf unterschiedliche Graphik-Geräte und 3D-Darstellungen lassen ebenfalls viele Wünsche offen.

Deshalb wurde die Bibliothek *Winteracter* der Firma ISS für die graphische Interaktion ausgewählt. Winteracter enthält Funktionen für den Entwurf und das Editieren der Menüs und Dialoge der Benutzeroberfläche, die Verarbeitung von Benutzer-Eingriffen durch Maus und Tastatur, die Ausgabe von Linien und Flächenfüllungen auf dem Bildschirm und auf Hardcopy-Geräten, dazu Funktionen für den Import und Export von Dateien mit Graphik-Informationen in 2D und 3D (@Winteracter).

Meine privaten Arbeitsplatz-Rechner

Der niedrige Preis, die Datenspeicherung auf Disketten, später auch Festplatten, und die Möglichkeit für den Einsatz eines Bildschirmgeräts machten die PC-Clones auch für den privaten Gebrauch erschwinglich. Für den Einsatz zuhause war, wie am Arbeitsplatz, Software für die Erstellung von Textdokumenten, die Versendung und den Empfang von E-Mails, für Tabellenkalkulation und Bildschirm-Präsentationen notwendig. Das Paket MS Office wurde zum Quasi-Standard in Firmen und Behörden.

Microsoft erlaubte vor einigen Jahren ausdrücklich, dass die am Arbeitsplatz genutzte Software von Microsoft, also MS-DOS und MS Office, auch auf dem Computer zuhause installiert und für private Zwecke genutzt werden durfte. Vertrauliche Informationen lassen den Schluss zu, dass manche Entscheidung zugunsten von Arbeitsplatz-Computern und Microsoft-Programmen in Firmen und Behörden aufgrund der Möglichkeit zur kostenlosen privaten Nutzung der MS-Software getroffen wurde. Der Arbeitsplatz-Rechner mit Windows und MS Office wurde das bevorzugte Arbeitspferd auch für private Anwendungen zuhause. Manche Firmen und Behörden hielten die Möglichkeit zur kostenlosen privaten Nutzung geheim, weil sie zusätzliche Belastungen der IT-Mitarbeiter durch Anfragen zum privaten Gebrauch befürchteten.

Mein erster privater Arbeitsplatz-Computer war ein IBM-kompatibles Gerät, das von einem regionalen Kleinunternehmer aus Elektronik-Teilen fernöstlicher Herkunft zusammengestellt wurde. Die Hardware war deshalb erheblich preiswerter als der PC von IBM. Der Prozessor war mit 10 MHz getaktet, schneller als das Original. Die Lieferfirma hatte das Betriebssystem MS-DOS, das man normalerweise zusätzlich zur Hardware erwerben musste, auf der Festplatte „vergessen". Ich konnte jetzt zuhause Texte und Programmkode verfassen, die als Dateien auf einer Festplatte gespeichert wurden. Für den Austausch der Dateien mit dem Computersystem in der BfLR war ein Laufwerk für 5¼-Zoll-Disketten vorhanden.

Notebook-Rechner

Dieser erste PC tat einige Jahre seinen Dienst. Der nächste Sprung in meiner privaten Computer-Ausstattung kam im Jahr 1993 während eines Klinik-Aufenthaltes mit anschließender Rehabilitation in einem Sanatorium. Angesichts der zu erwartenden längeren Verweildauer im Krankenhaus und Sanatorium hatte ich viele Bücher gekauft. Aber schon in den ersten beiden Wochen waren alle Bücher gelesen. Ich langweilte mich, da zwischen den Therapiestunden im Sanatorium oft erhebliche Lücken vorhanden waren und ich mich noch nicht in der Lage fühlte, längere Spaziergänge zu unternehmen.

Das Programmiervirus war wieder erwacht. Sobald ich wieder einigermaßen sicher auf den Beinen war, fuhr ich zur nächstgelegenen Filiale des Computerhändlers Vobis und kaufte einen preiswerten Notebook-Rechner, preiswert nach den Maßstäben dieser Zeit. Der Notebook-Rechner Vobis Highscreen 486 DX/33 enthielt ein monochromes LCD-Display, 4 MB Arbeitsspeicher und eine Festplatte mit 120 MB. Der Prozessor war ein Intel 486DX, der mit 33 MHz getaktet war. Als Betriebssystem diente MS-DOS in der damaligen Version. Jetzt konnte ich vor allem Texte schreiben, aber auch Algorithmen entwerfen und auch mit Basic-Programmen behelfsweise testen.

Ein Jahr später habe ich den Arbeitsspeicher auf das Maximum von 16 MB (nicht GB!) ausgebaut, um Windows 3.1 und seine graphische Benutzeroberfläche nutzen zu können. Bald kam ein Modem hinzu, mit dem ich wenigstens von zuhause E-Mails senden und empfangen konnte, was an meinem Arbeitsplatz noch nicht möglich war.

Arbeiten im *World Wide Web* war wegen der geringen Übertragungsgeschwindigkeit von zuerst 9600 bit/s nicht sehr sinnvoll. Später hatte ich ein Modem mit 54 kbit/sec Übertragungsrate zur Verfügung, mit dem man schon etwas besser im WWW zurecht kam. Die Übertragung von Programm-Updates oder Bildern war aber immer noch quälend langsam und fehleranfällig. Erst mit der Bereitstellung von DSL-Leitungen für Privathaushalte konnten größere Datenmengen ausreichend schnell und fehlersicher heruntergeladen werden.

Irgendwann war der Bestand an Software und Textdateien so groß geworden, dass der externe Speicherplatz auf der Festplatte des Notebooks nicht mehr ausreichte. Der Austausch der Festplatte scheiterte am BIOS des Rechners, das eine höhere Festplatten-Kapazität nicht zuließ. Ein neuer Arbeitsplatz-Rechner musste beschafft werden.

PC-Nachfolger zuhause

Auf den ersten Notebook-Rechner folgten mehrere Desktop-Rechner. Mit dem technischen Fortschritt nahmen die Rechengeschwindigkeit, der Arbeitsspeicher und die Kapazität der Festplatten weiter zu. Der Zugriff auf die Festplatten wurde schneller und sicherer, etwa durch die Kombination von zwei oder mehr Laufwerken zu einem RAID-Verbund (Labs 2017). Die Festplatten wurden in den letzten Jahren durch SSDs (*solid-state disks*) ergänzt. Sie sind um ein Mehrfaches schneller, weil der Datenzugriff nicht durch die Massenträgheit der beweglichen Teile für die Magnetaufzeichnung ausgebremst wird.

MS-DOS mit aufgesetztem Windows wurde durch Window-NT-Versionen ersetzt, bis zur aktuellen Version Windows 10. Kommunikationsleitungen nach dem DSL-Standard beschleunigen die Verbindung ins weltweite Internet. Ein DSL-Router mit WLAN macht die lästigen Verbindungskabel im Haus überflüssig. Als Entwicklungsumgebung für die Programmierung werden MS Visual Studio, für die Übersetzung der Quellenprogramme in den Sprachen Fortran und C/C++ die Compiler von Intel genutzt. Die Bibliothek Winteracter stellt die Funktionen für die graphische Interaktion bereit.

Mein nächster Desktop-Rechner ist wahrscheinlich mit einem Prozessor-Chip der Coffee-Lake-Serie mit 14 nm Strukturbreite und höherer Taktfrequenz ausgestattet. Der Arbeitsspeicher vom Typ DDR4 und Halbleiter-Laufwerke (SSD) mit schneller Anbindung an den Prozessor werden den Zugriff auf Programme und Daten weiter beschleunigen.

Hoch- und Höchstleistungsrechnen

14

Großrechenanlagen

Die Rechenanlage IBM 7094 II im Deutschen Rechenzentrum wurde seinerzeit zu den Großrechnern gezählt, weil sie einer der schnellsten Computer auf dem Markt war. Die Modelle mit den höheren Nummern bei den Reihen IBM /360, /370 und /390 galten einige Jahre später aufgrund ihrer Leistungsfähigkeit als Großrechenlagen. Die Ansprüche an den Durchsatz von Rechenanlagen stieg weiter an, weil neue Anwendungsgebiete mit immer höheren Leistungsanforderungen erschlossen wurden. Nicht zuletzt die bemannte Raumfahrt mit der Mondlandung als vorläufigem Abschluss hat wesentlich zur Weiterentwicklung der Computertechnik beigetragen. Zweifellos war auch die militärische Forschung und Entwicklung ein gewichtiger Anwender, aber davon drang so gut wie nichts an die Öffentlichkeit.

Die immer weiter steigende Nachfrage hat dazu geführt, dass neue Firmen gegründet wurden, die sich auf Hochleistungscomputer spezialisierten. Die bekanntesten Anbieter waren die Hersteller Control Data Corporation (CDC), Cray Computer und Amdahl. Sie nutzten für ihre Rechner unterschiedliche Konzepte zur Durchsatzsteigerung über das Niveau der Großrechner von „Big Blue" hinaus. Die Firmen waren auf ihrem Spezialgebiet sehr erfolgreich, nicht zuletzt durch Aufträge von Einrichtungen für Nuklear- und Teilchenphysik, Metereologie, Astronomie und Raumfahrt, wahrscheinlich auch vom Militär und den Geheimdiensten der USA.

In Zusammenhang mit Großrechenanlagen erfuhr ich eine kuriose Geschichte. Die Regierung der USA hatte den Export von 32-Bit-Rechnern in den Ostblock untersagt, weil man befürchtete, dass die Computer für militärische Aufgaben genutzt werden könnten. Als die Sowjetunion aus dem Wettlauf zum Mond ausgestiegen war, hatte sich die Stimmung zwischen den Machtblöcken etwas entspannt. In dieser Zeit war es der Firma Control Data (CDC) gelungen, eine Ausnahmegenehmigung für den Verkauf ihres damals leistungsfähigsten Rechners an die Sowjetunion zu erhalten. Der Aufstellungsort war das Forschungszentrum Dubna in der Nähe von Moskau. Es gilt als ziemlich sicher, dass dort nicht nur zivile Forschung betrieben wurde.

Eine Bedingung des Vertrags war die Anwesenheit eines kompetenten Mitarbeiters von CDC im Rechenzentrum, neben den CDC-Wartungstechnikern, die für einen weitgehend störungsfreien Betrieb sorgen sollten. Die zweite Bedingung bestand in der Verpflichtung, Kopien aller Ablaufprotokolle des Betriebssystems zur Verfügung zu stellen. Einmal in der Woche fuhr der Kontrolleur von CDC mit mehreren Dutzend Magnetbändern zur amerikanischen Botschaft nach Moskau. Vor dort wurden die

Bänder in die USA verschickt. Ich fragte den CDC-Mitarbeiter, der mir die Geschichte erzählt hatte, was denn mit den Magnetbändern in den USA geschehen sei. Die Antwort: „Wahrscheinlich nichts. Sowohl die Russen als auch die Amerikaner wussten sehr gut, dass die Namen der Jobs in den Protokollen nichts über die Inhalt der Rechenläufe aussagten. Längere Rechenläufe konnten leicht in kleinere Jobs aufgeteilt werden, so dass auch die Rechenzeiten kaum Rückschlüsse auf den Zweck der durchgeführten Arbeiten zuließen."

Nutzung freier Kapazitäten auf Arbeitsplatz-Rechnern

Die Arbeitsplatz-Computer sind heute so leistungsfähig, dass sie für die Bürokommunikation und die meisten Anwendungen am Arbeitsplatz und zuhause ausreichend Rechenkapazität bereitstellen. Allenfalls für Computerspiele sind schnelle Prozessoren und Graphikkarten notwendig, um eine annähernd fotorealistische Darstellung zu erreichen. Doch manche Anwendungen erfordern erheblich größere Rechenleistungen, als sie einzelne Arbeitsplatzcomputer liefern können. Von welchen Größenordnungen hier die Rede ist und wie die Leistung bereitgestellt werden kann, soll eine kurze Darstellung des Hoch- und Höchstleistungsrechnen verdeutlichen.

Einem größeren Kreis von PC-Anwendern sind die Bemühungen bekannt geworden, nicht genutzte Rechenkapazität ihrer privaten Computer für sehr große Projekte zur Verfügung zu stellen. Ein solches Projekt war SETI@home. Mit Hilfe von Millionen weltweit verstreuter privater Computer sollten in scheinbar zufälligen Signalen aus dem Kosmos sinnvolle Muster entdeckt werden (SETI = search for extraterrestrial intelligence). Die PC-Anwender luden ein Analyse-Programm auf ihren Rechner und wurden von einem zentralen Server mit einem Ausschnitt aus den aufgefangenen Funksignalen versorgt. Nach der Prüfung der Daten meldete das Programm das Ergebnis zurück an den Server. Soviel bekannt geworden ist, wurden keine Muster gefunden, die auf Funkmeldungen außerirdischer Intelligenzen hätten schließen lassen.

Ein anderes Projekt mit weltweit verteilten Arbeitsplatzrechnern war Folding@ home. Durch numerische Simulation sollten möglichst viele Alternativen für die räumliche Anordnung von großen organischen Molekülen gefunden und untersucht werden. Die Faltung der Moleküle hat große Auswirkungen auf ihre Funktion in Organismen, wie wir aus der Forschung mit Prionen und damit zusammenhängenden Krankheiten wissen („mad cow disease", Creutzfeldt-Jakob-Krankheit).

Der größte Nachteil des globalen Rechnerverbundes waren die relativ langsamen Kommunikationsverbindungen und der Organisationsaufwand für die Verteilung der Programme und Daten und die Speicherung der Ergebnisse. In vielen Firmen und Behörden war aus Sicherheitsgründen die Teilnahme an diesen Projekten mit den Rechnern am Arbeitsplatz nicht erlaubt, so auch bei meinem Arbeitgeber.

Höchstleistungs-Computer

Die Alternative zu Millionen von verteilten Arbeitsplatzrechnern sind Höchstleistungs-Rechner, die speziell für die Bereitstellung von extrem hoher Rechenleistung konzipiert und gebaut werden, meistens als Einzelanfertigung. Die Systeme bestehen aus sehr vielen Prozessoren, die über extrem schnelle Verbindungen miteinander kommunizieren. Durch die relativ kurzen Wege zwischen den Prozessoren sind die Verzögerungen in der Datenübertragung relativ kurz. Für die interne Organisation der Höchstleistungs-Rechner werden unterschiedliche Konzepte und Topologien angewendet.

Die Prozessoren sind in der Regel die Spitzenmodelle der Standard-Prozessoren von Intel, AMD oder IBM. Sehr selten sind eigens für diesen Zweck gefertigte Prozessoren, wie etwa im weltweit schnellsten Computer in China. Dieser Rechner ist aus etwa zehn Millionen Prozessoren aufgebaut. In vielen Anlagen sind spezielle Prozessoren und Subsysteme enthalten, die bestimmte rechenintensive Aufgaben schneller ausführen können als die Standard-Prozessoren. Sehr häufig werden modifizierte Graphikprozessoren der Firmen Nvidia oder AMD für diesen Zweck genutzt. Chips der Xeon-Phi-Familie von Intel waren in einigen Supercomputern als Beschleuniger eingesetzt. Die Ankündigung des US Department of Energy, für ihren geplanten Höchstleistungs-Rechner einen anderen Spezial-Chip zu verwenden, hat unter anderem dazu geführt, dass Intel den ursprünglich vorgesehenen Xeon-Phi-Chip Knights Hill mit rund 90 Kernen nicht mehr produzieren wird (STILLER 2017).

Eine exakte Definition des Hochleistungsrechnens gibt es aufgrund der schnellen Entwicklung der Rechentechnik nicht. Sehr große Rechenleistungen werden vor allem für die Simulation von Prozessen benötigt, die nicht im Experiment durchgeführt werden können. Typische Anwendungsbereiche des *high performance computing* (HPC) sind Astro- und Teilchenphysik, Wettervorhersage und Klimaforschung, Quantenchemie oder Strömungsmechanik. Bestimmte Anwendungen können zum Hochleistungsrechnen zählen, die als Einzelaufgabe keine ungewöhnlichen Ressourcenanforderungen stellen, die aber in sehr großer Zahl gleichzeitig ablaufen. Typische Beispiele finden sich bei Datenbank-Anwendungen oder beim Schalten von Kommunikationsverbindungen.

Programmierung und Leistungsmessung

Der anspruchsvollste Teil bei der Programmierung der HPC-Anwendungen ist die Aufteilung der Gesamtaufgabe in kleinere Arbeitsschritte, die von den Prozessoren oder eine Gruppe von Prozessoren simultan ausgeführt werden. Die Aufteilung soll nach Möglichkeit so organisiert sein, dass kein Prozessor auf die Fertigstellung von Ergebnissen eines anderen Prozessors oder einer Prozessorgruppe warten muss. Die Summe der Wartezeiten soll also minimiert werden. Das ist nicht immer möglich, deshalb sind manche Klassen von Problemen für paralleles Rechnen auf Höchstleistungscomputern nicht oder nur mit Abstrichen geeignet.

Eine häufig benutzte Maßeinheit für die Leistungsfähigkeit eines Hochleistungs-Computers ist die Anzahl der Gleitkomma-Operationen, die der Rechner pro Sekunde ausführen kann, abgekürzt *FLOPS* (*floating-point operations per second*). Um Zufälle oder Manipulationen bei der Leistungsmessung auszuschalten, wird das Programmpaket LINPACK eingesetzt, das ursprünglich für das Lösen von linearen Gleichungssystemen entwickelt worden war.

Da die FLOPS-Werte immer größer geworden sind, wird die Maßeinheit mit der Angabe für die Größenordnung verbunden. Inzwischen sind die Rechenanlagen im Bereich von teraFLOPS (10^{12} FLOPS = Billionen FLOPS) angelangt. Die Entwicklung geht weiter: Für das Jahr 2018 wurden Anlagen im petaFLOPS-Bereich angekündigt, darunter ein Rechner in Japan mit geplanten 37 petaFLOPS (10^{15} FLOPS). China will 2020 den ersten HPC-Computer fertigstellen, der die exaFLOPS-Grenze (10^{18}) überschreiten soll. Das amerikanische Energie-Ministerium will ab 2021, Europa ab 2022 in diese Klasse vordringen.

TOP500-Liste

Zweimal im Jahr wird eine Liste der weltweit 500 Anlagen mit der höchsten Leistung veröffentlicht, zuletzt im November 2017 (@top500). Seit einigen Jahren führen Höchstleistungs-Computer in China die Liste an, mit dem aktuellen Wert von 93 teraFLOPS für den Spitzenreiter und 33 teraFLOPS für den Zweitplatzierten. 200 Computer der Liste sind in China (35,4 Prozent der Top500) und 143 in den USA (29,6 Prozent) aufgestellt. Auch in der Summe der Rechenleistung hat China mit 35 Prozent die USA mit 30 Prozent überholt. Der schnellste deutsche Hochleistungsrechner liegt mit 5,6 teraFLOPS auf Platz 19 in dieser Liste. Nach China und der USA folgen in der Zahl der Top500-Rechner Japan, Deutschland, Frankreich und Großbritannien (Stiller & Windeck 2017).

Wenn man den Stromverbrauch eines hochwertigen Arbeitsplatzrechners auf die Höchstleistungs-Rechenanlagen mit Hunderttausenden oder Millionen von Prozessoren hochrechnet, erhält man eine ungefähre Vorstellung vom Energieumsatz und dem CO_2-Fußabdruck. Seit einigen Jahren werden deshalb FLOPS und Energieverbrauch der Hochleistungsrechner miteinander in Beziehung gesetzt und daraus eine „grüne Rangliste" erstellt (@Green500).

Software für GIS und Visualisierung im BBR 15

Fusion zum Bundesamt für Bauwesen und Raumordnung

Ungefähr ab 1996 traten Ereignisse ein, die nicht nur die Organisation, sondern auch die IT-Infrastruktur in der BfLR einschneidend verändert haben. Nach längerer Vorbereitungszeit wurde Anfang 1998 die Bundesbaudirektion mit der Bundesforschungsanstalt für Landeskunde und Raumordnung zum neuen Bundesamt für Bauwesen und Raumordnung (BBR) fusioniert. Die klassische Bauverwaltung mit relativ kurzfristigen Bauprojekten für die Bundesregierung wurde mit einem Forschungsinstitut mit langfristigen Aufgaben wie die Laufende Raumbeobachtung für die wissenschaftliche Beratung der Bundesregierung zusammengelegt. Zwei sehr unterschiedliche Arbeitskulturen und Organisationsformen sollten zusammenwachsen, was nicht ohne Konflikte im dienstlichen und persönlichen Bereich blieb.

Die Fusion war ein Grund für gravierende Änderungen in der IT-Infrastruktur, aber nicht der einzige. Die Firma Digital Equipment Corporation verlor wirtschaftlich zunehmend an Boden, obwohl die Hardware und Software den Arbeitsplatz-Computern von IBM und ihren Clones überlegen war. Das Betriebssystem VAX/VMS war fortschrittlicher und bot weit mehr Funktionen als die Systeme MS-DOS oder Windows. Die vermeintlich preiswerteren Arbeitsplatzcomputer mit Intel-Prozessor und Windows NT gewannen die Oberhand über die bessere Technik und Kundenorientierung von DEC. Als Folge des wirtschaftlichen Niedergangs wurde die Firma Digital Equipment Corporation und alle ihre Produkte von der Firma Compaq übernommen, die selbst einige Zeit später in der Firma Hewlett-Packard aufging. Es war klar, dass VAX, Alpha und VMS keine Zukunft mehr hatten.

Neuorganisation der IT-Infrastruktur

Als Standardausstattung der neuen Behörde wurden Arbeitsplatz-Computer unter dem Betriebssystem Windows NT und das Paket MS Office für die Bürokommunikation vorgegeben. Es war klar, dass die Umstellung einiger auf Unix-Rechnern laufenden Aufgaben der früheren Bundesbaudirektion und die in langen Jahren gewachsenen Anwendungen der BfLR auf den VMS/Alpha-Rechnern einige Zeit in Anspruch nehmen würden.

Für den wissenschaftlichen Bereich des BBR konnten die laufenden Projekte und die damit zusammenhängenden Publikationen nicht einfach angehalten werden, auch nicht für kurze Zeit. Deshalb musste das VAX/VMS-System noch einige Zeit parallel zur Windows-Infrastruktur in Betrieb bleiben. Die Anwendungen in der Laufenden Raumbeobachtung und der rechnergestützten Kartenherstellung wurden auf DEC-Rechnern unter VMS weiterbetrieben, bis adäquate Lösungen für Windows NT zur Verfügung standen.

Wie immer bei solchen Umbrüchen in Hardware und Software waren eine Reihe von Problemen zu lösen. Für das zentrale IT-Referat war die raumbezogene wissenschaftliche Datenverarbeitung völlig unbekanntes Terrain. Viel Überzeugungsarbeit und auch Druck durch die obere Führungsebene des wissenschaftlichen Bereichs waren notwendig, damit ausreichend Zeit zur Umstellung der Software ohne Unterbrechung des Forschungsbetriebs zur Verfügung stand. Die Nutzung des Geo-Informationssystems erforderte leistungsfähigere Arbeitsplatz-Computer als für die Bürokommunikation. Die langfristige Datensicherung – zehn Jahre sind ein von der Deutschen Forschungsgemeinschaft gesetzter Zeitrahmen für ordnungsgemäßes wissenschaftliches Arbeiten – war für das Windows-Netzwerk nicht vorhanden und musste so schnell wie möglich eingerichtet werden.

Neue IT-Aufgaben kamen hinzu, etwa die Nutzung von E-Mail und des World Wide Web (WWW), damals schon unabdingbare Arbeitsmittel für jeden Wissenschaftler. Die eigene Präsenz im WWW musste aufgebaut werden, zur Informationsversorgung und zum Informationsaustausch in der raumbezogenen Forschung. Das WWW ist das zeitgemäße Kommunikationsmedium zur schnellen, umfassenden und benutzerfreundlichen Information über laufende und abgeschlossene Projekte und Veröffentlichungen des wissenschaftlichen Bereichs im BBR. Für Aufbau und Laufendhaltung waren entsprechende Personalressourcen und Haushaltsmittel bereitzustellen.

Laufende Raumbeobachtung und kartographische Visualisierung

Die Verwaltung und der Zugriff auf die Daten der Laufenden Raumbeobachtung und die Fertigung von thematischen Karten erfolgte in der BfLR viele Jahre mit eigenen Programmen. Die Computer-Unterstützung der Laufenden Raumbeobachtung war flexibel und benutzerfreundlich. Die Programme für Choroplethenkarten und Karten mit Proportionalsymbolen genügten auch gehobenen Ansprüchen und waren einfach zu bedienen. Mit der zunehmenden Vergrößerung der fachlichen und geometrischen Datenbasis, der Nachfrage nach mehr Funktionen, auch für den interaktiven Entwurf von Karten, war es notwendig, nach und nach die eigenen Programme durch eine für den Betrieb von Geo-Informationssystemen spezialisierte Software zu ersetzen. An erster Stelle der Prioritätenliste stand die Übernahme, Laufendhaltung, Umformung und projektive Umrechnung der geometrischen Datenbasis.

Die in vielen Jahren erarbeiteten Programme für die Laufende Raumbeobachtung und die Fertigung von Karten orientierten sich an der täglichen Praxis der raumbezogenen Forschung in der BfLR. Es war sehr schnell klar, dass es mit dem vorhandenen und zukünftig noch abnehmenden Ressourcen nicht möglich war, diese

Anwendungen in angemessener Zeit auf Windows NT zu portieren. Die Erfahrungen mit Arc/INFO auf dem VMS-System sprachen dafür, das Paket der Firma ESRI als Grundlage für das Geo-Informationssystem im BBR einzusetzen. ArcGIS, so die Bezeichnung für die neueren Versionen, war für MS Windows NT verfügbar, erforderte leistungsfähige Workstations zu Bewältigung der großen Datenmengen und umfangreichen Rechenvorgängen.

Unter den neuen Arbeitsbedingungen war die Zeit für eigene IT-Lösungen zu Ende. Die Standard-Aufgaben sollten nach Möglichkeit mit Standard-Software bearbeitet werden. Nur für besondere Verfahren, insbesondere in der kartographischen Visualisierung, war noch Eigenprogrammierung notwendig und angebracht. Zum Beispiel waren einige Verfahren, die in der eigenen Software bereitgestellt wurden, nicht in der Standard-Software enthalten, obwohl sie eine gute Ergänzung für die Modellierung und kartographische Kommunikation waren.

Das Software-Paket Arc/INFO

Die Firma Environment Systems Research Institute (ESRI) in Kalifornien hatte für ihre eigenen Projekte ein System für Geo-Anwendungen entwickelt. Es bestand aus einem Teil für die Behandlung der geometrischen Grundlagen (arcs) und einer relationalen Datenbank (INFO) für rechteckige Datenmatrizen. Der Datenbank-Teil INFO war von einer anderen Firma gekauft bzw. lizensiert. Beide Teile zusammen ergaben den Namen Arc/INFO.

Beim ersten *International Symposium for Geographical Data Handling and Processing* 1984 in Zürich präsentierte ESRI den Teilnehmern eine frühe Version des Systems Arc/INFO. Die kartographische Ausgabe hatte noch nicht den Stand erreicht, wie wir ihn in der BfLR gewohnt waren. Deshalb kam Arc/INFO zu diesem Zeitpunkt noch nicht als Alternative für die eigene Software in Frage. In Deutschland versuchte die Firma Siemens, die vorhandene Software für die computerunterstützte Konstruktion (SICAD) zu einem Paket für Geo-Anwendungen auszubauen. Auch hier waren die Demonstrationen nicht übermäßig beeindruckend.

Die Mitbewerber aus dem CAD-Lager in den USA hatten damals schon einen harten Stand gegen Arc/INFO. Das Hauptproblem war, dass viele Entwickler die raumbezogene Datenverarbeitung aus der CAD-Perspektive sahen. Effiziente Verfahren für das Management großer Datenmengen, die Verknüpfung von Fachdaten mit Geometriedaten und die kartographische Visualisierung waren nicht ausreichend an die typischen Aufgaben eines Geo-Informationssystems und die Bedürfnisse der raumbezogenen Forschung angepasst.

Das Produkt Arc/INFO wurde vom Urheber ESRI durch Implementierung neuer Funktionen weiterentwickelt und auf weitere Rechnern und Betriebssysteme portiert.

In der BfLR wurde Arc/INFO zuerst vorwiegend für die Verwaltung der geometrischen Datenbasis genutzt. Die Laufende Raumbeobachtung und Kartenherstellung wurden weiter mit eigenen Programmen durchgeführt. Nach und nach sollten auch diese Aufgaben von Arc/INFO übernommen werden, wenn die Entwicklung des Paketes den bisher gewohnten Stand der kartographische Visualisierung erreicht hatte.

Im Laufe der Weiterentwicklung und Umstellung auf neue interne und externe Datenstrukturen wurde das System Arc/INFO mit seinen Erweiterungen unter dem Sammelnamen ArcGIS angeboten. Um den Kern mit den Grundfunktionen für die Verwaltung der fachlichen und geometrischen Informationen gruppierten sich viele Verfahren, zum Beispiel für Analysen und die kartographische Visualisierung. Wie in jedem Programmpaket für GIS-Anwendungen sind Werkzeuge zur Herstellung von Karten vorhanden.

Einige weniger häufig benutzte Werkzeuge sind als Erweiterungen (*extensions*) für ArcGIS organisiert. Diese Erweiterungen müssen lizensiert werden, aber nur die Anzahl der Extensions, die gleichzeitig genutzt werden. Wenn zufällig diese Anzahl überschritten wird, muss man sich untereinander über die Nutzungszeiten verständigen. Zum Beispiel wurden die Funktionen für die Berechnung von Fahrzeiten innerhalb des Erreichbarkeitsmodells der Bundesrepublik seltener angewendet, deshalb genügte nur eine Lizenz.

Neben der Einführung in das neue Betriebssystem Windows NT und die Bürokommunikations-Software MS Office war es notwendig, die Mitarbeiter im wissenschaftlichen Bereich in der Anwendung von ArcGIS fortzubilden. Sie benötigten anschließend Beratung und Unterstützung, um zum Beispiel die etablierten Qualitätsstandards in der kartographischen Visualisierung und der Druckvorbereitung zu halten. Trotz externer Hilfe für die Ausbildung nahm das längere Zeit in Anspruch, jedenfalls länger als für die Einführung in MS Office. Nach einiger Zeit wurden alle Choroplethenkarten und Karten mit wertproportionalen Symbolen mit ArcGIS gefertigt. Die verbliebenen VMS-Rechner konnten außer Betrieb genommen werden.

Interpolation von kontinuierlichen Oberflächen

Choroplethen-Karten und Karten mit Proportionalsymbolen sind nicht immer das optimale Werkzeug für die Analyse der Raumstruktur und zur Visualisierung von Grundlagen und Konzepten für die großräumige Planung. Die Darstellung als kontinuierliche Oberfläche kann ein geeignetes Komplement zu den Choroplethen- und Proportionalsymbol-Karten sein. Mit dem Programmpaket ArcGIS und den zugehörigen Erweiterungen 3D Analyst, Spatial Analyst und Geostatistical Analyst können kontinuierliche Oberflächen aus unregelmäßig verteilten 3D-Punkten interpoliert werden. In den Standard-Paketen sind nur Gitter aus gleich großen Quadraten oder Rechtecken als Speichermodell für 2½D-Oberflächen vorgesehen. Gitter aus regelmäßigen Dreiecken haben theoretische Vorteile, verursachen aber zusätzlichen Aufwand und sind deshalb in den Standard-Paketen nicht enthalten.

Die Oberfläche wird mit Isolinien und Isoplethen, Netz- und Profillinien oder simulierter Beleuchtung in Aufsichtsprojektion oder in perspektivischer Darstellung dargestellt. Die Werkzeuge zur Visualisierung der Oberflächen in den Standard-Paketen lassen allerdings noch einige Wünsche offen. Die Qualität der graphischen Ausgabe ist nicht immer auf dem neuesten Stand der Technik. Optionen für fortgeschrittene 3D-Darstellungen fehlten vollständig, etwa für Stereogramme oder „echte" 3D-Modelle.

Interpolation und Visualisierung mit Surfer

Das Programm Surfer der Firma Golden Software, zur Zeit (2018) in der Version 15, bietet viele Optionen für die Interpolation von kontinuierlichen Oberflächen von 3D-Punkten auf Rechteck-Gitter. Surfer enthält außerdem Werkzeuge für die Datenbereitstellung, für die projektive Umformung der geometrischen Grundlagen, zum Beispiel von Kugel-Koordinaten (geographische Länge und Breite) in nationale und regionale Bezugssysteme mit unterschiedlichen Bezugs-Ellipsoiden, und noch einige andere Funktionen.

Die mit Surfer produzierten Graphiken sind visuell ansprechender als die Karten aus ArcGIS. Für anspruchsvolle kartographische Darstellungen bleibt aber immer noch Raum für Verbesserungen. Durch Export der Karten in einem passenden Dateiformat können die Graphiken aus Surfer mit Vektor-Zeichenprogrammen wie CorelDraw oder Adobe Illustrator ergänzt werden, etwa durch Hinzufügen von Text oder zusätzlichen Graphiken. Dateien mit 3D-Informationen lassen mit CAD-Programmen weiter bearbeiten, etwa für die Ausgabe von 3D-Modellen von Oberflächen.

Das Programm Konkar

Für die Realisierung von „unechten" und „echten" 3D-Darstellungen, also virtuellen und realen 3D-Modellen, kamen neue Peripheriegeräte auf den Markt, die von der Standard-Software für Geo-Informationssysteme noch nicht genutzt werden konnten. Um den Nutzen dieser Geräte für die kartographische Visualisierung zu testen und vielleicht für die routinemäßige Anwendung einzusetzen, war eigene Software erforderlich.

Die Diskussionen zur bevorstehenden Fusion von Bundesbaudirektion und BfLR zum Bundesamt für Bauwesen und Raumordnung zogen sich länger hin. Sie waren gleichermaßen zeitraubend wie nutzlos, weil die wichtigen Entscheidungen auf den Ebenen über den Sherpas getroffen wurden. Ich entschloss mich, meine Arbeitszeit lieber für die Entwicklung von neuen Methoden und Techniken der Oberflächendarstellung zu verwenden. Deren intensive Bearbeitung war in den Jahren davor zu kurz gekommen.

Wenn die Entwicklungen auch die Grundlage für eine Dissertation sein könnten, wäre das die optimale Lösung. Es lag nahe, die schon vorliegenden Arbeiten für die Interpolation und 3D-Darstellung zu nutzen. Das Programmiervirus hatte mich trotz der weniger erfreulichen Umstände in dieser Zeit nicht losgelassen, so wie manches echte Virus sich für immer im menschlichen Körper einnistet. Die Aussichten waren gut, für die Dissertation wieder selbst programmieren zu können.

Als Software-Werkzeug für die geplanten Forschungsarbeiten entstand das Programm Konkar, mit Einbeziehung älterer Programmbausteine und frei verfügbarer Software-Module. Im Programm Konkar sind außer den Interpolations-Algorithmen viele Optionen für häufig angewandte kartographische Darstellungstechniken in zwei Dimensionen implementiert. Das sind zum Beispiel Isolinien, Isoplethen und wertproportionale Darstellungstechniken für Oberflächen. In Konkar wurden auch experimentelle Visualisierungstechniken realisiert, etwa perspektivische Darstellungen, simulierte Beleuchtung, Stereogramme und reale dreidimensionale Modelle mit integriertem Farbauftrag.

Interpolation aus Punkten

In ArcGIS, Surfer, Konkar und in anderen Software-Paketen sind Verfahren für die Interpolation von kontinuierlichen Oberflächen aus unregelmäßig verteilten Datenpunkten enthalten. Die Punkte sind mit Höhen- oder z-Werten versehen, aus denen die Oberfläche berechnet wird. Bei den meisten Verfahren verläuft die interpolierte Oberfläche genau durch die Datenpunkte, mit vernachlässigbaren Abweichungen aufgrund von Rundungsfehlern. Damit ist die Bedingung erfüllt, dass nämlich eine wichtige Eigenschaft der Ausgangsdaten, in diesem Fall der z-Wert der 3D-Punkte, in der Oberfläche erhalten bleiben muss.

Die Oberfläche in Abbildung 15-1 wurde aus vielen Einzelpunkten interpoliert. Der z-Wert der Punkte entspricht der durchschnittlichen Fahrzeit mit einem Pkw in Minuten bis zum nächsten Oberzentrum. Die Zeitentfernungen wurden vom Bundesinstitut für Bau-, Stadt- und Raumforschung ermittelt (@BBSR-Erreichbarkeitsmodell). Am Ort des Oberzentrums ist die Fahrzeit gleich null. An den Stellen mit den höchsten Fahrzeiten, zum Beispiel im nördlichen Sachsen-Anhalt, ist die Dichte der Oberzentren gering, die Zeitentfernungen zum nächstgelegenen Zentrum sind entsprechend länger.

Bei einigen Methoden geht die interpolierte Kurve absichtlich nicht durch Datenpunkte, etwa bei den Trend-Oberflächen (Abb. 16-6). Wie der Name sagt, soll damit ein übergreifender räumlicher Trend in der Verteilung der Variable visualisiert werden. Die Oberflächen werden mit räumlichen Polynomen unterschiedliches Grades nach

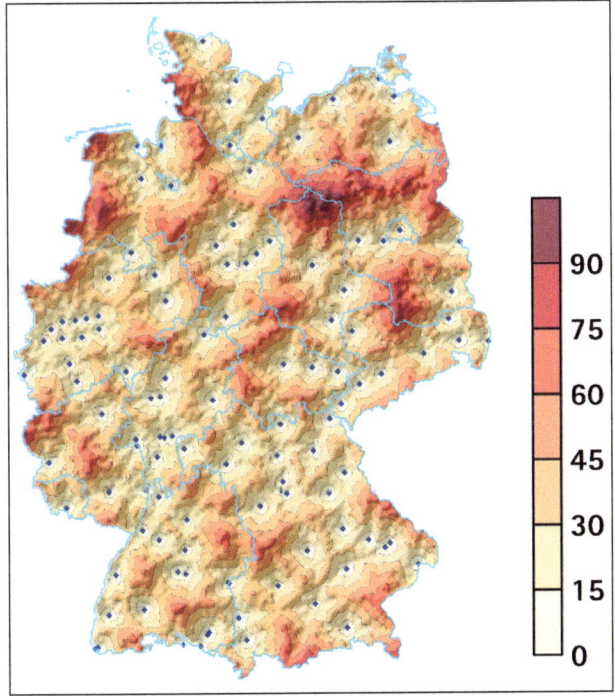

Abbildung 15-1: Oberfläche der Zeitentfernung mit dem Pkw zum nächsten Oberzentrum in Minuten

dem Verfahren der kleinsten Quadrate (LSQ) berechnet. Je höher der Grad des Polynoms ist, umso größer ist die Zahl der Koeffizienten. Die Zahl der Minima und Maxima in der Oberfläche ist durch den Polygongrad festgelegt. Bei anderen Verfahren sollen mit kleinräumiger Ausgleichsrechnung Mess- oder Verortungsfehler bei der Erfassung physikalischer Größen ausgeglichen oder lokale räumliche Trends sichtbar gemacht werden.

Pyknophylaktische Interpolation

Die Regionalforschung nutzt in der Regel keine Punktdaten für die Interpolation von kontinuierlichen Oberflächen. Die Bezugseinheiten sind flächenhaft, etwa Länder, Kreise, Gemeinden oder die Analyse-Regionen, die aus administrativen Einheiten zusammengesetzt sind. Die aus dem Verwaltungsvollzug oder Befragungen stammenden Individualdaten werden auf die Flächeneinheiten aufsummiert, um die Privatsphäre der Befragten oder die Geschäftsgeheimnisse von Firmen zu schützen.

Für die Erzeugung einer kontinuierlichen Oberfläche aus Flächendaten wurden Hilfslösungen angewendet. Zum Beispiel wird ein graphischer Stellvertreter berechnet, etwa der Schwerpunkt der Flächeneinheit. Diesem Punkt wird der aggregierte Wert für die Einheit zugewiesen. Die Oberfläche wird mit den Verfahren zur Interpolation aus unregelmäßig verteilten Punkten konstruiert. Dieser Weg hat den Nachteil, dass eine wichtige Eigenschaft der Ausgangsdaten in der Oberfläche verloren geht: Das Volumen innerhalb der Grenzen der Region und zwischen Grund- und Oberfläche kann erheblich vom Datenwert für die Fläche abweichen.

TOBLER (1979) hat ein Interpolationsverfahren vorgeschlagen, das er *pyknophylaktische Interpolation* nannte. Den Namen *pyknophylaktisch*, die mehr wissenschaftlich klingende Version von *volumenerhaltend*, hat Tobler geprägt, nachdem die erste Fassung für die Veröffentlichung abgelehnt wurde (TOBLER 2002). Das Verfahren nutzt ein iteratives Verfahren für die Glättung und die Korrektur der z-Werte. In jedem Iterationsschritt wird die Oberfläche aus dem vorigen Schritt weiter geglättet, etwa durch Mittelbildung aus dem ersten oder zweiten Ring der Nachbarn. Anschließend wird das Volumen jeder Region durch Korrektur der z-Werte der Gitterpunkte im Polygon dem Sollzustand weiter angenähert. Die Korrekturwerte für jeden Punkt der Oberfläche werden aus den Differenzen von Ist- und Sollzustand des Volumens berechnet. Beim Erreichen von vorgegebenen Restfehler-Schwellen oder der maximalen Anzahl von Iterationsschritten wird die Iteration abgebrochen (RASE 2016).

In der ursprünglichen Version von Tobler wird das Ausgangsmodell durch die Zuweisung des Datenwerts an alle Oberflächenpunkte innerhalb des Polygons erzeugt, also eine Art dreidimensionaler Choroplethenkarte. Eine Alternative ist die Interpolation der Ausgangsoberfläche aus Punkten, denen der Polygonwert zugewiesen wird. Die Punkte sind die graphischen Stellvertreter für die Polygone. Dieses Vorgehen hat sich als die bessere Lösung erwiesen. Die Iteration konvergiert schneller. Dazu werden ausgedehnte Plateaus vermieden, die bei großen Polygonen und bei bestimmten Glättungsalgorithmen entstehen können.

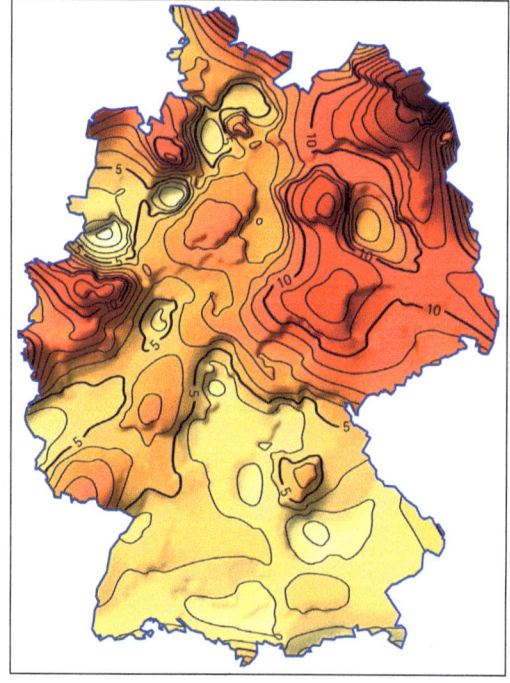

Die pyknophylaktische oder volumenerhaltende Interpolation war in den Standardpaketen für Geo-Anwendungen nicht enthalten. Das Verfahren wurde deshalb im Programm Konkar realisiert, auch um Vergleiche mit den punktbasierten Algorithmen zur Oberflächenkonstruktion zu ermöglichen. Inzwischen ist in ArcGIS ab Version 10.1 ein Werkzeug für die Interpolation von Oberflächen aus polygonbasierten Daten und die Umrechnung in andere Raumgliederungen vorhanden. Der visuelle Vergleich mit den polygonbezogenen Oberflächen, die mit Konkar erzeugt wurden, legt den

Abbildung 15-2: Oberfläche der Arbeitslosenquoten in den Raumordungs-Regionen Deutschlands

Schluss nahe, dass möglicherweise ein anderer Algorithmus als im originalen Konzept von Tobler angewendet wird.

In Abbildung 15-2 ist die Oberfläche dargestellt, die mit der Methode der volumenerhaltenden Interpolation aus den Arbeitslosenquoten in den Raumordnungs-Regionen der Bundesrepubublik berechnet wurde. Als Ausgangsmodell für die Iteration wurde nicht ein 3D-Choroplethenkarte wie in der Originalfassung, sondern eine Oberfläche verwendet, die mit dem Verfahren der modifizierten Shepard-Interpolation (kubisch) konstruiert wurde.

Portierung von Konkar auf Windows

Die erste Version von Konkar wurde noch für das VAX/VMS-System programmiert. Nach der Umstellung der IT-Infrastrukur im BBR wurde Konkar auf Windows NT portiert, unter Nutzung der Entwicklungsumgebung MS Visual Studio, den optimierenden Compilern von Intel für Fortran und C/C++ und der Graphik-Bibliothek Winteracter der Firma Interactive Software Services (@Winteracter).

Bei der Portierung von Konkar auf die Windows-Umgebung war der Zeitpunkt gekommen, sich von bis zu dreißig Jahre alten Konzepten zu verabschieden, etwa für die Struktur des Programms und einiger Formate für geometrischen Daten. Die Ablaufsteuerung des Programmes, bisher über eine Script-Datei, wurde vollständig auf die graphische Benutzer-Interaktion (GUI) mit Menüs und Dialogen umgestellt. Zu jedem Zeitpunkt kann der jeweilige Bearbeitungsstand mit allen Parameter-Werten in einer Datei gespeichert werden. Die Datei kann wieder eingelesen und dadurch der alte Stand hergestellt werden. Aufgrund des Innovationsbedarfs und der vielen Baustellen, die erst im Laufe der Umstellung auftauchten, ist die Portierung bisher noch nicht vollständig realisiert. Der Zeitpunkt der Fertigstellung ist nicht abzusehen, zumal die Neuprogrammierung als „one man show" abläuft.

Unregelmäßige Dreiecksnetze (TIN)

Die meisten Software-Pakete, auch ArcGIS und Surfer, nutzen Gitter aus regelmäßigen Rechtecken oder Quadraten als Speichermodell für kontinuierliche Oberflächen in 2½D. Bei bestimmten Anwendungen und Randbedingungen hat ein Netz aus unregelmäßigen Dreiecken (TIN, *triangular irregular network*, PEUCKER et al. 1978) einige Vorteile gegenüber dem regelmäßigen Gitter. Das unregelmäßige Dreiecksnetz ist adaptiv: Mit variabel großen Dreiecken wird die unterschiedliche Informationsdichte in bestimmten Bereichen des Untersuchungsgebiets besser repräsentiert als mit einem regelmäßigen Gitter mit gleich großen Maschen (RASE 2016).

Für die Interpolation einer kontinuierlichen Oberfläche aus beliebig verteilten Datenpunkten wird das ursprüngliche Netz der Punkte zu einem Dreiecksnetz mit kleineren unregelmäßigen Dreiecken (TIN) verdichtet. Anstatt der Schnittpunkte des regelmäßigen Gitters werden die Eckpunkte der Dreiecke als Interpolationspunkte verwendet. Die Berechnung der kontinuierlichen Oberflächen erfolgt mit den gleichen Algorithmen wie für die Interpolation von Punkten auf ein regelmäßiges Gitter.

Unregelmäßige Dreiecksnetze (TIN) eignen sich auch für die volumenerhaltende Interpolation aus Flächendaten. Das Rechenverfahren muss etwas modifiziert werden, um Unstetigkeiten in der Höhe der Oberfläche zwischen unmittelbar benachbarten Regionen zu vermeiden und den z-Wert bei Knotenpunkten auszugleichen, die mehreren Regionen angehören (Rase 2007).

Qualitätsnetze mit dem Programm Triangle

Qualitätsnetze sind eine Erweiterung der unregelmäßigen Dreiecksnetze. Qualitätsnetze müssen bestimmten Kriterien genügen, etwa für die minimale oder maximale Größe der Innenwinkel in den Dreiecken. Mit dieser Bedingung werden lange und spitze Dreiecke vermieden, die aufgrund der endlichen Genauigkeit von Winkelfunktionen zu arithmetischen Problemen und auffälligen Artefakten bei 3D-Mo-

Abbildung 15-3: Mit dem Programm Triangle erzeugtes Qualitätsnetzwerk aus Regionsgrenzen mit Flächenmaxima von F=0.5 und F=0.1 Einheiten. Das Dreiecksnetz ist die Ausgangsstruktur für die volumenerhaltende Interpolation aus Flächendaten.

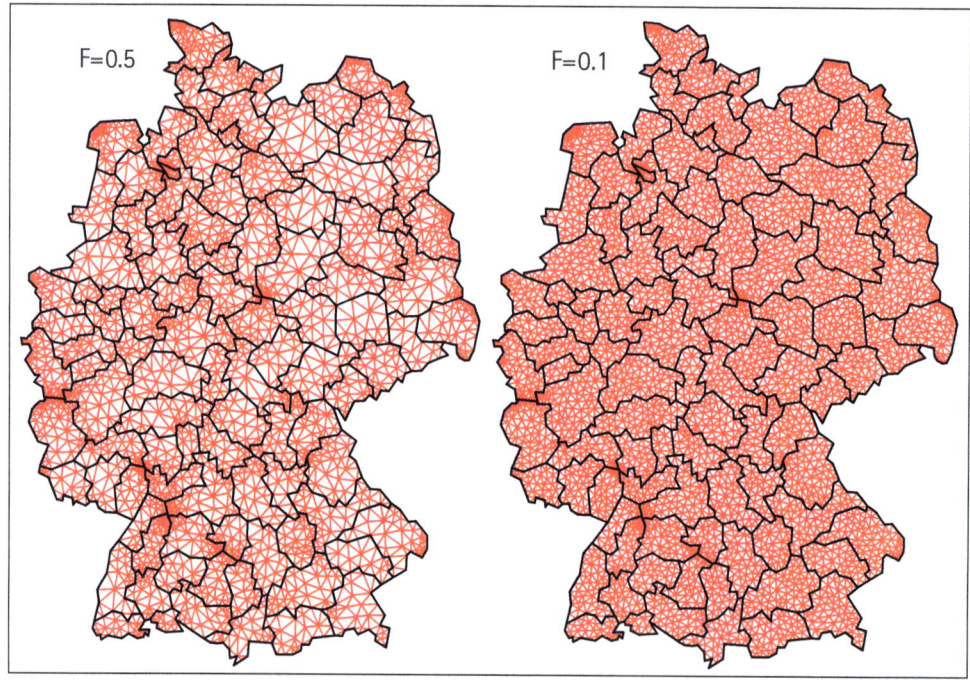

dellen führen können. Angaben zur durchschnittlichen oder maximalen Fläche der Dreiecke steuern die Anzahl der Dreiecke im Netz. Das Programm *Triangle* (SHEWCHUK 1997) erzeugt ein Qualitätsnetz, für das der Anwender einige Vorgaben setzen kann, zum Beispiel die Größe der Innenwinkel und Dreiecksflächen, der Algorithmus, der Ort und die maximale Anzahl für zusätzliche Punkte oder die Anzahl der Iterationen zur Vermeidung von Endlosschleifen. Der Aufruf des Programms und die Datenübergabe erfolgt über eine Programmier-Schnittstelle. Triangle kann auch als Standalone-Version mit Datenaustausch über Textdateien genutzt werden (@Triangle).

In Abbildung 15-3 sind zwei Qualitätsnetze dargestellt, die aus Regionsgrenzen entstanden sind, als Vorbereitung für die volumenerhaltende Interpolation in einem TIN. Die Flächen der Dreiecke im linken TIN sind maximal 0.5 Einheiten groß, im rechten TIN 0.1 Einheiten. Die unterschiedliche globale und lokale Dichte in beiden Netzen erkennen.

Im Programm Triangle wird das Untersuchungsgebiet durch konkave Polygone definiert. Die Grenze verläuft auf den äußeren Seiten der grenznahen Dreiecke. Alle Linienverläufe im Dreiecksnetz können erhalten bleiben, nicht nur die äußere Grenze. Bei der Erzeugung von Dreiecksnetzen aus Grenzen empfiehlt es sich, die Anzahl der Punkte in den Grenzlinien interaktiv oder algorithmisch zu verringern, etwa mit ArcGIS. Damit werden viele sehr kleine Dreiecke in der Nähe der Linien oder Knotenpunkte vermieden.

Manche Bedingungen können sich auch gegenseitig ausschließen, etwa die Minima und Maxima für Flächen und die maximalen Innenwinkel. Diese Konflikte treten in der Regel aber nur in kleineren Teilbereichen des Netzes auf und sind meistens nicht gravierend. Das Programm Triangle ist auch so schnell, dass man die verschiedenen Optionen und ihre Kombinationen ohne großen Rechenzeit-Aufwand ausprobieren kann.

Visualisierung mit Ray-Tracing-Verfahren (POV-Ray)

In ArcGIS und Surfer sind perspektivische Darstellungen und die visuelle Qualität der graphischen Ausgabe von Oberflächen verbesserungsfähig. In Surfer ist zum Beispiel nur eine Lichtquelle für die simulierte Beleuchtung vorgesehen, nicht ausreichend für eine gute Ausleuchtung von Oberflächen. Die Ray-Tracing-Technik wird seit längerer Zeit für die Visualisierung von komplexen virtuellen Szenen angewendet, auch in kommerziellen CAD-Programmen für 3D-Körper. Damit sind sehr variable Lösungen für die Definition der Szenen, die Kamera-Parameter, Beleuchtung, atmosphärische Effekte, den Hintergrund und noch andere Optionen möglich.

Eine Implementierung der Raytracing-Technik ist das Programm POV-Ray (*Persistence of Vision Raytracer*). Die Software kann für private und wissenschaftliche

Zwecke kostenfrei genutzt werden. Zum Herunterladen steht zur Zeit die Version 3.7 bereit (@POV-Ray). Mit POV-Ray lassen sich Bilder in annähernd fotorealistischer Qualität erzeugen, auch von komplizierten 3D-Körpern und komplexen Szenen. Insbesondere die Möglichkeit zur Nutzung mehrerer Lichtquellen aus unterschiedlichen Richtungen, mit abgestuften Intensitäten und weiteren Optionen für die Beleuchtung machen das Programm sehr gut geeignet zur Darstellung von kartographischen Oberflächen. Viele Optionen für atmosphärische Effekte tragen zur realitätsnahen Darstellung von Szenen und Landschaften bei (LAMA 2004).

Brücken zwischen den Software-Paketen

Um eine gute Gesamtlösung von Interpolation und Darstellung zu erreichen, ist es manchmal notwendig, die Fähigkeiten von unterschiedlichen Programmen zu kombinieren. Eine Möglichkeit ist der Austausch von Daten zwischen den Software-Werkzeugen. Die Dateiformate für Surfer sind gut dokumentiert, die Dateien für ArcGIS weniger gut bis überhaupt nicht. Die Werkzeugkiste von ArcGIS enthält einige Module, mit denen die proprietären Formate von ArcGIS in andere Formate oder Text-Dateien überführt werden können. Einige dieser Formate werden von Surfer akzeptiert oder lassen sich mit einem einfachen Konverter-Programm in Dateien für POV-Ray umsetzen.

Diese Brücken müssen in der Regel durch Eigenprogrammierung wie in Konkar bereitgestellt werden. Konkar enthält solche Brücken für den Datenaustausch und den Export von Dateien, die für die Erzeugung von Stereogrammen und realen Modellen von Oberflächen notwendig sind.

Virtuelle und reale 3D-Modelle

16

Perspektivische Darstellungen

Für viele Anwendungszwecke reichen die Karten in Aufsichtsprojektion aus, also mit dem Augenpunkt auf der Normale der Zeichenebene und dem Sichtpunkt auf dem Kartenblatt. Das ist die gewohnte Ansicht, wie wir sie von topographischen Karten, Auto- und Wanderkarten oder Atlanten kennen. Manchmal ist es sinnvoll, eine perspektivische Zeichnung zu verwenden. Perspektivische Darstellungen mit dem Augenpunkt in einer beliebigen Position über der Kartenebene sind unserem gewohnten Sehen sehr ähnlich. Das erleichtert in vielen Fällen die Erfassung des Inhalts. Deshalb besitzen viele Autonavigations-Geräte eine Option zur perspektivischen Ansicht der geplanten Route, was insbesondere bei komplizierten Verkehrsführungen die Navigation erleichtert.

Bei der Ausgabe auf Graphikgeräte zur permanenten Aufzeichung (Hardcopy), etwa 2D-Drucker, können die Zeichnungen relativ einfach vervielfältigt werden. Die Perspektive ist aber nicht veränderbar, dadurch sind Teile des Objekts verdeckt und nicht sichtbar. Das gleiche gilt für Graphikdateien, die in Textdokumenten integriert sind. Bei perspektivischen Dartstellungen auf dynamischen Zeichnungsträgern, also Computer-Bildschirmen, Tablets oder Smartphones, kann der Augenpunkt im interaktiven Betrieb verändert und damit auch bisher unsichtbare Teile sichtbar gemacht werden.

Stereogramme

Stereogramme werden für die realitätsnahe Visualisierung von 3D-Objekten eingesetzt. Das Prinzip ist die Übermittlung von zwei verschiedenen Bildern an jedes Auge. Für die Erstellung der Bilder werden unterschiedliche Positionen der realen oder virtuellen Kamera benutzt. Aus den Differenzen in der Lage und Orientierung erzeugt das Auge-Gehirn-System das Bild eines scheinbar räumlichen Körpers. Das Stereogramm entsteht im Gehirn des Betrachters aufgrund der lebenslangen Erfahrung in der Erfassung der realen Welt mit zwei Augen.

Die Verfahren zur Erzeugung von Stereogrammen unterscheiden sich im wesentlichen durch Material und Format des Bildträgers, die Art der Bildspeicherung und -trennung und die Eignung für die Speicherung und die Wiedergabe bewegter Bilder. Eine Übersicht der Anwendung von Stereogrammen für die kartographische Visualisierung findet man bei BUCHROITHNER et al. (2012). Einige Techniken sind bei RASE (2016) beschrieben.

Bildtrennung mit elektronisch gesteuerten Vorsatzbrillen

Für die Erzeugung von Stereogrammen aus digital gespeicherten Bildern wurden elektronisch gesteuerte Vorsatzbrillen entwickelt. Auf dem Graphik-Bildschirm oder dem Fernsehgerät werden abwechselnd das Bild für das linke und das rechte Auge gezeigt. Wenn das Bild für das linke Auge erscheint, wird das Brillenglas für das rechte Auge undurchsichtig geschaltet, und umgekehrt. Aufgrund der Trägheit des Auge-Gehirn-Systems bleibt die Umschaltung unbemerkt. Für Anwendungen mit höheren Ansprüchen, etwa für die computerunterstützte Konstruktion (CAD), werden Sichtgeräte in Monitor-Größe mit hoher Auflösung und nahezu flimmerfreier Wiedergabe angeboten. Für die Geräte ist ebenfalls eine Vorsatzbrille notwendig (@3D-PluraView).

Die Immersions-Brillen sind Geräte, die am Kopf befestigt sind (*head-mounted display*). Sie erzeugen auf kleinen Bildschirmen die beiden Bilder im Gerät und führen sie getrennt den Augen zu. Sensoren in der Brille erfassen die Kopfbewegungen des Trägers. Die Perspektive der virtuellen Bilder wird je nach Blickrichtung verändert. Die Brillen schließen konstruktionsbedingt die reale Umgebung ab und ermöglichen damit das völlige Eintauchen in die virtuelle Realität. Das macht sie bei Enthusiasten von Computerspielen sehr beliebt. Die Spieler sind auch bereit, die höheren Kosten für die besseren Geräte zu tragen.

Das Gegenstück dazu sind Brillen, die durchsichtig sind oder mit Kameras den Blick auf die reale Umgebung ermöglichen. Die Position und Blickrichtung des Kopfes werden über Sensoren ermittelt. Aufgrund dieser Informationen können die Bilder eines virtuelles Objektes mit der Wirklichkeit kombiniert werden, zum Beispiel zur Visualisierung eines geplanten Gebäudes oder Ensembles. Diese Art der Visualisierung wird als *augmented reality* oder *mixed reality* bezeichnet (Janssen 2017). Die Brillen haben in Bezug auf die Art der Bilderzeugung, die Funktionen und nicht zuletzt die Kosten eine große Spannweite.

Stereogramme ohne elektronische Zusatzgeräte

Für die Stereo-Erzeugung ohne elektronische Hilfen wurden eine Reihe von Techniken entwickelt. Mit holographischen Methoden werden 3D-Bilder von sehr hoher Qualität gefertigt, die ohne optische Systeme betrachtet werden können. Der Nachteil sind die relativ hohen Kosten für die Herstellung. Deshalb sind kartographische Darstellungen mit Hologrammen auf Spezialfälle beschränkt, bei denen die Herstellungskosten eine untergeordnete Rolle spielen (Kirschenbauer 2004). Kartographische Darstellungen mit Hologrammen und erst recht holographische Animations-Sequenzen wie die von Dutton (1979) sind wirtschaftlich nicht mehr sinnvoll. Es stehen heute andere Techniken zur Erzeugung von virtueller Realität zur Verfügung, die weit preiswerter sind als Hologramme. Sie sind mit einfachen Zeichnungsträgern

(Papier, Film, Bildschirm), kostengünstigen Betrachtern und sogar ohne zusätzliche Werkzeuge oder Geräte realisierbar.

Stereo-Betrachter

Das älteste Konzept zur Erzeugung von Stereogrammen ist ein Stereo-Betrachter, der jedem Auge geringfügig unterschiedliche Bilder zuführt (Abb. 16-1). Bei kleinen Taschen-Stereoskopen sind das zwei Linsen, bei größeren Formaten Geräte mit Spiegeln. Der Augenpunkt der beiden Bilder ist bei normaler Sehentfernung um den Abstand der Augen verschoben. Bei größeren realen oder virtuellen Entfernungen kann die virtuelle Augenbasis auch weiter sein, bis zu mehreren Kilometern bei Stereopaaren aus Luft- oder Satellitenaufnahmen.

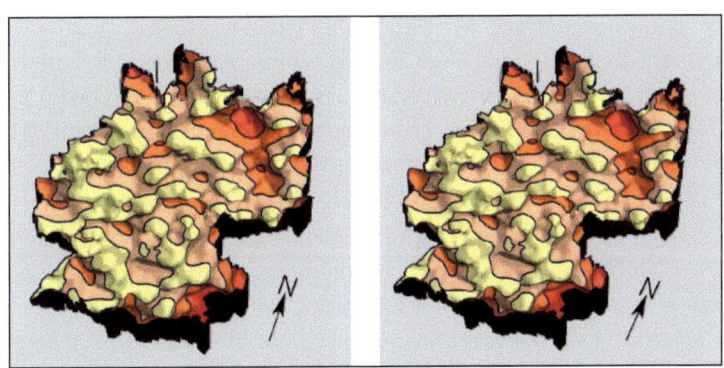

Abbildung 16-1: Bildpaar für die Stereo-Betrachtung mit einem Taschen-Stereoskop

Verfahren mit Folienbrillen

Ein schon lange verwendetes Verfahren für die Stereogramm-Erzeugung sind *Anaglyphen-Bilder*. Die Einzelbilder für das linke und rechte Auge werden als Intensitäten in zwei verschiedenen Farben umgesetzt. Eine sehr preiswerte Brille mit Folien in der jeweiligen Komplementärfarbe filtert die Bilder getrennt für das linke und rechte Auge aus. Anaglyphen haben den Nachteil, dass die originalen Farbinformationen der Karte verloren gehen oder verfälscht werden. Häufig verwendete Farben für Anaglyphen und Brille sind Magenta und Cyan, aber auch andere Farbpaare sind möglich.

Relativ neu ist das Verfahren *ColorCode 3D* der Firma Ogon3D. Für die Stereogramm-Synthese ist eine Brille mit einer bernsteinfarbigen und einer blauen Folie notwendig. Die Software bereitet die Stereopaare so auf, dass durch den bernsteinfarbigen Filter die Farbinformationen übermittelt werden. Mit der blauen Folie wird ein monochromes Bild sichtbar gemacht, das die Tiefeninformation übermittelt (@Ogon3D). Die Folien haben spezielle optische Eigenschaften, mit denen bestimmte Spektralbereiche verstärkt oder abgeschwächt werden. Das 3D-Bild kann auch ohne Brille betrachtet werden. Dann sind die Farbwerte leicht verändert, und die Konturen sind mit hell-blauen und gelben Säumen umgeben. Wie zu erwarten, wird ohne die ColorCode-Brille kein Stereogramm sichtbar.

Im Vergleich mit den Anaglyphen hat das ColorCode-Verfahren den Vorteil, dass die Farben erhalten bleiben, auf bedrucktem Papier, auf Bildschirmen, auch in Animationssequenzen. Die einfachste Ausführung der ColorCode-Brille mit einer Fassung aus Pappe kostet ca. 1,50 €. Die Brille ist damit nur unwesentlich teurer als eine einfache Anaglyphen-Brille, die je nach Menge etwa einem Euro oder noch weniger kostet.

Lentikularbilder

Ein Lentikular-Gitter besteht aus vielen parallelen Halbzylindern nebeneinander, die als als Linsen wirken (lat. lenticula = Linse). Mit Lentikular-Gittern lassen sich sowohl Kippbilder mit zwei oder mehr Ansichten als auch Stereogramme realisieren. Beispiele für Kippbilder sind Postkarten, die durch geringfügiges Drehen oder Kippen Deutschland abwechselnd bei Tag oder Nacht oder bei Ebbe und Flut zeigen. Für Kippbilder genügen zwei Rasterbilder und damit zwei Streifen hinter jedem Halbzylinder. Mit mehreren Streifen sind Bildfolgen realisierbar, eine Art Kurz-Animation.

Für Stereogramme sind mehrere Bilder mit unterschiedlichen Augenpunkten notwendig. Fünf Bilder ist wohl das Minimum für Stereogramme. Bei mehr als 20 Bildern werden die Streifen sehr schmal und sind kaum noch druckbar. Hinter jedem Halbzylinder liegen mindestens zwei Bildstreifen. Unter einem bestimmten Betrachtungswinkel wird bei Kippbildern (zwei verschiedene Streifen) jedem Auge der gleiche Streifen, bei Stereogrammen (mehrere Streifen) dem linken Auge ein Bildstreifen (rot) und dem rechten Auge ein anderer Streifen (blau) zugeführt. Durch Veränderung des Augenpunktes wechseln die Streifenpaare (Abb. 16-2).

Abbildung 16-2: Prinzip der Bildtrennung mit einem Lentikular-Gitter (Ausschnitt). Der Verlauf der Strahlen ist rein schematisch.

Als Vorbereitung für den Druck des Lentikularbilds werden die einzelnen Rasterbilder von einem Programm digital in schmale vertikale Streifen geschnitten. Die Bildstreifen werden nebeneinander ausgedruckt, so dass alle Bildstreifen unter einen Linsenstreifen passen. Über dem Raster mit den zwei oder mehr streifenförmig verschränkten Bildern wird eine Folie mit dem Lentikular-Gitter fixiert (Abb. 16-3).

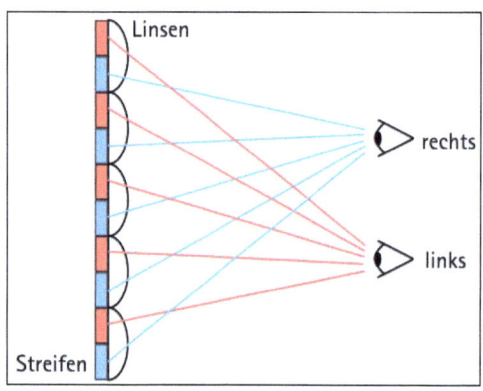

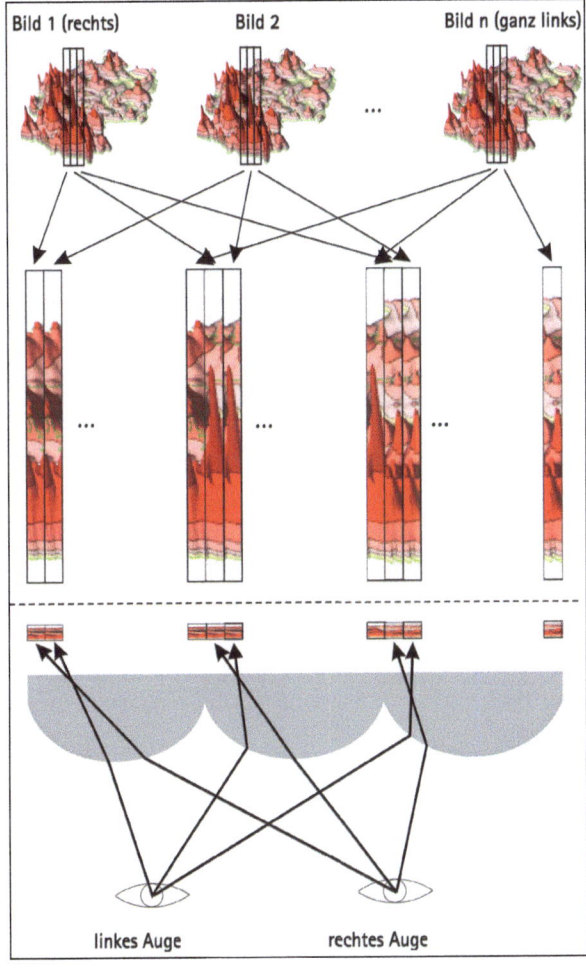

Abbildung 16-3: Aufbereitung des Lentikular-Bildes durch Aufteilung in Streifen.

Die Augen- oder Kamerapunkte für die Berechnung der einzelnen Rasterbilder werden entlang einer horizontalen Linie senkrecht zur Richtung des Linsengitters angeordnet (Schmidt 2012). Beim Drehen des Gitters erscheinen je nach Anzahl der Ausgangsbilder mehrere Stereogramme mit leicht veränderter Perspektive.

Der Radius der Halbzylinder richtet sich hauptsächlich nach der Größe des Bildträgers und damit nach der Betrachtungsentfernung. Für Postkarten Gitter mit 50 bis 150 Linsenstreifen pro Zoll üblich. Bei größeren Formaten ist die Dichte entsprechend geringer.

Der verblüffende Effekt der Lentikularbilder hat einige Postverwaltungen dazu veranlasst, Lentikular-Briefmarken herauszugeben, als Kippbild, Bildreihe und Stereogramm. Ein neueres Beispiel für ein Kippbild ist ein Block der kanadischen Post zum 50. Jahrestag der Fernsehserie *StarTrek* (Raumschiff Enterprise). Die Briefmarke der österreichischen Post mit der Venus von Willendorf ist ein Lentikular-Stereogramm (@ Venus Willendorf). Eine Übersicht der 3D-Briefmarken und der herausgebenden Postverwaltungen findet man in einem Dokument im WWW (@3D-Briefmarken).

Es ist nicht bekannt, wie hoch der Anteil der Lentikular-Briefmarken ist, die tatsächlich für die Frankierung von Postsendungen benutzt wurden. Das Entwerten mit einem Poststempel überdeckt oder beschädigt wahrscheinlich das Linsenraster. Philatelisten sammeln sowohl postfrische als auch entwertete Postwertzeichen. Deshalb verkauft die österreichische Post neben den postfrischen Stücken auch schonend gestempelte Exemplare der Lentikular-Briefmarke mit der Venus von Willendorf.

Lentikulargitter haben den Nachteil, dass die Bewegungsrichtung – für Stereogramme wie für Kippbilder und Bildreihen – immer senkrecht zur Richtung der Linsenstreifen orientiert sein muss. Bei einem Gitter mit einzelnen Linsen (Kugelsegmente in einer rechteckigen oder hexagonalen Anordnung) anstatt der Halbzylinder ist die Richtung nicht festgelegt. Die Rasterbilder werden per Software so zusammengesetzt, dass hinter jeder Linse eine Kombination aus allen Einzelbildern liegt. Die Aufteilung der Rasterbilder auf die Linsen und die Justage sind aber erheblich schwieriger als mit Linsenstreifen. Deshalb soll man die Vorbereitung und den Druck einem Dienstleister überlassen. In Anlehnung an den Aufbau eines Insektenauges aus sehr vielen Einzelaugen wird die Technik auch „fly-eye" genannt (@Fly-eye).

Autostereogramme

In den Jahren 1993 und 1994 wurden die Buchhandlungen mit Büchern und Kalendern mit Abbildungen von „einäugigen" Stereogrammen überschwemmt. Die Faszination dieser Bilder liegt darin, dass auf den ersten Blick nur ein scheinbar bedeutungsloses Muster aus Bildpunkten. Hat man durch Übung die richtige Augenstellung gefunden, dehnt sich das Bild auf einmal in die dritte Dimension aus. Der Begriff *Autostereogramm* für diese Familie von Raumbildern soll darauf hinweisen, dass die stereoskopische Information in einem Bild enthalten ist und das Stereogramm ohne zusätzliches Gerät erfasst werden kann.

Techniken für die Betrachtung von Autostereogrammen

Das Erkennen der Stereogramme ist schwerer als bei getrennter Zuführung der Stereopaare. Deshalb muss hier ein kurze Anleitung zum Erkennen der Autostereogramme folgen. In einem Buch habe ich eine gute Anleitung zum Betrachten von Autostereogrammen gefunden, die nicht in allen Punkten ernst zu nehmen ist. Die vier Punkte sind wörtliche Zitate aus et al. (1994):

- **Augendreher:** Halten Sie das Bild in Leseentfernung, versuchen Sie, die Augen nach außen zu drehen, als ob sie ein Objekt in unendlicher Entfernung sehen wollen.
- **Papierküsser:** Berühren Sie mit der Nasenspitze das Bild. Dann führen Sie das Bild ganz langsam in Leseentfernung, ohne das Bild zu fixieren oder die Augenstellung zu ändern.
- **Narziss:** Legen Sie eine Glasplatte auf das Bild. Betrachten Sie sich selbst im Spiegel. In der Tiefe, in der Sie sich selbst sehen, formt sich nun das Stereogramm.
- **Absatzsteigerung:** Stechen Sie in der Mitte des Bildes zwei Löcher im Abstand des Musters (meistens etwa 3,5 cm). Halten Sie Ihren Finger hinter das Bild, so dass

Abbildung 16-4: Autostereogramm mit der Erreichbarkeits-Oberfläche der KLV-Bahnhöfe

Sie ihn mit beiden Augen sehen können. Etwa in Höhe des Fingers formt sich das 3D-Bild. Wenn Sie die Löcher an der falschen Stelle gestochen haben, kaufen Sie sich ein neues Autostereogramm.

Die zahlreichen Bücher mit Autostereogrammen schweigen sich über die verwendeten Algorithmen meistens aus. Zum einen ist es für das Erfolgserlebnis nach dem Entschlüsseln der Bilder nicht notwendig, das Prinzip dahinter zu verstehen. Zum anderen lassen die Urheber die Käufer der Software oder der Autostereogramm-Abbildungen lieber im Ungewissen darüber, wie einfach die Erzeugung von Autostereogrammen ist. Weitere Ausführungen zu dem Themenkomplex findet man bei RASE (2016). Die Autostereogramm-Technik wurde auch für 3D-Briefmarken verwendet (@Autostereogramm-Briefmarken).

Stereogramm-Software

Die Rasterbilder für die hier erwähnten Stereogramme wurden mit dem Programm POV-Ray berechnet. Das Programm 3D-Easy SPACE erzeugte aus den Ausgangsbildern Lentikularbilder von Oberflächen aus bis zu 20 Stereo-Ansichten. Mit 3D-Easy können leichte Verschiebungen in den Ausgangsbildern korrigiert werden. Die Streifenbreite wird aufgrund der verwendeten Lentikularfolie festgelegt. 3D-Easy SPACE fertigt auch Anaglyphen-Bilder aus zwei Rasterbildern an. Die Software für die Herstellung von ColorCode-Bildern wurde von der Firma Ogon3D für die Integration in 3D-Easy SPACE lizenziert (@3D-Easy). Zum Betrachten der Anaglypenbilder und der ColorCode-Bilder müssen die passenden Vorsatzbrillen beschafft werden, für die Lentikular-Bilder die passenden Lentikularfolien bzw. -gitter.

Die Inkjet-Drucker für den Hausgebrauch drucken heute mit so hoher Auflösung, dass die Technik der Lentikularbilder auch für eigene Experimente genutzt werden kann. Die Ansprüche an die Qualität dürfen allerdings nicht allzu hoch sein. Die manuelle Passung der Lentikular-Ausgabe mit der Lentikularfolie ist etwas mühsam und fehleranfällig, auch die Fixierung der Folie auf dem Bild. Man braucht dafür eine ruhige Hand, ein gutes Auge und viel Zeit. Für die Herstellung hochwertiger Lentikularbilder sollte man besser einen Dienstleister beauftragen. Zum Beispiel bietet die Firma Digi-Art mehrere Software-Pakete für die Umsetzung der Rasterbilder an und übernimmt weitere Dienstleistungen rund um Lentikularbilder (@Digi-art). Digi-art hat Zugriff auf spezielle Druckmaschinen, die die Lentikularbilder passgenau auf die Rückseite der Lentikularfolie aufbringen.

Im Buch von WATKINS & MALLETTE (1996) werden mehrere Arten von Stereogrammen und die Techniken und Algorithmen zu ihrer Herstellung beschrieben. Dem erwähnten Buch liegt eine Diskette mit Programmen zur Erzeugung von Stereogrammen bei. Einigen Bücher mit Autostereogrammen waren auch Programme zur eigenen Anfertigung der Graphiken beigefügt. Die Abbildung 16-4 wurde mit einem dieser Programme ausgeführt. Als Eingabedateien werden in der Regel eine 3D-Oberfläche (in diesem Fall die Erreichbarkeit zu den KLV-Bahnhöfen) und eine Rasterdatei mit dem Bild der Kachel verlangt.

Reale 3D-Modelle

Die logische Fortführung der perspektivischen Darstellungen und Stereogramme sind reale dreidimensionale Modelle. Die Fertigung von farbigen 3D-Modellen ist trotz der erheblichen Kostensenkungen in den letzten Jahren immer noch teurer als die Herstellung von Karten mit einem zweidimensionalen Medium. Deshalb ist eine traditionelle Karte einschließlich der perspektivischen Darstellung oder ein Stereogramm meistens die preiswertere Lösung. 2D-Karten können auf den traditionellen Wegen verbreitet werden, etwa in gedruckten Publikationen oder über digitale Medien. Auch Stereogramme lassen sich als Dateien übermitteln. Wenn der Empfänger über die passende technische Ausrüstung verfügt, kann er sich die Stereogramme in der Datei ansehen.

Reale Modelle sind kein Ersatz für Karten, sondern eine gute Ergänzung für bestimmte Anwendungsbereiche. 3D-Modelle können nicht über Leitungen transportiert werden, es sei denn der Empfänger verfügt über einen passenden 3D-Drucker für die Dateien. Die am häufigsten genutzte Realisierungstechnik ist der Aufbau des Modells aus Materialschichten, die von unten nach oben übereinander platziert und fixiert werden. Im Prinzip sind dafür nur 2½D-Oberflächen geeignet, die an einem Punkt in der Grundfläche nur einen Höhenwert haben. Werkstücke mit Eindellungen und Überhängen sollten so orientiert werden, dass eine 2½D-Oberfläche entsteht. Wenn das nicht möglich ist, können Hohlräume und Unterschneidungen mit Pfeilern abgestützt werden. Wenn notwendig, werden die Stützen nach der Fertigstellung wieder entfernt.

3D-Drucker für den Hausgebrauch

In den letzten Jahren sind 3D-Drucker aufgrund der technischen Entwicklung so preiswert geworden, dass sie auch für den privaten Gebrauch erschwinglich sind. Technisch interessierte Anwender können einen kleinen 3D-Drucker als Bausatz oder Fertiggerät erwerben. Mit dem privaten 3D-Drucker lassen sich zu relativ geringen Kosten reale dreidimensionale Modelle selbst bauen (SOMMER 2016). Die Drucker für den Hausgebrauch werden laufend weiterentwickelt, mit unterschiedlichen Bauraum-Dimensionen, Druckmaterialien, Schichtdicken und Arbeitsgeschwindigkeiten (GO & HART 2017).

Das Werkstück entsteht durch schichtweisen Auftrag eines thermoplastischen Kunststoffs, zum Beispiel ABS (Acrylnitril-Butadien-Styrol) oder PLA (Polylactide). In einem elektrisch beheizten Druckkopf (Extruder), der in zwei Achsenrichtungen positionierbar ist, wird das Material geschmolzen und durch eine Düse auf die meistens beheizte Grundplatte (erste Schicht) oder auf die vorherige Modellschicht aufgetragen. Das heiße Material verbindet sich mit der darunter liegenden Schicht und wird beim Erkalten wieder fest. Ist die Schicht fertig aufgebracht, wird die Grundplatte um die vorgewählte Schichtdicke abgesenkt. Der Vorgang wird so oft wiederholt, bis die letzte Schicht aufgeschmolzen und erkaltet ist. Gegenwärtig werden Extruder mit Laser-Heizung entwickelt. Ein Laserstrahl ist besser elektronisch steuerbar, deshalb wird das Material schneller und genau nach Bedarf verflüssigt, was in einer höheren Druckgeschwindigkeit resultiert.

Ist der 3D-Drucker mit einem zweiten oder dritten Extruder ausgerüstet, kann das Modell in zwei oder drei unterschiedlichen Farben aufgebaut werden. Die Farben sind aber nicht mischbar, deshalb Zwischentöne nicht möglich. In den Fachzeitschriften wurde schon mehrfach über thermische Extruder berichtet, die eine beliebige Farbe aus den drei oder vier Grundfarben mischen können. Bis jetzt haben diese Druckköpfe nicht die Marktreife geschafft. Vor allem die Ablage des schon gemischten und flüssigen, aber nicht mehr notwendigen Materials ist nicht gelöst.

Mit einem zweiten Druckkopf ist die Verwendung eines löslichen Materials für Stützen und offene Hohlräume möglich. Das Stützmaterial, zum Beispiel HIPS (*high impact polystyrene*), wird nach dem Drucken mit einer chemischen Flüssigkeit oder Wasser ausgewaschen. Bei den stabileren Druckern kann der Thermokopf durch einen kleinen Fräsmotor ersetzt werden. Damit lassen sich Platinen oder kleine Werkstücke bohren oder fräsen. Auch Laser-Graviergeräte werden angeboten, mit denen zum Beispiel Frontplatten bearbeitet werden können.

Die numerische Repräsentation des Werkstücks wird in der Regel mit einer Software für mechanische Konstruktion (CAD) vorbereitet. Eine Möglichkeit ist die Erfassung eines existierenden Werkstücks mit einem 3D-Scanner. Die Scanner gibt in unterschiedlichen Ausführungen, auch als Zusatzeinrichtung für 3D-Drucker. Die Kosten liegen je nach Bauart, Genauigkeit und Bedienungskomfort sehr weit auseinander. Viele Modell-Dateien lassen sich aus Datenbanken mit 3D-Modellen herunterladen.

Meine Erfahrungen mit einem Selbstbau-Drucker einige Jahre zuvor waren ziemlich enttäuschend. Die Mechanik des Druckers war aufgebaut aus Gewindestangen, Eckverbindern aus Thermoplastik und weiteren Teilen. Das Gerät war nicht sehr stabil und schwierig zu justieren. Der Extruder war schlecht konstruiert und hat eigentlich nie richtig funktioniert. Solche Misserfolge muss man als Lehrgeld abbuchen, wenn man zu früh in eine neue Technik einsteigt.

Inzwischen wurden diese 3D-Drucker erheblich verbessert, sowohl die Bausätze als auch die Fertiggeräte. Vor dem Kauf sollte man die Eigenschaften und Kosten sorgfältig prüfen und gegeneinander abwägen. Informationen und Tests zu 3D-Druckern und dem Druckmaterial findet man in vielen Fachzeitschriften für Informations- und Computertechnik. Die Kunststoffe gibt es in vielen Farben, auch durchscheinend und mit Neon-Effekt. Das Material ist auch mit Zusatzstoffen erhältlich, die das Werkstück wie aus Holz oder Metall aussehen lassen.

3D-Farbdrucker für Geo-Modelle

Die Verwendung von Farben ist eine unabdingbare Notwendigkeit für Karten, so auch für kartographische 3D-Modelle. Der Farbauftrag in hoher Auflösung, also mit vielen Farbtönen und möglichst kleinen Bildpunkten, ist notwendig zur Visualisierung von Informationen über die reine Höheninformation hinaus oder zu ihrer Verstärkung durch redundante Graphik, etwa durch Isolinien oder Isoplethen. Das Auftragen der Farbe muss in den Fertigungsprozess integriert werden. Nur so kann man die Vorteile des 3D-Drucks für Geo-Objekte nutzen.

Die Anfertigung von Werkstücken mit Rapid-Prototyping-Verfahren war bis vor einigen Jahren auf Modelle beschränkt, die einfarbig oder mit einer sehr geringen Zahl von Farben ausgeführt wurden. Das Einfärben der Modelle mit Pinsel oder Airbrush wäre möglich, aber die Personalkosten für das Auftragen der Farben sind im Verhältnis zu den Druckkosten unakzeptabel hoch. Fotochemische Verfahren – also Beschichtung mit einer fotoempfindlichen Schicht, Belichtung und Entwicklung der Fotoschicht – sind denkbar, aber bei komplexen Formen und mehreren Farben schwierig bis unmöglich. Dazu ist das Baumaterial oft empfindlich gegen Feuchtigkeit, insbesondere bei den Modellen, die aus Pulverschichten aufgebaut werden.

Kontur-Schichten aus Papier

Eine einfache Möglichkeit mit nur geringer maschineller Unterstützung ist das Ausschneiden der Modellkonturen aus Karton, Platten aus Styropor oder anderem Material, in der Regel mit einer numerisch gesteuerten Schneidemaschine. Die einzelnen Platten werden von Hand zum Modell zusammengesetzt.

Ein 3D-Drucker für *laminated object manufacturing* (LOM) setzt das Modell maschinell aus bedruckten Papierblättern zusammen. Auf jedes Blatt wird mit Standard-Sprühköpfen Farbe aufgetragen, in der Auflösung, wie man sie von Tintenstrahldruckern kennt. Die Konturen des 3D-Modells werden vom Gerät aus dem Papierblatt ausgeschnitten, zum Block geschichtet und die Schichten miteinander verklebt. Das Ergebnis ist ein farbiges 3D-Modell (@LOM).

Schichten aus Pulver mit Farbauftrag

Eine andere Technik ist der Aufbau des Modells aus Pulverschichten und die Fixierung des Pulvers mit einem Kleber. In einer Maschine wird auf die Arbeitsfläche eine dünne Schicht eines Pulvers (Stärke, Gips, Keramik) aufgebracht und mit einem Rakel glattgestrichen. Im Bereich der Schicht, der zum Modell gehört, werden die Pulverteilchen miteinander und mit der darunter liegenden Schicht durch Aufsprühen eines Klebers verbunden. Gleichzeitig werden die Flächen eingefärbt. Dafür kommen die gleichen Sprühköpfe wie bei handelsüblichen Tintenstrahldruckern zum Einsatz, mit den Grundfarben Cyan, Magenta und Gelb (CMY), bei den besseren Pulverdruckern mit zusätzlichem Schwarz (CMYK), das die Wiedergabe von Schwarz und Grautönen verbessert.

Nach Entfernen der Pulverreste wird das Modell wird einem Festiger getränkt, je nach Material mit Wachs, Cyanoacrylat – auch bekannt als Sekundenkleber – oder Kunstharz (Epoxy), Durch die Infiltration wird die mechanische Stabilität erhöht, die Empfindlichkeit gegen Feuchtigkeits- und Temperaturschwankungen in der Umgebung vermindert und die Leuchtkraft der Farben intensiviert. Ob ein zusätzlicher Anstrich mit einem UV-Schutz wirklich das Verblassen der Farben verhindert, lässt sich erst im mehrjährigen Feldversuch herausfinden.

Mit dem Festiger infiltrierte Werkstücke können wie Holz nachbearbeitet werden, etwa durch Schleifen oder Polieren. Das Modell kann einen zusätzlichem Farb- oder Materialauftrag erhalten. Auch die Metallbeschichtung mit galvanischen Techniken, wichtig für Prototypen von Originalen aus Metall, kann durchgeführt werden.

Mit der Kombination von Stärkepulver und flüssigem Wachs als Imprägniermittel ist der 3D-Druck von Modellen möglich, die für den Metallguss nach dem Prinzip der verlorenen Form verwendet werden können. Das Modell wird dazu in eine Gussform aus hitzebeständigem Material eingebettet. Beim Härten der Gussform mit hoher Temperatur verbrennt das positive 3D-Modell im Innern ohne Rückstände. Das flüssige Metall wird in die Außenform gegossen und erstarrt beim Erkalten zum positiven Werkstück, etwa einer Skulptur. Sowohl das positive Modell als auch die Gußform werden zerstört, daher der Name der Technik.

Kartographische 3D-Modelle für die Regionalforschung

Erreichbarkeits-Oberfläche in 3D

Ein Beispiel für ein farbiges 3D-Modell mit Daten aus der Regionalforschung zeigt die Abbildung 16-5. Die Oberfläche repräsentiert die Fahrzeit in Minuten mit dem Pkw von einem Punkt in Deutschland zum nächsten Verkehrsflughafen. Die dünnen roten Röhren auf der Oberfläche sind die wichtigsten Autobahnen, die streckenweise auf dem Weg zum Flughafen benutzt werden. Sie dienen als Landmarke und Hilfe für die Orientierung im Modell.

An der tiefsten Stelle der Becken liegt ein Flughafen, dort ist die Zeitentfernung gleich 0. Die lokalen Maxima (Bergspitzen) sind die Punkte mit der größten Zeitentfernung zum nächsten Flughafen. Die Fahrzeiten wurden aufgrund der durchschnittlichen Geschwindigkeiten für die benutzten Straßen im Erreichhbarkeitsmodell für Deutschland und die umliegenden Länder ermittelt (@ BBSR-Erreichbarkeitsmodell). Tages- und jahreszeitliche Abweichungen von diesem Durchschnitt sind die Regel, deshalb eignen sich diese Angaben nicht für Prognosen für die Fahrzeiten zu einem Verkehrsflughafen an einem bestimmten Datum.

Abbildung 16-5: Oberfläche der Fahrzeit zum nächsten Flughafen, mit Pkw in Minuten

Die 3D-Modelle mit den Oberflächen einschließlich der Linien und Symbole, der Beschriftung und Legenden und des Sockels wurden mit dem Programm Konkar konstruiert. Es wäre auch möglich, ein Oberflächen-Gitter in ein CAD-Programm zu importieren und die Linien, Textketten und andere Teile des Modells mit CAD-Funktionen zu erzeugen. Eine häufig genutzte Software mit speziellen Funktionen für die Ergänzung und Prüfung von 3D-Modellen ist Magics (@Magics).

Für die abgebildeten Modelle mit Informationen aus der Geo-Datenbasis des BBSR (@INKAR) wurden die Dateien im Format VRML (Typkennung wrl) über E-Mail an einen Dienstleister übermittelt, der das farbige 3D-Modell gedruckt und nachbehandelt hat (@4D Concepts). Ein Paketdienst lieferte das fertige Modell an den Auftraggeber zurück.

Abbildung 16-6: Trend-Oberfläche der Arbeitlosenquoten, Polynom 5. Grades. Die Höhe der Zylinder ist proportional zu den Abweichungen der einzelnen Regionen vom Trend. Die Farbe der Säulen zeigt an, ob die Abweichung negativ oder positiv ist.

Trend-Oberfläche mit Residuen

Die Abbildung 16-5 ist die Fotografie eines 3D-Modells mit der Trend-Oberfläche der Arbeitslosenquoten im Jahr 2006 für die Raumordnungs-Regionen Deutschlands. Die Trend-Oberfläche ist ein Polynom fünften Grades, das mit der Methode der kleinsten Quadrate (LSQ) aus den Arbeitslosenquoten berechnet wurde. Für die neuen Bundesländer ist die Höhe der Oberfläche höher als für Baden-Württemberg und Bayern.

Die Abweichungen der einzelnen Regionen vom allgemeinen Trend (Residuen) werden durch die Säulen dargestellt, deren Höhe über der Oberfläche proportional zu den Werten der Residuen ist. Die Farbe der Zylinder zeigt an, ob die Abweichungen positiv oder negativ sind. Sind die Säulen blau, ist in dieser Region die Arbeitslosenquote niedriger als der allgemeine Trend für die gesamte Bundesrepublik. Rot bedeutet, dass die Quote dieser Region höher ist als der Trend. Die Wert für Berlin (blaue Säule) liegt unter dem Trend. Bei den Regionen mit roten Säulen ist die Arbeitslosenquote höher als die Trend-Oberfläche.

3D-Modelle für Outdoor-Enthusiasten

Für viele Outdoor-Aktivisten war es bisher ein Wunschtraum, ihre Touren auf dem Fahrrad, im Kanu, die Wander- oder Klettertouren in einem dreidimensionalen Modell zu verewigen. Das Modell kann man sich zuhause ins Regal stellen, als Erinnerung an unvergessliche Erlebnisse in der Natur. Natürlich kann man damit auch die Freunde beeindrucken, insbesondere, wenn das Gelände überhöht dargestellt wird und die Steigungen schwerer aussehen als sie in Wirklichkeit waren.

Die Firma ShapeWerk fertigt Landschaftsmodelle für kommerzielle und private Auftraggeber an (@Shapewerk). Auf den WWW-Seiten von Shapewerk wird das Rechteck auf der Erdoberfläche, der Überhöhungsfaktor und die Bodenbedeckung ausgewählt Die Bildraster mit der Bodenbedeckung stammen aus Satelliten-Missionen der NASA und ESA. Wahlweise lässt sich eine topographische Karte oder ein Straßennetz mit der Bodenbedeckung kombinieren, ebenso GPS-Routen in wählbarer Breite und Farbe. Nach einer Bearbeitungszeit kann der Anwender das virtuelle Modell über den Browser betrachten und eventuell noch Änderungen vornehmen.

Nach Prüfung und Auswahl der Modellgröße erhält der Interessent ein Kostenangebot, bevor er die endgültige Bestellung aufgibt. Ist er mit dem Modell und dem Preis einverstanden, erteilt er den Auftrag zur Fertigung. Nach dem Druck und eventuell gewünschten zusätzlichen Arbeiten wird das Modell dem Auftraggeber mit einem Paketdienst zugestellt.

Neben dem Druck des Modells bietet Shapewerk weitere Serviceleistungen an. Das sind zum Beispiel die Fertigung in mehreren Teilen, falls das Modell größer ist als der Bauraum des 3D-Druckers, und das Zusammenfügen zum Gesamtmodell. Weitere Dienstleistungen sind die Fertigung und das Einsetzen von Landmarken, die nicht gleichzeitig mit dem Oberflächenmodell gedruckt werden können. Das sind etwa sehr filigrane Objekte, wie Windgeneratoren, Oberleitungen, Liftanlagen in Skigebieten,

Bäume und andere Vegetation oder Brücken. Diese Landmarken sind wichtig für die Visualisierung von Planungskonzepten, damit sich die Entscheidungsträger den gewünschten Zustand gut vorstellen können.

Die Abbildung 16-7 zeigt den Ausschnitt eines Landschaftsmodells von Shapewerk mit unseren Radtouren in Oberitalien, im Rechteck zwischen Bozen, dem Gardasee und Venedig. Eine Tour ging in mehreren Etappen von Bozen bis nach Venedig. Die Etappen sind durch farbige Linien repräsentiert. Die Strecken wurden mit einem Fahrrad-Navigator als GPS-Tracks erfasst und für den Modellbau in ein kompatibles Datenformat konvertiert. Die Fahrt über den Gardasee wurde natürlich nicht mit dem Fahrrad zurückgelegt, sondern an Bord einer Autofähre. Sie läuft Städte und Dörfer an beiden Ufern an, deshalb die Zickzack-Linie (rot) über das Wasser. Die zweite Tour war eine Sternfahrt mit Abano Terme in Venetien als stationärem Aufenthalt.

Die Höheninformationen für dieses Modell stammen aus der ASTER-Datenbasis (@ASTER). Die vertikale Genauigkeit von ca. 30 m am Äquator ist für diesen Abbildungsmaßstab ausreichend. Das Gelände ist fünffach überhöht modelliert.

Abbildung 16-7: Landschaftsmodell von Oberitalien mit den GPS-Tracks unserer Fahrradtouren. Die unterschiedlichen Farben stehen für die Tagesetappen.

Neue Entwicklungen bei 3D-Farbdruckern

Die Firma Stratasys hat 2016 den 3D-Farbdrucker Polyjet J750 vorgestellt. Durch Mischung der Grundfarben CMYKW (cyan, magenta, gelb, schwarz und weiß) können mehr als 360.000 Farbtöne erzeugt werden. Der Dichte der Farbpunkte ist 600 dpi in der x- und y-Richtung und 1800 dpi in der z-Richtung. Insgesamt können 20 Grundmaterialien mit unterschiedlichen Grundfarben und Eigenschaften kombiniert werden. Zu den Einzelheiten des Verfahrens findet man noch wenig Informationen (@Stratasys).

Die Qualität der mit dieser Technik hergestellten Werkstücke ist besser als die der 3D-Farbdrucker, die mit Keramikpulver und farbigem Klebstoff arbeiten. Die Oberfläche ist glatt, die Farben sind brillanter als bei den Modellen, die mit dem Pulverschichten-Drucker gefertigt wurden. Der Drucker Polyjet J750 kostet zur Zeit erheblich mehr als ein Pulverdrucker, auch das Material ist nicht gerade preiswert. Die Fertigung von kartographischen 3D-Modellen mit dem neuen Drucker ist deshalb noch wesentlich teurer als mit einem Pulverdrucker. Die Kosten für Gerät und Material werden wahrscheinlich im Laufe der Zeit sinken und die Modelle kostengünstiger zu fertigen sein.

Der Farbdrucker *da Vinci Color* der Firma XYZprinting ist der erste 3D-Drucker für den Privatgebrauch, der fast beliebig viele Farben drucken kann (@da Vinci Color). Im Drucker sind der Materialauftrag von thermoplastischem Material und die Tintenstrahl-Drucktechnik mit Tuscheköpfen wie bei einem Papierdrucker kombiniert. Die Tintentröpfchen in vier Grundfarben (CMYK) bleiben an dem farbabsorbierenden PLA-Material haften. Mit dieser Technik entstehen farbige Modelle, ähnlich wie bei einem 2D-Tintenstrahldrucker. Der Bauraum für das Werkstück ist 200 x 200 x150 mm groß. Falls der Drucker sich gut verkaufen sollte, sind wahrscheinlich im Laufe der Zeit auch Modelle mit größerem Bauraum erhältlich. Sie würden sich für die preiswerte Fertigung von kartographischen 3D-Modellen mit integrierten Farbauftrag gut eignen.

Nicht nur gucken, auch anfassen

Eine perspektivische Darstellung des dreidimensionalen Objekts in den zwei Dimensionen des Papiers vermittelt die Information der dritten Dimension ohne die Notwendigkeit der Kodierung und Dekodierung von visuellen Variablen. Ein reales 3D-Modell hat alle Vorteile einer perspektivischen Darstellung und vermeidet ihre Nachteile. Durch geringfügige Veränderungen des Augenpunktes, zum Beispiel durch Drehen oder Heben des Kopfes oder Bewegen des Körpers, werden die Teile des Modells sichtbar, die bei einer festen Perspektive verdeckt sind. Die Schätzung von Entfernungen oder der Höhenvergleich von lokalen Maxima gelingt sehr gut, weil fast jeder Mensch die lebenslange Erfahrung in der Erfassung von 3D-Szenen und der Interpretation von Tiefen-Indikatoren (*depth cues*) hat. Die Modelle können ohne zusätzliche Geräte betrachtet werden.

Ein weiterer Effekt, der für die Eignung realer Modelle für bestimmte Kommunikationssituationen spricht, ergab sich gänzlich unerwartet. Als ich die Modelle zum ersten Mal einigen Kollegen zeigte, griffen fast alle spontan auf die Oberfläche. Die Erfassung des Materials und der Oberflächenformen mit dem Tastsinn ist offensichtlich ein sensorisches Grundbedürfnis wie Sehen, Hören, Riechen und Schmecken. Das haptische Erlebnis, das *Begreifen* im wörtlichen Sinn, ist ein sinnlicher Reiz, der für die Übermittlung der Botschaft genutzt werden kann.

Repräsentative Funktion und Konversationsobjekt

Wenn mehrere Personen gleichzeitig einen raumbezogenen Sachverhalt erfassen und beurteilen sollen, ist das reale 3D-Modell das geeignete Medium. Das trifft zum Beispiel zu für eine Besprechung oder Diskussion im kleineren Kreis. Anders als bei einer Präsentation auf Leinwand oder Monitor oder bei der Nutzung von VR-Techniken mit Vorsatzbrillen wird die verbale und nonverbale Interaktion zwischen den Teilnehmern nicht eingeschränkt. Das ist vielleicht auch die Ursache – neben dem haptischen Reiz – warum bei Architekturwettbewerben immer noch reale Modelle der Bauwerke verlangt werden.

3D-Modelle sind sehr wirkungsvolle Konversationsobjekte. Das Modell wirkt als Blickfang oder Anknüpfungspunkt für weitergehende Gespräche, insbesondere mit Entscheidungsträgern ohne direkten Bezug zur großräumigen Planung, Raumbeobachtung und Kartographie. Die Erklärung der Technik wird genutzt, um den dargestellten Sachverhalt und seine Auswirkungen auf die räumliche Entwicklung zu vermitteln („subversive Kartographie"). Reale Modelle von GIS-Objekten haben auch eine wichtige repräsentative Funktion für Präsentationen und Ausstellungen. Das dreidimensionale Modell der Oberfläche kann sehr wirkungsvoll die Aufgabe einer Institution verdeutlichen.

Die Kosten für einen kommerziellen 3D-Farbdrucker sind nicht unerheblich. Bei geringen Stückzahlen ist es deshalb wirtschaftlich sinnvoll, die Prototypen im Auftrag fertigen zu lassen. Der Kunde schickt das numerische Modell in einem geeigneten Format an einen Auftragnehmer. Dieser produziert das Werkstück und führt, wenn gewünscht, auch die Nachbearbeitung durch, etwa Infiltration, Glättung, das Aufbringen von Farbe oder Elektroplatierung mit einem Metall. Viele Firmen bieten Dienstleistungen für den 3D-Druck mit unterschiedlichen Verfahren an. Die Firma Shapeways zum Beispiel bietet das größte Angebot an Techniken und Materialien. Die Firma ermöglicht darüber hinaus den Kunden, ihre eigenen Modelle in einem privaten Shop bei Shapeways zu verkaufen (@Shapeways).

Rechenhilfen, aber keine Computer

17

Logarithmentafel

Vor den Computern habe ich wie alle Schüler und Studenten in dieser Zeit Rechenhilfen genutzt, um arithmetische Aufgaben schneller als nur mit Papier und Bleistift zu lösen. Die Rechenhelfer waren Tabellen und analoge Geräte, Rechenbretter mit Schiebeknöpfen, kleine und größere mechanische Rechenmaschinen oder später elektronische Taschenrechner mit trigonometrischen Funktionen.

Meine erste Rechenhilfe im Mathematik-Unterricht war die Logarithmentafel. Das grundlegende Prinzip war, dass zwei Zahlen durch Addition ihrer Zehner-Logarithmen miteinander multipliziert werden. Die Logarithmen der beiden Zahlen wurden in der Logarithmentafel aufgesucht und addiert. Das Ergebnis, wieder ein Zehner-Logarithmus, wurde durch Aufsuchen in der Tafel wieder in eine „normale" Zahl zurückverwandelt. Eine Division entsprach der Subtraktion der Logarithmen.

Eine Herausforderung war die korrekte Position des Dezimalkommas beim Rechenergebnis. Die Größenordnung der Ausgangszahlen musste man im Gedächtnis behalten und auf das Ergebnis anwenden. Das Ergebnis war auch nicht so genau wie bei einer „echten" Multiplikation mit allen Stellen. Die Logarithmen waren mit vier Dezimalstellen ausgedruckt, dadurch entstanden Fehler. Für technische Anwendungen war das aber kein großes Problem, denn unterhalb eines Grenzwerts – abhängig von der Anwendung – spielte die Genauigkeit keine Rolle mehr. Die Logarithmentafel war eine unverzichtbare Hilfe beim Rechnen mit Winkelfunktionen wie sin, cos, tan und arctan, insbesondere in der sphärischen Trigonometrie.

Rechenschieber

Das gleiche mathematische Prinzip wie bei der Logarithmentafel wird bei mechanischen Rechenschiebern verwendet. Die Addition oder Subtraktion der Logarithmen erfolgt durch Verschieben einer beweglichen Zunge zwischen zwei äußeren Skalenleisten aus lackiertem Hartholz, die mit zwei Querleisten fest verbunden sind. Auf den Skalenleisten sind oben und unten, auf der Vorder- und Rückseite verschiedene logarithmische Skalen aufgedruckt.

Die besseren Rechenschieber verfügen meistens über mehrere Skalen, etwa Winkelfunktionen wie sin, cos und tan, Kubikskalen, Kehrwertskalen und exponentielle Skalen. Für die Skalenbezeichnungen verwendeten die Hersteller unterschiedliche Kürzel (@Rechenschieber). Mit Hilfe des Läufers, einem transparenten Schlitten mit einem feinen senkrechten Strich, werden die Eingabewertewerte eingestellt und das

Ergebnis so genau wie möglich abgelesen. Das Problem der korrekten Größenordnung blieb auch bei den Rechenschiebern erhalten. Die Abbildung 17-1 zeigt den Rechenschieber Aristo Studio.

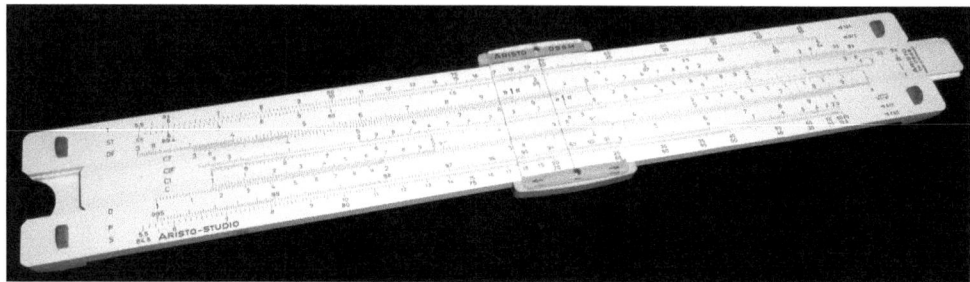

Abbildung 17-1: Rechenschieber Aristo Studio mit Winkelfunktionen. Auf der Rückseite sind weitere Skalen aufgedruckt.

Für die Unterweisung in der Benutzung des Rechenschiebers gab es an meiner Schule einen Koffer mit vielen Rechenschiebern. Vor der Unterrichtsstunde erhielt jeder Schüler einen Rechenschieber aus dem Koffer. Ein identisches, aber vier Meter langes Modell war an der Tafel aufgehängt. Der Mathematiklehrer demonstrierte an diesem Monster-Rechenschieber die Arbeitsschritte für Multiplikation, Division und noch andere Rechenvorgänge, die jeder Schüler nachvollziehen musste. Nach der Stunde wurden die Rechenschieber eingesammelt und wanderten wieder in den Koffer.

Die Genauigkeit der Rechnung war durch die Fehler bei der Einstellung und beim Ablesen noch geringer als bei Benutzung der Logarithmentafel. Dafür war die Rechengeschwindigkeit höher. Das war bei technischen Problemen wichtiger als die Genauigkeit. Das Standeskennzeichen eines Ingenieurs in dieser Zeit war ein kleiner Rechenschieber, griffbereit in einer Brusttasche des weißen Kittels verstaut.

Rechenschieber gab nicht nur in linearer Form, also mit geraden Skalen und gerader Zunge. Bei der Rechenscheibe sind die Skalen zu Kreisen gebogen und auf zwei kreisförmigen, gegeneinander beweglichen Scheiben aufgetragen. Der Ablese-Zeiger ist im Mittelpunkt mit den Scheiben drehbar verbunden. Manche teuren Armbanduhren, etwa Fliegeruhren, sind mit einem einfachen zirkularen Rechenschieber ausgestattet, um schnelle Berechnungen durchführen zu können. Die früher in Großbanken benutzten Rechenwalzen hatten eine große effektive Skalenlänge und eine entsprechend höhere Genauigkeit (BRUDERER 2015).

Für spezielle Anwendungen wurden Sonderausführungen von Rechenschiebern hergestellt, etwa für die Vermessungstechnik, den Maschinenbau oder die Konstruktion von Rohrnetzen.

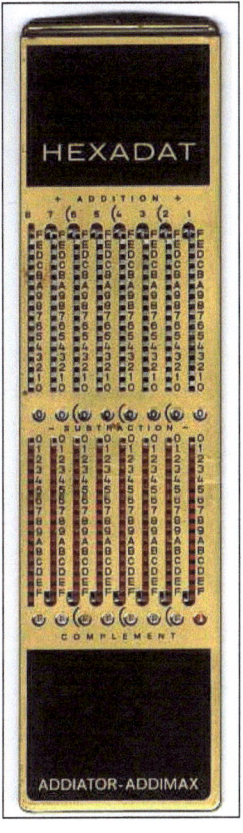

„Griffeladdierer" für Hexadezimal-Zahlen

Eine Hexadezimal-Zahl oder besser Hexadezimal-Ziffer ist 4 Bit lang und wird mit den Ziffern 0 bis 9 und vom Wert 10 bis 15 mit den Buchstaben A bis F geschrieben. Zwei Hex-Ziffern passen in ein Byte mit 8 Bit. Für die Programmierung in Assembler war es manchmal notwendig, zwei Hexadezimal-Zahlen aus mehreren Hex-Ziffern zu addieren oder zu subtrahieren. Für die Addition und Subtraktion von Dezimalzahlen wurden schon länger Zahlenschieber verwendet, die „Griffeladdierer", weil man einen Stift zu ihrer Bedienung benutzte. Dieses Konzept wurde auf Hex-Zahlen erweitert. Die Nutzung des Hex-Zahlenschiebers mit korrektem Stellenübertrag war schneller als die Handrechnung auf Papier. Es gab mehrere Hersteller für Hex-Schieber. Die Abbildung 17-2 zeigt den Hex Schieber der Firma Addiator (@ Zahlenschieber). Heute verwendet man für diesen Zweck Taschenrechner mit Hexadezimal-Darstellung, mit denen zwei Hex-Zahlen auch multipliziert und dividiert werden können.

Abbildung 17-2: Zahlenschieber HEXADAT der Firma Addiator mit acht Stellen. Zuerst wurden die Ziffern der ersten Zahl von rechts nach links mit einem Stift nach unten bewegt, dann die der zweiten Zahl. Das Ergebnis konnte in der Ergebnis-Zeile in der Mitte ausgelesen werden.

Der chinesische Abakus

Die Grundausstattung für unsere Wohnung in Vancouver, Tisch, Stühle, Geschirr, Lampen und Küchenutensilien, kauften wir auf Anraten von Freunden in Chinatown, dem zweitgrößten Chinesenviertel an der Pazifikküste nach dem von San Francisco. Die Preise waren dort sehr moderat, die Qualität spielte keine große Rolle angesichts des vorerst auf ein Jahr begrenzten Aufenthalts.

An fast jedem Ladenausgang in Chinatown lag ein Abakus, ein chinesisches Rechenbrett. Mit atemberaubender Geschwindigkeit zählten die Verkäufer die Einzelpreise auf dem Abakus zusammen und schrieben die Endsumme auf einen Zettel. Fortschrittliche Händler tippten die Endsumme auch auf einem druckenden Rechner ein. Zettel oder Ausdruck wurden dann den Kunden überreicht. Nicht alle Einwohner von Chinatown sprachen Englisch, deshalb bekamen die Kunden die Endsumme auf Papier mitgeteilt, damit sie wussten, wie viel sie bezahlen sollten.

Abbildung 17-3: Der chinesische Abacus (Suanpan)

Der chinesische Abakus *Suanpan* arbeitet mit einer Art digitaler Repräsentation, die auch Überträge berücksichtigt (Abb. 17-3). Mit dem Abakus wurde vorwiegend addiert oder subtrahiert. Durch fortgesetzte Addition oder Subtraktion konnte auch multipliziert und dividiert werden. So waren alle vier Grundrechenarten möglich, mit Speicherung von Zwischenergebnissen im Gedächtnis und viel Fingerfertigkeit (Anleitung...Abacus 1972). Später habe ich erfahren, dass ein ähnliches Rechenbrett (*Stschoty*) noch lange in der Sowjetunion gebräuchlich war, um dem Mangel an mechanischen Rechenmaschinen und Registrierkassen in den Läden abzuhelfen.

Ein *Suanpan*, den ich aus Vancouver mitgebracht hatte, hing lange Zeit im Rechnerraum der BfLR. „Bei Bedarf Scheibe einschlagen" stand auf dem Kasten aus Plexiglas. Der kleine Scherz sollte daran erinnern, dass ein Computer ohne Stromversorgung nur eine Ansammlung von Metall und Kunststoff ist, während der Abakus auch ohne Strom funktioniert, wenn auch erheblich langsamer.

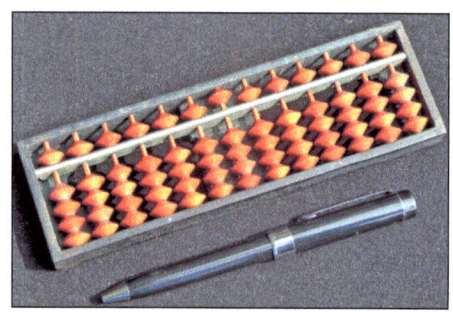

Abbildung 17-4: Der japanische Soroban

Japanischer Soroban

Beim japanischen Abakus *Soroban* ist die Kodierung der Zahlen und die Ausführung der Rechenvorgänge noch konsequenter an die binäre Arithmetik angelehnt als bei der chinesischen Variante (Yoshino 1963). Der Soroban – der Name ist wahrscheinlich von der chinesischen Bezeichnung abgeleitet – ist kleiner, so dass er in einer Hand gehalten werden kann und nicht auf einer Fläche aufliegen muss (Abb. 17-4).

Um beide Arten des Abakus optimal nutzen zu können, ist viel Übung erforderlich, weil einige Zwischenergebnisse im Gedächtnis behalten werden müssen. Ich hatte nicht die notwendige Geduld dafür und es deshalb nie zur Fertigkeit gebracht, die für die tägliche Nutzung wie in Vancouver-Chinatown notwendig gewesen wäre.

Die Rechenmaschine Curta

Die mechanischen Rechenmaschinen aus den dreißiger Jahren, insbesondere die Modelle mit Multiplikation und Division, waren so gewichtig, dass man sie nicht in der Hand halten und nur mit Mühe herumtragen konnte. Der Feinmechaniker Curt Herzstark, Sohn eines Rechenmaschinen-Fabrikanten in Wien, hatte Pläne für eine kleine Rechenmaschine, die in eine Hand passte. Die Maschine wurde von einer zentralen Kurbel angetrieben, deshalb die scherzhafte Bezeichnung „Pfeffermühle". Der Rechner sollte wie seine größeren Brüder als Vierspezies-Maschine mit allen Grundrechenarten funktionieren.

Nach dem Anschluss Österreichs 1938 wurde Herzstark wegen seiner jüdischen Abstammung im Konzentrationslager Buchenwald festgehalten. Da er bereits einen Namen als Erfinder hatte, durfte er in der Freizeit an seiner kleinen Rechenmaschine weiterarbeiten. Herzstark hatte die Hoffnung, nach der Fertigstellung der Maschine freigelassen zu werden, denn die Nazis waren sehr an einer kleinen Vierspezies-Maschine für den militärischen Einsatz interessiert (SZONDY 2016). Herzstark überlebte Haft und Krieg dank einer Folge von glücklichen Zufällen. Er nahm dann Kontakt zu amerikanischen und schweizerischen Herstellern von Rechenmaschinen auf, die aber keinen Markterfolg erwarteten und deshalb die Produktion der kleinen Rechenmaschine ablehnten (KERTSCHER 2002). Vielleicht fürchteten sie auch, dass das Gerät dem Absatz ihrer hochpreisigen Produkte schaden könnte.

Produktion in Liechtenstein

Das Fürstentum Liechtenstein machte schließlich das Angebot, in Liechtenstein eine Firma zur Produktion der „Pfeffermühle" zu gründen, die Firma Contina in Mauren. Curt Herzstark wurde ihr technischer Direktor. Ende 1948 begann die Produktion der Curta, benannt nach dem Vornamen ihres Erfinders. Zusätzlich zum Modell I mit elf Dezimalstellen im Einstell- und Ergebniswerk wurde ein größeres Modell mit fünfzehn Stellen gebaut, die Curta II (Abb. 17-5). Die Aufbewahrungsdose, zuerst aus Blech, später aus Kunststoff, hatte eine Besonderheit, auf die ich heute noch gelegentlich hereinfalle. Der Deckel musste zum Öffnen, anders als gewohnt, im Uhrzeigersinn gedreht werden.

Die Ziffern des Eingabewerks wurden durch Schieber parallel zur Antriebswelle eingestellt. Mit einiger Übung konnte man mit dem Daumen der linken Hand die Ziffern ohne Hinsehen eingeben, allein durch Mitzählen der Rastenstopps beim Schieben auf den Einstellwert. Mit der rechten Hand wurde die Kurbel gedreht und damit die Zahl im Einstellwerk zur Zahl im Ergebniswerk addiert. Für Multiplikation und Division durch fortgesetzte Addition oder Subtraktion wurde die Zehnerstelle im Zählwerk nach Hochschieben des oberen Rings eingestellt. Mit der rechten Hand konnten alle oder einzelne Zahlenwerke gelöscht werden.

Abbildung 17-5: Rechenmaschine Curta II, mit Aufbewahrungsdose, Gebrauchsanweisung und Versand-Karton

Insbesondere für Anwendungen in der Geodäsie hat Herzstark Rechengeräte entworfen, bei denen mehrere Curta-Rechner mechanisch gekoppelt auf einer Grundplatte arbeiteten. Die Konstruktionspläne sind erhalten. Diese Mehrfachmaschinen wurden aber nie gebaut (BRUDERER 2017). Curt Herzstark schied wegen nicht eingehaltener Versprechen und Streit um Zuständigkeiten bereits 1951 wieder aus der Firma Contina aus.

Die Curta als Hilfe beim Programmieren

Für einen Programmierer ist es unbedingt notwendig, die numerischen Ergebnisse von Algorithmen und Programmen genau zu überprüfen. Handrechnung ist langwierig und fehleranfällig, Logarithmentafel und Rechenschieber sind nicht ausreichend genau, Taschenrechner waren noch nicht verfügbar. Deshalb war die Curta ein wichtiges Hilfsmittel für jeden Programmierer. Das Institut für Angewandte Mathematik meiner Universität hatte eine Anzahl von Curta-Maschinen zur Ausleihe an die Studenten beschafft. Ich lieh mir ein Exemplar aus, das mich bis zum Abschluss meiner Diplomarbeit begleitete.

Der Skiclub an der Simon Fraser University hatte mich für einige Stunden in der Woche als Skilehrer für Studenten und Universitätsangehörige engagiert. Von der ersten Gage leistete ich mir eine Curta II, die in Kanada und USA erstaunlicherweise billiger war als in Deutschland. Dieses Maschinchen besitze ich heute noch. Zu meinem Vergnügen führe ich damit manchmal kleinere Rechnungen aus. Nur das Ziehen einer Quadratwurzel, auch mit der Curta möglich, beherrsche ich nicht mehr. Ich müsste dafür das Handbuch konsultieren.

Die fortschreitende Verkleinerung der elektronischen Bauelemente bedeuteten schließlich das Aus sowohl für den analogen Rechenschieber wie auch für die ganzzahlige, aber mechanische Curta. Insgesamt wurden bis 1972 etwa 140 000 Exemplare der Curta gefertigt. Nach Ansicht von Experten hätten bei gutem Marketing noch viel mehr Curtas verkauft werden können. Einige Jahre vor dem Ende der Produktion war die Firma Contina schon von der Hilti-Gruppe übernommen worden.

Taschenrechner mit trigonometrischen Funktionen

Bei der Programmierung von Computergraphik muss man oft mit Winkelfunktionen arbeiten. 1972 brachte Hewlett-Packard den Taschenrechner HP-35 auf den Markt, der sinus, cosinus und Exponentialfunktionen berechnen konnte, wichtig für die Überprüfung von graphischen Algorithmen und Programmen (@HP-35). Der Preis lag um die 1 000 DM, ziemlich viel Geld zu dieser Zeit. Aber meine Argumente überzeugten die Verwaltung der BfLR, das Gerät trotz des hohen Preises zu beschaffen. Die Modellnummer 35 bekam der Rechner übrigens aufgrund der 35 Tasten (Abb. 17-6).

Die Taschenrechner mit diesem Funktionsumfang konnten nur mit einem Mikroprozessor-Chip realisiert werden. Deshalb ist die Kapitelüberschrift nicht ganz zutreffend, dass diese Geräte keine Computer seien. Die frühen wissenschaftlichen Rechner unterschieden sich hauptsächlich von einem „richtigen" Computer, dass sie nicht vom Anwender programmiert werden konnten. Später arbeiteten die Schüler mit Taschenrechnern, die mit Formeln in der Syntax der Programmiersprache BASIC rechneten. Auf einem kleinen Graphik-Display konnten Funktionen graphisch ausgeben werden, ein Schritt weiter zu einem programmierbaren Computer.

Der Rechner HP-35 hat mir einige Jahre gute Dienste geleistet. Das Gerät hatte aber einen großen Nachteil: die Formeln mussten in *umgekehrter polnischer Notation* eingegeben werden. Zuerst wurden die zwei Operanden und dann die zugehörige Rechenoperation eingetippt. Das Ergebnis und der nächste Operand wurde mit der

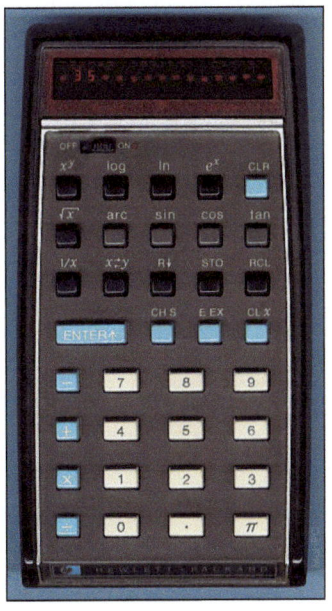

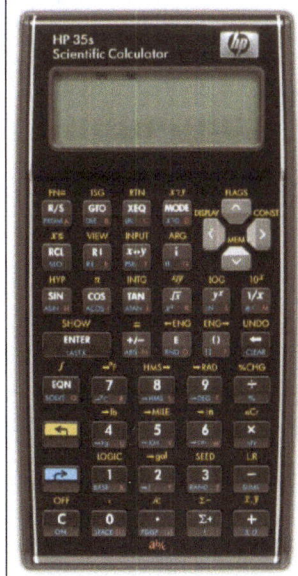

Abbildung 17-6 (links):
Taschenrechner HP-35,
mit Leuchtdioden-Display
und einfacher Tasten-Um-
schaltung

Abbildung 17-7 (rechts):
Wiederauflage HP-35s in
neuer Technik zum 35.
Jubiläum des HP-35, mit
LCD-Display und Dreifach-
Tastenbelegung

Rechenoperation zum neuen Ergebnis verknüpft. Der Nutzer war für die korrekte Reihenfolge der Rechenoperationen verantwortlich. Der Taschenrechner kannte keine Klammern zur Definition der Priorität in der Abfolge der Rechenoperationen. Die Umsetzung von langen verschachtelten Formeln in die umgekehrte polnische Notation war sehr unübersichtlich und deshalb fehleranfällig.

Jubiläumsrechner HP-35s

Zum 35. Jubiläum des HP-35 brachte Hewlett-Packard das Nostalgie-Modell HP-35s heraus, jetzt mit einem LCD-Display anstatt der Leuchtdioden-Anzeigen und bedeutend mehr Rechenfunktionen (Abb. 17-7). Nur durch Dreifachbelegung der Tasten konnten so viele Funktionen realisiert werden. Für die Eingabe der Formeln hat der Anwender die Wahl zwischen algebraischer Schreibweise mit Klammern oder umgekehrter polnischer Notation. Das Jubiläumsgerät HP-35s kostet heute unter 50 Euro.

Eingabe von Formeln mit Klammern

Einige Zeit nach dem HP-35 kamen Taschenrechner von Texas Instruments (TI) auf den Markt, die die Eingabe von Formeln in der gewohnten algebraischer Notation mit Klammern erlaubten. Sie enthielten wie der Rechner HP-35 trigonometrische Funktionen wie sin, cos, tan und ihre Umkehrungen, dazu Wurzelziehen, Logarithmen, einige statistische Grundfunktionen und weitere Rechenarten. Zwischenergebnisse konnten gespeichert und wieder abgerufen werden. Einige wissenschaftliche Rechner hatten die Möglichkeit zur Konvertierung zwischen unterschiedlichen Zahlensystemen (dezimal, hexadezimal, oktal, binär), wichtig für die Erstellung und das Austesten von Programmen. Auch die Umrechnung von häufig verwendeten Maßeinheiten war vorhanden.

Alle wissenschaftlichen Taschenrechner wurden zunehmend preiswerter, nicht zuletzt aufgrund der Konkurrenz aus Fernost und der Fertigung in Ländern mit niedrigem Lohnniveau. In den Jahren zwischen HP-35 und HP-35s produzierten Hewlett-Packard und andere Hersteller viele Taschenrechner-Modelle mit unterschiedlichem Funktionsumfang und für verschiedene Anwendungsgebiete. Vor etwa 25 Jahren kostete ein Taschenrechner für wissenschaftliches Arbeiten um die 30 DM, wie das Modell TI-35X von Texas Instruments. Diesen Rechner nutze ich heute noch fast täglich, zum Beispiel für Berechnungen zum Layout dieses Textes.

Literaturverzeichnis

ALBINUS HJ (1996) Das Hardwaremuseum (XII): AEG-Telefunken TR440. Ein deutscher Groß-rechner. DIE ZEIT vom 8. 11. 1996
http://www.online.uni-marburg.de/hrz/chronik/quellen/zeit-erinnert-an-tr440-961108.pdf

Anleitung für die chinesische Rechenmaschine Abacus. 9. verbesserte und überarbeitete Auflage 1972, Robert Oscar Meier & Co., Bremen

Arduino-Variante (2017) c't magazin für computertechnik, 18/2017, 65–69

BAGER J (2017) Assistent allgegenwärtig. Digitale Assistenten: vom Spielzeug für Nerds zur Bedienoberfläche für alles. c't magazin für computertechnik, 22/2017, 23

BANCHY J, LEBSACK R (2017) Open collaboration and IBM Power systems. International Business Machines Corporation, January 2017

BILL R (2016) Grundlagen der Geo-Informationssysteme. 6., völlig neu bearb. u. erw. Aufl., Wichmann

BOND E, AUSLANDER M, GRISOFF S, KENNEY R, MYSZEWSKI M, SAMMET J, TOBEY R, ZILLES S (1964) FORMAC, an experimental formula manipulation compiler. Proceedings of the 1964 19th ACM national conference

BRUDERER H (2015) Meilensteine der Rechentechnik: Zur Geschichte der Mathematik und der Informatik. De Gruyter Oldenbourg

BRUDERER H (2017) Computing history beyond the U.K. and U.S.: selected landmarks from continental Europe. Communications of the ACM, Vol. 60/2, 76–84

BUCHROITHNER MF, BOULOS MNK, ROBINSON LR(2012) Stereoscopic 3-D solutions for online maps and virtual globes. In: BUCHROITHNER M, True3D in Cartography. Autostereoscopic and solid visualisation of geodata. Springer, Heidelberg, 391–412

BUZIEK G, DRANSCH D, RASE WD (Hrsg.) (2000) Dynamische Visualisierung. Grundlagen und Anwendungsbeispiele für kartographische Animationen. Springer-Verlag

CERUZZI PE (2016) Computer: Eine kurze Geschichte. Berlin University Press

CHOI CQ (2017) Quantum leaps. Advances in „qbit" design could lead to more powerful com-puters. Scientific American, December 2017, 14

CHRISMAN N (2006) Charting the unknown. How computer mapping at Harvard became GIS. ESRI Press, Redlands, CA

CIARCIA S (1982) Build the Microvox text-to-speech synthesizer, Part 1: Hardware. Part 2: Software. Ciarcia's Circuit Cellar IV, 96–118
https://books.google.de/books?id=zQWNinpbFx0C&printsec=frontcover&hl=de#v=onepage&q&f=false

DIJKSTRA EW (1959) Communication with an automatic computer. Dissertation. University of Amsterdam

DÖLLE M (2017) Das ätzt richtig! Mit Fritzing und dem Bauteile-Editor zur eigenen Platine. c't 14/2017, 142–145

Dutton G (1979) American Graph Fleeting. United States population growth 1790–1970. A computer-holographic map animation. Graphic summary, overview, and technical synopsis. Laboratory for Computer Graphics and Spatial Analysis, Harvard University

Eikenberg R (2017) Kopflos glücklich. Raspberry Zero per USB-Kabel einrichten. c't magazin für computertechnik 20/2017, 146–147

Eynard JD, Jenny B (2016) Illuminated and shadowed contour lines: improving algorithms and evaluating effectiveness. International Journal of Geographical Information Science, Volume 30, Issue 10, 1–21

Gil D (2017) Quantum computing. New algorithms and techniques open the door to innovative applications. Scientific American, December 2017, 31

Go J, Hart AJ (2017) Fast desktop-scale extrusion additive manufacturing. Additive Manufacturing, Vol.18, December 2017, 276–284
http://www.sciencedirect.com/science/article/pii/S2214860416303220

Goldstine HH (1972) The computer from Pascal to von Neumann. Princeton University Press

IBM System/360 principles of operation. IBM Press
http://dl.acm.org/ft_gateway.cfm?id=1102026&ftid=411285&dwn=1&CFID=945896632&CFTOKEN=97494457

Jaenicke H (2017) Wer der Herde folgt, sieht nur Ärsche: Warum wir dringend Helden brauchen. 2. Aufl., Gütersloher Verlagshaus

Janssen JK (2017) Plug-and-Play-VR. Windows Mixed Reality im Test. c't magazin für computertechnik 24/2017, 99–103

Jenny B (2001) Computergestützte Schattierung. Institut für Kartographie, ETH Zürich
www.cartography.oregonstate.edu/pdf/2001_Jenny_Relief.pdf

Kennelly P, Kimerling AJ (2001) Modifications of Tanaka's Illuminated Contour Method. Cartography and Geographic Information Science, Vol. 28, No. 2, 111–123
http://www.mbmg.mtech.edu/pdf/gis_illum.pdf

Kertscher K (2002) Eine Ära und Legende – Die Curta-Rechenmaschine. Zeitschrift für Vermessungstechnik 1/2002, 1–3

Kirschenbauer S (2004) Empirisch-kartographische Analyse einer echt-dreidimensionalen Darstellung am Beispiel einer topographischen Hochgebirgskarte. Mensch & Buch Verlag, Berlin

Labs L (2017) Grundlagen zu RAID. Datensicherheit durch Redundanz. c't magazin für computertechnik 17/2017, 176–177

Labs L (2018) Auf dem Weg zur 100-TByte-Festplatte. Neue Techniken für mehr Kapazität. c't magazin für computertechnik 1/2018, 164–171

Lama T (2004) 3D-Welten: Professionelle Animationen und fotorealistische Grafiken mit Raytracing. Hanser-Verlag

Leitenberger B (2014) Computergeschichte(n). Die ersten Jahre des PC, Edition Computer, 2. Auflage. Books on Demand, Norderstedt

Mandau M (2018) Unmögliches möglich machen. Im nächsten Jahrzehnt steht uns buchstäblich ein Quantensprung bevor. CHIP 2/2018, 44–47

Di Marcoberardino R (2018) Mehr Kapazität per Mikrowelle. CHIP 2/2018, 104–105

MATIS H (2002) Die Wundermaschine. Die unendliche Geschichte der Datenverarbeitung: Von der Rechenuhr zum Internet. Wirtschaftsverlag Carl Ueberreuter, Frankfurt/Wien

MUELLER S, BAUDISCH P (2017) Personal fabrication. Communications of the ACM,10/2017, 48–49

O'REAGAN G (2008) A brief history of computing. Springer Verlag

PEUCKER TK, RASE WD (1970) Computer cartography at Simon Fraser. Simon Fraser University Computing Centre, Newsletter Vol. 1, No. 4, May 1970

PEUCKER TK, TICHENOR M, RASE WD (1972) Automatisierung der Methode der schrägen Schnittflächen. Kartographische Nachrichten, Heft 4, 1972, 145–148

PEUCKER TK, TICHENOR M, RASE WD (1975) The computer version of three relief representations. DAVIS CD, MCCULLAGH MJ (ed.), Display and Analysis of Spatial Data, 187–197

PEUCKER TK, FOWLER RJ, LITTLE JJ, MARK D (1978) Digital representation of three-dimensional surfaces by triangulated irregular networks (TIN). Proceedings Digital Terrain Modeling Symposium, May 1978, ASP, 516–540

RASE WD, PEUCKER TK (1971) Erfahrungen mit einem Computerprogramm zur Herstellung thematischer Karten. Kartographische Nachrichten, Heft 2, 1971, 50 57

RASE WD, WUNDERLING P (1974) „Dynamische Karten" durch computergenerierte Filme. Der GMD-Spiegel, Informationen aus der wissenschaftlichen Arbeit der Gesellschaft für Mathematik und Datenverarbeitung, Nr. 4, 1974

RASE WD (1979) Preiswerte Sprachein/ausgabe: Möglichkeiten, Alternativen. 2. Symposium DECUS München an der Universität Bonn, 1979

RASE WD (1980) A family of subroutines for plotting graduated symbol maps. Geoprocessing, Heft 3, 1980
http://www.wdrase.de/ProportionalSymbols-Geoprocessing11980.pdf

RASE WD (1984) Computer-controlled input and output of speech: utilizing the acoustic channel for geometric data acquisition. Proceedings of the International Symposium on Spatial Data Handling, Zürich 1984

RASE WD (1987) The evolution of a graduated symbol software package in a changing graphics environment. International Journal of Geographical Information Systems, Vol. 1, No. 1, 1987
http://www.wdrase.de/ProportionalSymbols-IntJGeoIS11987.pdf

RASE WD (2007) Volumenerhaltende Interpolation aus polygonbezogenen Daten in einem unregelmäßigen Dreiecksnetz (TIN). In: STROBL, BLASCHKE, GRIESEBNER (Hrsg.) Angewandte Geoinformatik 2007. Beiträge zum 19. AGIT-Symposium Salzburg. Wichmann, 595–604
http://www.wdrase.de/VolumenerhaltendeInterpolationAGIT2007.pdf

RASE WD (2016) Kartographische Oberflächen: Interpolation, Analyse, Visualisierung. Books on Demand, Norderstedt

RAUNER M (2018) Wie funktioniert ein Quantencomputer? ZEIT Wissen, 2018/1, 70–74

SAVAGE N (2017) A block on the old chip. Block copolymers may help transistors shrink to tinier dimensions. Communications of the ACM, Vol. 60/11, 12–14

SCHMIDT J BH (2012) Möglichkeiten der Lentikulartechnik als themakartographisches Visualisierungsverfahren. Dissertation, Fakultät für Geowissenschaften, Ruhr-Universität Bochum www-brs.ub.ruhr-unibochum.de/netahtml/HSS/Diss/SchmidtJanBjoernHolger/diss.pdf

SCHNEIDER M (2010) Entwicklung und Realisierung eines Sensornetzwerkes für das Living Place Hamburg. Bachelorarbeit, Studiengang Technische Informatik der Fakultät Technik und Informatik der Hochschule für Angewandte Wissenschaften Hamburg

SCHULTZ R (2014) Selbstorganisierendes drahtloses Sensor- und Aktornetzwerk. Bachelorarbeit, Studiengang Technische Informatik der Fakultät Technik und Informatik der Hochschule für Angewandte Wissenschaften Hamburg

SCHUMACHER M (2017) Raspi kann alles. Neue Projekte für den Raspberry Pi. c't magazin für computertechnik 17/2017, 64–65

SCHULZ K (2017) Topografische Karten der Mars-Region MC-11-E - erstellt auf Basis eines HRSC-Orthofotomosaiks der Mission Mars Express. AGIT Journal für Angewandte Geoinformatik 3/2017. Wichmann-Verlag, 166–177
https://gispoint.de/fileadmin/user_upload/paper_gis_open/AGIT_2017/537633018.pdf

SCHWARTZKOPFF P, BARTL K, BARTL R, ERNSTBERGER A (1994) PEP ART. 3-D-Bilder der neuen Art. Südwest Verlag, München

STILLER A (2017) Prozessorgeflüster. Von Übergängen und Überraschungen. c't magazin für Computertechnik, 23/2017, 40–41

STILLER A (2017) Letztes Prozessorgeflüster. Von Ruhe und Bewegung. c't magazin für Computertechnik, 25/2017, 16–18

STILLER A, Windeck C (2017) Asien führt. In der 50. Supercomputer-Bestenliste TOP500 liegt China vorne. c't magazin für Computertechnik, 25/2017, 20–21

SZONDY D (2016) Curta calculator: The mechanical marvel born in a Nazi death camp
http://www.newatlas.com/curta-death-camp-calculator/45506/

TANAKA K (1950) The relief contour method of representing topography on maps. Geographical Review, Vol. 40 (3), 444–456.

TOBLER WR (1979) Smooth pycnophylactic interpolation for geographical regions. Journal of the American Statistical Association, Vol. 74, No. 357, 519–535
http://geog.ucsb.edu/~kclarke/G232/Pycno.pdf

TOBLER W (2002), persönliche Mitteilung

WATKINS CD, MALLETTE V (1996) Stereogram programming techniques. Charles River Media, Rockland, MA, USA

WINDECK C (2017) Prozessorgeflüster. Von Kooperationen, Preisen und Verzögerungen. c't magazin für Computertechnik, 24/2017, 18–19

XENAKIS J (1971) The PL/I-FORMAC interpreter.· SYMSAC 71, Proceedings of the second ACM symposium on Symbolic and algebraic manipulation, 105–114
http://dl.acm.org/ft_gateway.cfm?id=806275&ftid=54275&dwn=1&CFID=946699605&CFTOKEN=41966945

YOÉLI P (1966) Die Mechanisierung der Analytischen Schattierung (Facettenmethode). Kartographische Nachrichten, Jahrg. 16, Heft 3, 103–107

YOÉLI P (1967) Die Richtung des Lichts bei analytischer Schattierung. Kartographische Nachrichten, Jahrg. 17, Heft 2, 37–44

Yoéli P (1983) Shadowed contours with computer and plotter. The American Cartographer 1983, 10 (2), 101–110

Yoshino Y (1963) The Japanese abacus explained. Dover Publications, New York

Zuse K (2010) Der Computer - mein Lebenswerk, 5. Auflage. Springer-Verlag

Hyperlinks

3D-Briefmarken
http://philaquelymoi.blogspot.de

3D-Easy
http://www.3d-easy.de

3D-PluraView
www.schneider-digital.com

4D Concepts
https://www.4dconcepts.de/3d-druck/?L=0

ASTER
https://asterweb.jpl.nasa.gov/gdem.asp

Autostereogramm-Briefmarken
http://philaquelymoi.blogspot.de/search/label/3D%20-%20Stereoscopic%20Stamps

BBSR Erreichbarkeitsmodell
http://www.bbsr.bund.de/nn_1061104/BBSR/DE/Raumbeobachtung/
UeberRaumbeobachtung/Komponenten/Erreichbarkeitsmodell/erreichbarkeitsmodell.html
http://www.bbsr.bund.de/BBSR/DE/FP/MORO/Studien/2017/erreichbarkeitsmodell/01-start.
html

Boolesche Algebra
https://de.wikipedia.org/wiki/Boolesche_Algebra

Curta
https://de.wikipedia.org/wiki/Curta

da Vinci Color
http://eu.xyzprinting.com/eu_de/Product/da-Vinci-Color

DEC Alpha
https://de.wikipedia.org/wiki/Alpha-Prozessor

DEC PDP-8
https://en.wikipedia.org/wiki/PDP-8

DEC PDP-11
https://en.wikipedia.org/wiki/PDP-11

DEC VAX
https://de.wikipedia.org/wiki/Virtual_Address_eXtension

Digi-art
http://www.digi-art.de

Flick
https://www.pi-supply.com/brand/pi-supply/flick/

Fly-eye
http://www.finlens.com/finlens-flyeye/

Fritzing
http://www.fritzing.org

Google AIY Voice Kit
    https://shop.pimoroni.de/products/google-aiy-voice-kit
Green500
    https://www.top500.org/green500/lists/2017/11/
HP-35
    https://de.wikipedia.org/wiki/HP-35
IBM 1130
    https://en.wikipedia.org/wiki/IBM_1130
IBM 1620
    https://en.wikipedia.org/wiki/IBM_1620
IBM System /360
    https://de.wikipedia.org/wiki/System/360
INKAR
    http://www.inkar.de
Kernspeicher
    https://de.wikipedia.org/wiki/Kernspeicher
Leia
    https://www.leiainc.com/lit-by-leia/
Linsenrasterbild
    https://de.wikipedia.org/wiki/Linsenrasterbild
LOM
    https://en.wikipedia.org/wiki/Laminated_object_manufacturing
Magics
    http://www.materialise.com/de/software/magics
Mathematica
    https://de.wikipedia.org/wiki/Mathematica
Mooresches Gesetz
    https://de.wikipedia.org/wiki/Mooresches_Gesetz
Nano Pi
    http://www.friendlyarm.com/index.php?route=product/category&path=69
Ogon3D
    http://www.ogon3d.com
OpenMP
    https://de.wikipedia.org/wiki/OpenMP
POV-Ray
    http://www.povray.org
Quantencomputer
    https://de.wikipedia.org/wiki/Quantencomputer
RasPiGNSS „Aldebaran"
    http://www.drfasching.com/products/gnss/raspignss

Rechenschieber
https://de.wikipedia.org/wiki/Rechenschieber

RISC-Computer
https://de.wikipedia.org/wiki/Reduced_Instruction_Set_Computer

Shapeways
https://www.shapeways.com

Shapewerk
http://www.shapewerk.com

Stratasys
http://www.stratasys.com/3d-printers

Tanaka Surfer
http://www.goldensoftware.com/blog/variations-in-hillshading-creating-tanaka-style-illuminated-contour-maps

Transistor
https://de.wikipedia.org/wiki/Transistor

top500
https://www.top500.org/list/2017/11/

Triangle
http://www.cs.cmu.edu/~quake/triangle.html

Winteracter
http://www.winteracter.com

Venus Willendorf
https://onlineshop.post.at/onlineshop/stamps---philately/stamps/block-issues/the-willen-dorf-venus-3d_3029

x86-Prozessor
https://de.wikipedia.org/wiki/X86-Prozessor

Zahlenschieber
https://de.wikipedia.org/wiki/Zahlenschieber

Zuse Z25
https://de.wikipedia.org/wiki/Z25